内蒙古自治区哲学社会科学规划项目"研究阐释党的二十大 国式现代化建设中传承中华优秀传统文化的内涵、价值与教育 号：2023ZZB031）的成果。

高校中华优秀传统文化的教育路径探究

翟晓云◎著

湖南师范大学出版社

·长沙·

图书在版编目（CIP）数据

高校中华优秀传统文化的教育路径探究／翟晓云著. --长沙：湖南师
范大学出版社，2024.9. --ISBN 978 - 7 - 5648 - 5581 - 9

Ⅰ. K203

中国国家版本馆 CIP 数据核字第 2024QQ0831 号

高校中华优秀传统文化的教育路径探究

Gaoxiao Zhonghua Youxiu Chuantong Wenhua de Jiaoyu Lujing Tanjiu

翟晓云　著

◇出 版 人：吴真文

◇责任编辑：吴鸿红

◇责任校对：李　航

◇出版发行：湖南师范大学出版社

　　　　　　地址/长沙市岳麓区　邮编/410081

　　　　　　电话/0731 - 88873071　88873070

　　　　　　网址/https：//press. hunnu. edu. cn

◇经销：新华书店

◇印刷：长沙印通印刷有限公司

◇开本：710 mm×1000 mm　1/16

◇印张：12.75

◇字数：230 千字

◇版次：2024 年 9 月第 1 版

◇印次：2024 年 9 月第 1 次印刷

◇书号：ISBN 978 - 7 - 5648 - 5581 - 9

◇定价：69.00 元

目 录

第一章
中华优秀传统文化概述

第一节　传统文化的概念解析

　　一个国家、一个民族的发展，总是以文化的传承与发展为重要支撑。没有文化的传承与创新，没有文明的弘扬与发展，也就没有一个国家和民族的兴盛和发展。党的二十大报告确立"中国式现代化"的人类文明新形态，提出中国式现代化应"大力发展社会主义先进文化，加强理想信念教育，传承中华文明，促进物的全面丰富和人的全面发展"①，这一论述把文化建设与经济建设并论，把"理想信念教育"与"传承中华文明"作为发展社会主义先进文化的两大重要任务。中华文明五千年的演化史，充分地凝炼与体现在中华优秀传统文化中。所以，传承与弘扬中华文明，实质是传承与创新中华优秀传统文化。

　　中华优秀传统文化是中华民族传承发展的精神命脉和新时代文化建设的思想源泉，当代中国文化是中华优秀传统文化的传承和升华。习近平提出，我们要"善于把弘扬优秀传统文化和发展现实文化有机统一起来，紧密结合起来，在继承中发展，在发展中继承"②。这一要求指明了传统文化与现代文化融会贯通的方向，即"加强对中华优秀传统文化的挖掘和阐发，

①　习近平. 高举中国特色社会主义伟大旗帜为全面建设社会主义现代化国家而团结奋斗——在中国共产党第二十次全国代表大会上的报告 [M]. 北京：人民出版社，2022：22-23.

②　习近平. 在纪念孔子诞辰 2565 周年国际学术研讨会暨国际儒学联合会第五届会员大会开幕会上的讲话 [N]. 人民日报，2014-9-25（2）.

使中华民族最基本的文化基因与当代文化相适应、与现代社会相协调"① 可见，中国式现代化道路必须正视传统文化与现代文化一脉相承的演进规律，做到前后因循、互融共进。

学校教育是传承弘扬与创新发展中华优秀传统文化最便捷、最有效的渠道。在中国式现代化的时代背景下传承与弘扬中华文明，取得实效的重要路径可依托高校的传统文化教育工作。孙正林等学者认为中国传统文化是当代大学教育最为深厚的文化背景，中国的发展必须以对传统文化的继承和改造为基点。高校加强中华优秀传统文化教育工作，引导大学生更加全面深入地认识中华民族的历史传统、文化特色、基本国情，一方面可充分发挥中华优秀传统文化在立德树人中的独特优势，助力学生将中华优秀传统文化扎根于心；另一方面，可引领当代大学生在古老文明的文化熏陶中拓展思维认知，陶冶思想情操，规范行为操守，完善道德品质，塑造理想人格，促成生命价值的生成与升华。因此，明晰、重构中华优秀传统文化的内涵、内容和价值，将其融入高校课程教学和育人实践，探究其在高校教育中的传承路径，促其创造性转化与创新性发展，成为新时代的重要研究课题。

本研究意图在高校层面，以构建新时代高校传承中华优秀传统教育路径为目标，以优秀传统文化内容融入学科专业知识为内容，探究将中华优秀传统文化中的核心思想、人文精神、传统美德等融入高校课程教学进行传统文化内容和专业知识的融汇式教育，对大学生的思想理念、人格素质、价值追求、行为养成产生教育作用。同时，通过本研究着力研判高校培育兼具扎实学科专业知识和传统文化素养，兼有优良人格品质和崇高价值追求的现代化建设人才的教育路径。为此，本研究以"高校中华优秀传统文化的教育路径"为主题开展研究，以期为相关研究提供一定的理论借鉴。

研究中华优秀传统文化的教育路径，重要前提是深刻理解和切实把握中华优秀传统文化的内涵。笔者研究有关传统文化的文献资料，发现在对传统文化的概念表述中，一般有"中国文化""中国传统文化""中华传统文化""民族传统文化""少数民族传统文化"等，这些概念表述是否同义，

---

① 习近平. 在哲学社会科学工作座谈会上的讲话［M］. 北京：人民出版社，2016：17.

可否互相替代，彼此之间有何关联等一系列问题影响着人们对传统文化的正确解读和合理运用。为此，明辨学术界对中华优秀传统文化研究的理论与路径，厘清其基本概念与内涵实质，可为合理阐释其传承价值，理性建构其传承路径奠定重要的学术基理。

一、传统文化相关概念辨析

（一）传统文化与文化传统

传统文化是由"传统"与"文化"两个概念组合而成。"传统"是指世代传承的具有自身特点的社会历史因素，如逐代延续的思想道德、风俗习惯、文学艺术、制度规范等。依据《辞海》对"文化"的界定，文化广义上是指人类社会的生存方式以及建立在此基础上的价值体系，是人类在社会历史发展过程中所创造的物质财富和精神财富的总和，可分为物质文化、制度文化、精神文化三个层面。狭义上是指人类的精神生产能力和精神创造成果，包括一切社会意识形式：自然科学、技术科学、社会意识形态。①

《实用教育大词典》对传统文化的阐释为："传统文化是由历史沿革而来的思想道德、风俗、艺术、制度、生活方式等一切物质和精神文化现象的有机复合体。② 传统文化包含有形的物质文化和无形的精神文化。历史上出现过的文化并不都是传统文化，只有体现人们的生活方式、风俗习惯、心理特征和价值观念等，世代相传而得以积淀、保存、延续下来并具有民族特色的文化，才能称之为传统文化。

学者沈尚武、袁岳等认为，不能简单地把传统文化理解为"过去的文化"，它在历史发展过程中形成和壮大起来，代表了一种超越时代、经久不衰的文化现象，影响和预兆着未来的发展方向，反映和代表着一个国家或社会的整体意识、价值观和伦理道德。张岱年、方克立认为，传统文化是既具有历史遗传性又具有现实变异性的世代相传的思维方式及价值观，是

---

① 辞海编辑委员会. 辞海 [M]. 7版. 上海：上海辞书出版社，2020：4577.
② 王焕勋. 实用教育大辞典 [M]. 北京：北京师范大学出版社，1995：44.

发展新文化最重要的历史依据及现实基础。① 可见，传统文化是历史的、延续的、动态的、包容的，是指向未来的。

关于传统文化与文化传统概念的辨析，所见文献材料阐述不多，一些学者从传统文化与文化传统的形式表现、内容包含、特征显现和基本关系上进行了相关阐释。本研究围绕当前学术界的研究结论，略作概要说明。

从形式上来说，传统文化是定格在某一历史时期的静态凝固体，是已经完成的、静态的东西。文化传统则是仍然活在当代，现实的、动态的东西。如致力于研究中国文化的朱维铮、庞朴、汤一介、李新潮等认为，传统文化是那些存在于历史上、已经成为既定事实、具有客观性的文化成果，是已经完成的、死的、静态的东西。文化传统则是活在当代现实中的、活的、动态的东西。也有学者认为传统文化是静态的、完成时的文化，多沉潜在历史文献典籍中，以文字书写为形式、以文化典籍为载体进行静态的传承。文化传统存在于传统社会的文化现象之中，但它更多是指这些文化现象所隐含的规则、理念、秩序和所包含的信仰。②

从内容上来说，传统文化是指历史上存在过的种种物质的、制度的、精神的文化实体、文化意识、观念形态、价值取向等。文化传统是指贯穿于国家和民族各个历史阶段的各类文化的核心精神，是已融入社会并规范和支配着一定群体的认知和行为的文化因素。如王杰认为传统文化是一个民族各种思想文化、观念形态、价值取向的总体表征。③ 李新潮认为，文化传统指的是已经融入社会机体组织和人的心理结构之中、规范和支配着特定群体的认知和行为的文化因素。④ 李宗桂认为：传统文化从广义上讲是指历史上形成的物质、制度和思想等一切层面的东西；从狭义上讲，是指历史上形成的价值观念、思维方式、伦理规范、理想人格、审美情趣的总和。文化传统是指受特定文化类型中价值系统的影响，经过长期的历史积淀而

---

① 张岱年，方克立. 中国文化概论 [M]. 修订版. 北京：北京师范大学出版社，2004：9 - 10.

② 刘梦溪. 中国文化的张力：传统解放 [M]. 北京：中信出版社，2019：82.

③ 王杰. 传统文化中的主体价值及其现代转换 [J]. 中共中央党校学报，2006，(3)：91.

④ 李新潮. 中华传统文化"创造性转化、创新性发展"思想研究 [D]. 兰州：兰州大学，2021：33.

逐渐形成、为全民族大多数人所认同的思想和行为方式，具有稳定性、连续性和传承性的某种价值观念、行为方式、风俗习惯。①

从范围和特征上来说，传统文化具有历时性和稳定性，为不同历史时期的人们共同创造和共同享有。文化传统具有一定的稳固性和延续性，是伴随社会发展，从过去走到现在并指向未来的、进行式的、动态的文化。如周建新、王梁宇认为传统文化是民族的集体记忆和共生性文化，是历代先民在共同生活经验的基础上完成的文化系统的历史性积淀和构建。文化传统是动态的延续性的文化传承，通过人们代际之间的言传身教和耳濡目染逐渐传承下来，并在流传过程中不断对原有文化进行改写、丰富和发展。② 李新潮认为文化传统是看不见摸不着的，是一个精神脉系的长流，在民族文化的血脉当中由古及今地流动，具有连续性和传承性特征。③ 正是在这个意义上得到启发，有学者指出，文化传统指的是传统文化背后的精神联结链，是传统文化在精神领域的集中体现。

就二者的关系而言，有学者认为："传统文化包容文化传统，文化传统是传统文化的集中体现，但并不等于传统文化。"因为任何文化传统都只有在传统文化之中才能形成，没有传统文化也就根本谈不上文化传统。然而，并非任何传统文化都能在传递与累积中凝结、连衍传承为文化传统。因此，"传统文化"的范畴宽泛于"文化传统"的范畴，即传统文化包蕴着文化传统。无论从理论上或从事实上来看，传统文化的范畴要广泛得多。事实上，传统文化和文化传统都是历史，都是在民族历史进程中形成和发展、积累和沉淀的人类活动的产物，都具有一定的生命力，都可能传承到当代，都具有社会作用的两重性。因此，研究、评判和弘扬中华优秀传统文化，应当既包括传统文化，也包括文化传统。

所以，文化的传承发展实际上就是不断将静态的传统文化，通过时代精神的淬炼和熔铸转化为动态的文化传统的过程。否则，传统文化就会枯

① 李宗桂. 试论中国优秀传统文化的内涵 [J]. 学术研究, 2013 (11): 35.
② 周建新, 王梁宇. 中华优秀传统文化现代转型与中华文化主体意识建构 [J]. 河南大学学报（社会科学版）, 2022, 62 (6): 127.
③ 李新潮. 中华传统文化"创造性转化、创新性发展"思想研究 [D]. 兰州: 兰州大学, 2021: 33.

萎、中断甚至消失。在当前"推动中华传统文化创造性转化和创新性发展"的时代命题中，不仅体现了传统文化的静态性和稳定性，而且内在涵括了文化传统的动态性和流变性，即"转化"与"发展"的过程并非机械地将传统文化加工成为新文化，而是激活传统文化中富有现代价值的因素，使其融入当代文化传统中继续发挥作用，进而在不断流转、演变、汇聚和融合的过程中推动中国文化向前发展。周建新、王梁宇也提出，文化传统和传统文化中的动态和静态文化元素中的精华部分，共同为建构中华文化的主体意识提供文化支持。"不管是动态的文化传统还是静态的传统文化，在转型和创新发展中，都必须统一到中华优秀传统文化这一整体概念中，也只有优秀的传统文化和文化传统才值得转型和创新发展。"①

这些见解的价值在于，明确区分了传统文化与文化传统的关系，对于把二者混为一谈的现象具有纠偏补正的作用，有利于深化传统文化现代化问题研究。传统文化与文化传统的形成是一个动态的、发展的过程，在中国式现代化进程中，用发展的眼光去看待传统文化与文化传统，重新审视其内涵及价值，对于中国式现代化背景下的文化建设至关重要。

（二）传统文化、中国传统文化、中华传统文化与中国文化

在最近四十多年的文化研究和文化建设实践中，中国传统文化往往被略称为传统文化，也常常被略称为中国文化。李宗桂撰写的《中国文化概论》，中华书局主办、20世纪90年代颇有影响的学术杂志《传统文化与现代化》，以及邵汉明主编的《中国文化研究二十年》中，均有说明传统文化就是中国传统文化，"中华"是一种空间界定，"传统"是一种时间界定，并强调中华传统文化特指中华民族所创造的文化，而中华传统文化是中国文化的主体，是从先辈那里传承至今的宝贵的历史遗产。

中国传统文化也常常被称为中国文化或中华传统文化。前述李宗桂撰写的《中国文化概论》，张岱年、方克立主编的《中国文化概论》，台湾学者韦政通撰写的《中国文化概论》等，将中国文化和中国传统文化在基本相同的意义上混合使用，其所谓中国文化指的就是中国传统文化。如李宗

---

① 周建新，王梁宇.中华优秀传统文化现代转型与中华文化主体意识建构［J］.河南大学学报（社会科学版），2022，62（6）：128.

桂指出，"对于传统文化的概念，在文化建设实践中，许多专家学者往往把中国传统文化略称为传统文化或中国文化，这就造成了中国文化和中国传统文化概念的混淆"。学者邵汉明在研究"传统文化与现代化关系研究"中的观点与李宗桂一致。类似情况，在学术界已成惯例，较为普遍。

四川大学周毅教授在《中华传统文化与人生修养》的慕课讲授中指出，中国文化更多指向的是中国国家的文化，而中华文化更多指向的是历史的概念。历史上在没有中国这个国家的时候，就有了中华文化了。今天海外华侨、唐人街文化，新加坡以华人为主体的文化，都叫中华文化。中国传统文化和中华传统文化不同，中国传统文化指中国境内历史上传承下来的文化，中华传统文化包括香港、台湾的文化。"学习强国"学习平台上，夏宇旭在慕课《中华文化选讲》的讲授中，将中华文化基本等同于中国传统文化。

本研究认为，中华传统文化基本等同于中国传统文化，不能简单以中国国家地域为界限将二者区别开来。即使中国人去了外国，他传承的依然是中华传统文化，也不能说一个改了国籍的中国人，将传统文化带到国外，他传承的就不是中国文化，而是中华文化了。如此划分中国文化与中华文化，没有实质意义。如春节期间在英美法等国流行的春节及其舞狮子等节日习俗，根本上还是属于中国传统文化。同时，中国文化必然是包括中国传统文化的，中国传统文化是中国文化的重要组成部分。所以，本研究以中华传统文化为统一称谓，包括民族传统文化、传统文化、中国传统文化、中华民族传统文化。

（三）民族传统文化

民族传统文化的概念实质上和传统文化的概念一致，在我国都是指中国传统文化，只不过民族传统文化更强调文化的民族性，即强调在特定民族地区由特定民族所创造的文化成果。目前国内学者关于民族传统文化的共识是，民族传统文化是特定民族在一定历史时期的社会生产、生活实践中创造、积淀并经过世代传承的文明成果，包含民族共同的精神状态、意识形态、道德伦理、宗教信仰、习俗礼仪、思维方式、价值取向和文学艺术等社会物质生活、精神生活领域内的所有文化总和。中华文化本身就是由中国各民族共同创造的，所以仅以民族的视角来看，从广义上来说，民族传统文化即中华民族传统文化，其中既包括处于文化主流的汉民族文化，也包括处于亚文化状态的少数民族文化；从狭义上来说，民族传统文化也称为少数民族传统文化。民族传统文化相对于外来文化来说，是指本土文化；相对于现代文化来说，是指民族历史传统文化。一个民族的发展历史愈悠久，其传统文化愈丰富和深厚。

笔者认为，我国的民族传统文化是中华各民族在长期的历史文化发展中，在特定的地理环境、社会生产和生活实践中创造和积淀的，并经过世代传承与发展的文明成果，是各民族人民智慧的结晶和中华民族宝贵的精神财富，包含各民族社会物质生活和精神生活领域内的所有文化的总和，其中既包括以汉民族为主形成的广泛影响社会政治、经济、文化生活的社会主流文化，也包括各少数民族在自己长期生活、发展的时空领域所创造的少数民族特色文化。具体来说，我国的民族传统文化主要指以伦理道德、哲学思想、文学艺术、民风民俗等人文社会领域为指向的人文文化体系，包括民族工艺品、民族服饰、民族建筑等物质文化方面的内容，以及民族文学和艺术、民族节日和风俗等精神文化方面的内容。

民族传统文化体现文化的民族特色与民族个性，强调的是文化的本源和沿着文化本源传承下来的全部文化遗产，是一个民族生存、发展的根本。每一个民族在形成发展进程中创造、发展的文化都具有其鲜明的民族特色、独特的文化价值和丰富的文化内涵，这种独特的民族性既是一个民族区别于其他民族的标志和赖以生存发展的精神纽带，又是沟通全体民族成员的心灵纽带。民族传统文化经过数千年的演绎和扬弃，已融入各民族的一切活动中，潜移默化地影响着个人的思想和言行。保持民族性就是要保持其数千年来延续下来的民族文化的精华部分，以此来维系民族的生存，推动民族的发展。

在当前尊重文化多元与差异的社会中，多元文化并存发展，民族历史传统文化受到越来越多人的关注。而民族传统文化自身的绚烂多彩使人们对其有了新的向往和追求，民族传统文化固有的和不断发展的丰富内涵使人们对其有了新的理解和需求，了解、学习和传承民族文化日益成为社会与时代发展的新乐章。我国的民族传统文化作为人类文明的辉煌成果，在国家的文化建设中发挥着独树一帜的重要作用。

二、中华传统文化的概念解析

研究者们基于不同的研究视角和研究范畴，对中华传统文化进行了不同的阐释，可谓仁者见仁、智者见智。但关于中华传统文化的概念界定，学界尚未形成一致的定义式表述。在中华传统文化所包括的时间范围和内容结构方面，学界的研究为人们理解中华传统文化提供了有益的指导和借鉴。在遵循学者们关于传统文化的语用表述（有称传统文化的，有称中国传统文化或中华传统文化的，笔者都将其理解为中华传统文化）的基础上，列举几种代表性的观点。

（一）中华传统文化的时间范围

关于中华传统文化的时间范围，学界按历史分期主要划分有四种时间段：伏羲炎黄时代至鸦片战争之前、原始社会至 1911 年辛亥革命之前、原始社会至 1919 年五四运动之前、原始社会至新中国成立之前。

有学者认为，上溯至史料记载的伏羲炎黄时代，到 1840 年鸦片战争之前所产生和发展的文化，称为中国古代文化，即中国传统文化。学者朱家镠认为："中华传统文化是中华民族在鸦片战争前数千年间的社会历史实践中，各种观念学说相互交流、相互借鉴、相互融合形成的具有民族特色的思想观点、价值观念、风俗习惯等各种表现形式的综合。"[①]

周建新、王梁宇认为传统文化是指 1911 年辛亥革命之前的中华民族文化。[②] 与此相近的观点是刘梦溪提出的，即周秦以来直到清朝最后一个皇帝退位时期的文化都可称为传统文化。赵景欣等认为中国传统文化是于清朝晚期以前在中国土地上形成和发展起来的，具有鲜明特色和稳定结构的，世代传承并影响整个社会历史的宏大古典文化体系。[③] 彭亚伟认为传统文化是"发端于原始社会，繁荣、成熟于封建社会，历经了夏商周、秦汉隋唐、宋元明清，直至五四运动前，以儒、释、道三位一体的具有强大民族凝聚

---

① 朱家镠. 新时代中华优秀传统文化的传承与发展研究 [J]. 汉字文化，2022（20）：170.
② 周建新，王梁宇. 中华优秀传统文化现代转型与中华文化主体意识建构 [J]. 河南大学学报（社会科学版），2022，62（6）：128.
③ 赵景欣，彭耀光，张文新. 中华优秀传统文化传承与学生发展核心素养研究 [J]. 中国教育学刊，2016（6）：24.

力的中华大一统文化"①。李新潮也认为"传统文化"是相对于"现代文化"而言的，指的是"存在于五四新文化运动之前的中华民族所积累的全部文化内容和形式"②。

（二）中华传统文化的内容范围

关于中华传统文化所包括的内容，不同的研究者基于不同的视角，形成了迥异不同的内容分类。概括如下：

1. 从民族文化主体和文化成分视角界定

从文化主体角度讲，中华传统文化是以汉民族文化为主体并包括各少数民族文化在内的多元一体的文化。如张志伟、李新潮等从民族文化成分出发，把传统文化概括为汉民族文化为主体，包括各少数民族文化广泛涵盖、共同创造的中华民族大家庭互相融合的一种共生文化。从社会阶层关系角度讲，中华传统文化包括精英文化、俗文化、雅文化、民间文化等。如龚群英认同的："传统文化不仅包括由知识分子反省深思所产生的精英文化，即所谓的正统、经典文化，也包括社会大众所代表的民间文化。"③

从存在形态的受用主体而言，李新潮提出中华传统文化有"大传统"与"小传统"之分。"大传统"是指被国家认可，主要由文化精英使用、通过经典典籍存在，在某一社会处于主导地位的系统化、理论化的文化形式。就中国社会而言，"大传统"指的是占据社会主流的儒家思想。这种传统被国家认可和倡导、被民众接受，成为维系社会制度的意识形态和全社会所尊奉的伦理规则，其体系完整、边界相对清晰且传播渠道正规而广泛。"小传统"是指某一社会存在于古代民间大众的日常生活中的文学、艺术、风俗习惯及信仰体系等。就中国社会而言，"小传统"根深叶茂，富有生命力，文化空间广泛，存在于古人吃穿住行的生活方式所蕴含的生活观念之中，包括风俗习惯、道德准则、伦理观念、禁忌喜好等世俗文化的各个方

---

① 彭亚伟. 近30年国内学界对传统文化的现代价值研究综述 [J]. 大众文艺, 2019 (2)：230.

② 李新潮. 中华传统文化"创造性转化、创新性发展"思想研究 [D]. 兰州：兰州大学, 2021：33.

③ 龚群英. 我国传统文化教育的现实之困与突围 [J]. 中国成人教育, 2015 (7)：70–71.

面，一般靠人们日用而不知的一些集体无意识所维系，具有较强的稳定性。①

2. 从文化内容组成和文化结构视角界定

许多学者对传统文化进行了结构性划分。庞朴先生提出文化的三个层面："外层是物的部分，指马克思所说的第二自然，或对象化了的劳动；中层是心物结合的部分，包括关于自然和社会的理论、社会组织制度等；核心层是心的部分，即文化心理状态，包括价值观念、思维方式、审美趣味、道德情操、宗教情绪、民族性格等。"② 这三个层面彼此相关，形成了一个有机的系统。

徐勇提出传统文化包括国学经典、文化常识、传统游艺技艺三部分。苏菡丽从文化内容组成出发，指出传统文化是以儒家文化为内核，以自然经济、宗法制度为基本，集自然、社会、道德、政治、宗教丁一体，以"天人合一""天人和德"理念作为终极价值的一套世界观、人生观与价值观。刘志国从文化结构上指出，"价值观念、思维方式、民族精神等构成传统文化的内核，而语言、文字、概念、理论等表现文化价值观念、思维方式、民族精神的外在形式则构成传统文化的外围部分，内核部分相对稳定，外围部分则相对易变"③。

赵吉惠认为，中华传统文化是指在历史上积淀下来，具有稳定形态的中国文化，包括语言、思想观念、礼仪制度、思维方式、价值取向、道德情操、生活方式、风俗习惯、宗教信仰、文学艺术、科学技术等不同层面的内容。其中起主导支配作用、处于基础地位的是思想观念文化。

3. 从文化学术学科和文化发生学视角界定

就学术流派而言，中华传统文化是包括儒家、道家、墨家、法家、佛家、阴阳家、兵家、名家、杂家等在内的诸子百家分途发展而又相互碰撞交流吸收的结果。李新潮认为，中华传统文化是以儒家为主干的文化，辅以道家和佛家等诸家文化思想，是一元之上的互补性、多样性的共筑文化，体现了以

---

① 李新潮. 中华传统文化"创造性转化、创新性发展"思想研究［D］. 兰州：兰州大学，2021：141.

② 庞朴. 文化结构与近代中国［J］. 中国社会科学，1986（5）：84.

③ 刘志国. 论中国传统文化的内涵及其特征［J］. 世纪桥，2013（8）：76.

儒治世、以道养生、以佛修心的理念。

就思想学术发展历程而言，中华传统文化包括先秦子学、两汉经学、魏晋玄学、隋唐佛学、宋明理学、清代朴学和新学等不同发展阶段的文化实体；就载体而言，中国传统文化包括经史子集之类的典籍和风俗习惯生活方式等；从学科角度讲，中华传统文化包括传统科学技术、传统哲学、传统宗教、传统文学艺术等。

李新潮认为"在文化发生学层面，中华传统文化包括以黄河、长江流域为主脉多个发源地共同多元互补形成的文化。从文化地理学层面，中华传统文化是'复合体'，包括燕赵文化、齐鲁文化、荆楚文化、河洛文化、关中文化、湖湘文化、巴蜀文化、吴越文化、岭南文化、敦煌文化等在内的文化共同体"①。

4. 从社会文化史角度界定

中华优秀传统文化既是一种历史现象，又是一种复杂的社会现象。李现红从社会文化史角度尝试用三个"同心圆"表示中华传统文化，以呈现和揭示中华传统文化的内容及其相互关系。

同心圆的最外圈是和民众日常生活联系紧密、可感知的文化现象，如衣食住行、婚丧嫁娶、民间手艺，以及浅层次精神层面的现象，如颜色、习俗信仰、杂耍技艺、日常孝行等。中间圈主要是现代学科体系下的不同学科，包括哲学、宗教学、建筑学、地理学、政治学、音乐学、民族学、美学、伦理学、文学、考古学、医学、农学等。这些学科既与最外圈中的现象相通，又分别形成各自的体系。核心圈也是最内圈，主要指思想文化，是以先秦经典及诸子百家学说为根基，涵两汉经学、魏晋玄学、隋唐佛学、宋明理学、明清实学和同时期的先秦诗赋、汉赋、六朝骈文、唐宋诗词、元曲与明清小说并历代史学等的完整文化学术体系，是中国思想文化的源泉。

"这三个圈之间关系密切，界限有交叉或包含、被包含的关系存在。里圈影响或决定着外围，外圈内容是里圈内容的表现。"② 以孝为例，国人日

---

① 李新潮. 中华传统文化"创造性转化、创新性发展"思想研究 [D]. 兰州：兰州大学，2021：139.

② 李现红. 重新审视中华传统文化及其现代适应 [J]. 贵州社会主义学院学报，2022（4）：54.

常生活中的各种孝行属于同心圆的最外圈；移孝作忠，忠孝是中国人深厚的家国情怀。同时，孝伦理是一个完整的学术体系，属于同心圆的中间圈；孝思想也被有机地、深深地融入传统学术思想体系中，可归至同心圆的核心圈。这样的例子举不胜举。

5. 从综合性视角的整合观界定

从综合性视角来看，学者们认为传统文化是文化总和或总的文化社会体系。具体概念表述如下：

魏玮认为，传统文化是"民族发展中重要思想理念的传承机制，是几千年沉淀下来的精神、制度以及物质生活，也是民众生活模式和价值系统的总和"①。郝翠梅认为，中国传统文化是指"中国历史上以个体农业经济为基础，以宗法家庭为背景，以儒家伦理道德为核心的社会文化体系"②。李宗桂指出，从广义来看，中国传统文化是指中国劳动人民在历史上所创造的一切成果，包括物质文明、制度文明和精神文明等层面。从狭义来看，中国传统文化是在中华民族历史上存在的带有中华民族显著特性的各种思想文化、伦理规范、观念形态的总和，是包含着以儒家文化为核心，墨家、法家、道家文化等多种理论形态并存的文化体系的总称。

总之，在长期的历史发展中，中华传统文化已深入中华民族骨髓，流淌于民族血液中，并时时刻刻塑造着中华民族的风貌，淬炼着中华民族的思想，影响着中华民族的未来。传统文化距离现代并不遥远，它像空气一样存在。在现代化的今天，我们应当善于从中华传统文化中汲取营养，为现代化建设与发展积聚能量。

（三）中华传统文化概念的界定及理解

1. 中华传统文化的概念界定

"中华传统文化"是个内涵丰富外延广阔的概念。鉴于上述对中华传统文化的论述，从综合视角来看，本文从广义和狭义两方面对中华传统文化进行概念界定。

从广义的层面看，中华传统文化就是中华民族在长期历史发展过程中

---

① 魏玮. 中国传统文化与大学通识教育的结合探讨 [J]. 才智，2017 (12)：202.
② 郝翠梅. 浅谈中国传统文化的现代价值 [J]. 山西财经大学学报，2010，32 (S1)：292.

逐步形成的，以中华文化为源头，中国境内各民族共同创造的物质文明、制度文明和精神文明的总和。广义的中华传统文化有着丰富的内涵，包括传统思想、传统艺术、民俗节日、传统医术、科学技术、语言文学、道德伦理、法制制度、宗教、哲学等诸多领域，凝结着中华民族认识自然、改造社会的智慧。

从狭义的层面看，中华传统文化是指中华民族创造并流传下来的精神文化，即传统思想文化，包括社会历史发展中形成的思想观念、道德规范、意识形态等精神成果的总和。传统思想文化具有稳定的价值追求、思维方式和心理特征，是中华传统文化的核心与实质。中华传统思想文化主要表现为以儒家、道家、佛教为主流的三教文化传统，同时融汇诸子百家和外来文化思想精髓，其中儒家文化是中华传统文化的主流。

2. 对中华传统文化概念的理解

对传统文化概念的界定，从根本上反映了人们对概念所指涉传统文化的认知水平和认知能力。梁雪飞等学者将中华传统文化按照不同的标准进行了解读。如：

就性质而言，中华传统文化是中华民族赖以长期发展、不断进步的精神支撑和智力支持；

就结构而言，中华传统文化是包括物质文化、制度文化和思想文化等层面在内的完整系统；

就时代性而言，中华传统文化是与时俱进、不断发展，彰显时代精神的产物；

就民族性而言，中华传统文化是前后相继、不断发展，体现中华各民族智慧的重要载体；

就价值取向而言，中华传统文化是以中华民族精神为核心，以爱国主义为导向，蕴涵团结统一、贵和尚中、守正创新、以人为本的一整套价值理念的整合。

由上可知，当前学界对中华优秀传统文化的内涵理解，在观点表述上存在一定程度的混淆和分歧，主要原因在于各研究视角和评价标准的不同。但这在实际运用中却无伤大雅，人们能在大概相同的涵义指向和内容取向上，找寻出最接近的模糊理解，从而将中华优秀传统文化概念本质达成趋于一致的理解，并形成共识，即中华传统文化是由中华民族创造，在中国境内生成并延续至今的内容丰富、表现繁杂，动态发展、影响深远，博大精深、灿烂辉煌的文化总体。

第二节　中华优秀传统文化的内涵解读

一、中华优秀传统文化内涵界说

传承与弘扬中华传统文化，必然要厘清中华传统文化与中华优秀传统文化的区别。那么，何又谓中华优秀传统文化呢？从学术界的研究实践来看，不同学者从中华优秀传统文化的内容、范畴、功能和特征等方面阐释的论作不胜枚举，但多是进行现象描述和内容列举，而关于定义式内涵的揭示却较为少见。就概念明晰的角度而言，对于中华优秀传统文化的内涵理解，似乎成了人们只可意会而难以准确言传的问题。尽管难以精准言说，但学者们的研究和阐释，从多维视角为人们深刻理解中华优秀传统文化提供了重要借鉴和启示。

（一）中华优秀传统文化的判定标准

对中华优秀传统文化中"优秀"成分的判定，当前学界的标准尚未达成一致的表述，但本质要求大致相同。如有学者认为至少要从是否有利于推动中国特色社会主义道德体系的建设，是否促进个人身心发展、更好地适应和创造现代生活来衡量。朱家镠提出要从是否反映客观事实；是否符合时代需要，能够回应现实社会问题；是否促进社会进步，提高文化软实力、加强民族凝聚力、助力实现中国梦、解决世界问题等方面形成判定标准。[①]

就具备特征来说，有学者提出，中华优秀传统文化首先体现着传统文化的积极内涵，反映中国文化积极健康的精神方向；其次，中华优秀传统文化具有历史继承性和稳定性，是民族文化基本精神长期积累的结果，是

① 朱家镠. 新时代中华优秀传统文化的传承与发展研究［J］. 汉字文化，2022（20）：170 - 171.

人类发展过程中的智慧结晶，能够被社会成员接纳与认同；最后，是中华传统文化的活精神，在当代仍具有强大的生命力，具有鼓舞人心、激发民族自信心和自豪感的作用。

就思想实质而言，"思想文化"最能反映一个民族的人格追求、价值取向、思维方式、审美情趣等精神层面的特质。中华优秀传统文化所蕴含的思想观念、人文精神、道德规范等，也都属于"思想文化"的范畴。如李宗桂认为，中华优秀传统文化是指中华传统文化的精华所在、精神所在、气魄所在，是体现民族精神的价值内涵，能够促进中华文化的现代传承和创新发展，能够促进社会进步和民族发展。其主要体现于思想文化层面。①钟思雨等认为中华优秀传统文化是以儒家文化为重要组成部分的多元文化体系，集中表达了中国人的思想观念、人文精神和道德规范，成为人类思想文明发展的一种重要形态。②

一般意义上来说，中华传统文化中具有时代价值和借鉴意义的、对当时及长远的社会发展起到积极作用的内容便是中华优秀传统文化。不同的学者也将中华优秀传统文化表述为"有别于其他民族的独特标识""植根在中国人内心""积淀着中华民族最深沉的精神追求"，是"中华民族的基因""民族文化血脉""中华民族的精神命脉""中华民族的根和魂""中华民族生生不息、发展壮大的丰厚滋养"等。

可见，中华优秀传统文化的判定标准，基本定位于其时代价值、社会意义、思想导向、精神气魄等方面所发挥的积极作用。凡是有助于促进社会进步、思想引领、个人发展的传统文化，都属于"优秀"范畴。

（二）中华优秀传统文化的内涵表述

学界正面揭示中华优秀传统文化内涵的观点有：

一是认为中华优秀传统文化是指中国传统文化中所包含的对提高人民的思维能力，促进社会物质文明和精神文明的发展，推动社会进步的一切有重大价值的优秀精神成果的总和。如周建新、王梁宇认为，从内容上来

---

① 李宗桂. 关于中华优秀传统文化当代价值的两点思考 [J]. 文化软实力, 2019, 4 (2): 40.

② 钟思雨, 吴楠. 中华优秀传统文化涵养美好生活需要的价值原则 [J]. 宁夏大学学报（人文社会科学版）, 2022, 44 (5): 31.

说，中华优秀传统文化是以孔孟为代表的儒家文化为主体，兼容佛道文化，在政治、经济、思想、艺术等领域的各类物质和非物质文化中的积极部分。①

二是认为中华优秀传统文化是指经过实践检验、时间检验和社会择优继承检验而保留下来并能传之久远的文化。如李宗桂提出中华优秀传统文化是中华民族在长久的历史实践中积淀并经过历史淘洗后传承下来的精神和物质财富中的精华部分，也就是那些在中华民族长期发展过程中形成的、有着积极的历史作用、至今具有重要价值的思想文化。②

这两种表述，可以说是对中华优秀传统文化内涵的定义式阐释。前一种表述，强调传统文化对个体思维能力提高、对社会文明进步的推动作用和积极价值，突出精神文化层面的内涵表达，重在文化影响的实践性和发挥作用的现实性，突出从现代结果审思传统意义，具有较强的时代感。但这一表述相对忽略了传统文化的历史传承性、民族性和前瞻性。后一种表述，重在发展性、传承性和历史性，突出传统文化在实践中应用传承，在传承中发展磨练，在发展中优胜劣汰，在时间检验中积淀，在社会发展中凸显其优秀本质而代代传承的特点，体现优秀传统文化的不朽价值和持久的作用力。它还说明经历实践检验、时间洗礼的具有优秀品质的传统文化，具有传承的历史价值，可以绵延不绝，可以对现代文化发挥重要作用。但这一表述相对轻视了文化发展的时代性、创新性和文化内蕴的思想价值的引领性。

不过，就研究思路而言，这两种表述应当说大致反映了学术界关于优秀传统文化的本质性理解。

事实上，中华优秀传统文化是中华民族经过五千年的发展所创造出来的具有恒久生命力的文明成果，凝结着中华民族认识自然、改造社会的思考和智慧，主要涵盖语言文字、文学艺术、科学技术、道德伦理、法制制度、宗教哲学、节日民俗、医学、建筑学等诸多领域，涉及个人、家庭，

---

① 周建新，王梁宇. 中华优秀传统文化现代转型与中华文化主体意识建构 [J]. 河南大学学报（社会科学版），2022，62（6）：128.

② 李宗桂. 试论中国优秀传统文化的内涵 [J]. 学术研究，2013（11）：38.

处世、治学、治国等各方面，可概括为优秀传统物质文化、艺术文化、制度文化、思想文化等，是中国古代社会物质成果和精神成果的总和。

本研究引用学者全国斌的观点：中华优秀传统文化是"中华民族在历史发展中，由于特殊的自然环境、经济形式、政治结构、意识形态的作用而形成的文化积累，它不仅以程式化的经典文献、制度等客体形式存在着，而且广泛地以在长期历史过程中积淀而成的民族的思维模式、知识结构、价值观念、伦理规范、行为方式、审美情趣、风尚习俗等主题形式存在着"①。

二、中华优秀传统文化的内容范畴

以现代视角理性地评判优秀传统文化，通过思想争鸣、学术研究以及生活实践的方式全面检视传统文化，对传统文化中哪些是普遍的、恒久的，哪些反映了对价值（真善美）与秩序（自由、公正、法治）的美好追求，哪些有助于社会和谐与稳定等问题，应该作出客观判断。如前所述，中华优秀传统文化包括中华民族世代传承下来的思想、寓意深刻的文字、博大精深的语言、百花齐放的艺术、独具特色的民俗、盛大隆重的节日等诸多方面，集中体现是以儒家思想为主脉、文史哲为主体、道德教化为主旨，涵盖思想观念、价值取向、思维方式、道德情操、礼仪制度等多方面内容。所以，把优秀传统文化纳入思想文化的范畴，或者说从思想文化的层面发掘传统文化的现代价值，符合中国社会的发展特色。由此，本研究将中华优秀传统文化主要定位于思想文化层面，诸多学者从思想文化层面解读了中华优秀传统文化的内容范畴。

杨翰卿、李保林认为，中华传统文化中具有积极意义和当代价值，应当在思想内容上进行转换的，至少或主要有以下两个方面：其一，体现和表达民族精神的内容。其二，扬善抑恶，注重人格和道德修养的伦理精神和人生价值观念。这些都是中华传统文化中"具有积极意义和当代价值"的思想内容，即中华优秀传统文化的思想内容。

---

① 全国斌. 师范院校传统文化教育的缺失与对策 [J]. 教育理论与实践, 2011, 31 (25): 49.

　　张岱年从文化精神的角度将中华传统文化内容理解为：主要解决人与自然关系的"天人协调"思想、人自身关系（即精神生活与物质生活关系）的"崇德利用"思想、人与人之间关系的"和与中"思想，以及作为处理各种关系的人生总原则的"刚健有为"思想。

　　李宗桂认为，优秀传统文化及其在当代的主要表现是：自强不息的奋斗精神，和谐统一的博大胸襟，崇德重义的高尚情怀，整体为上的价值取向。

　　李新潮、罗豪才从国家观、社会观、文化观、生活观等视角，归纳出中华传统文化的精髓，即天下一统的国家观、人伦和谐的社会观、兼容并蓄的文化观、勤俭耐劳的生活观等。

　　热依拉·玉素甫认为中华优秀传统文化的核心内涵是深层性、根本性、持久性的价值精神，体现着独一无二的思想智慧、文化神韵、价值理念。如"天人合一"的总体性世界观，"和而不同、重义轻利"的中国哲学辩证法，"以民为本"的国家本质哲学，"爱岗敬业、敬业勤勉"的奉献精神，"厚德载物、自强不息"的民族进取精神，"崇尚伦理、崇尚气节、尊老爱幼"的民族传统美德等。[①]

　　国务院办公厅、教育部也从思想文化层面解读了中华优秀传统文化的内容范畴。2014年3月，教育部印发的《完善中华优秀传统文化教育指导纲要》明确指出：中华优秀传统文化是中华民族语言习惯、文化传统、思想观念、情感认同的集中体现，凝聚着中华民族普遍认同和广泛接受的道德规范、思想品格和价值取向。

　　2017年1月，国务院办公厅印发的《关于实施中华优秀传统文化传承发展工程的意见》（以下简称《意见》），提出中华优秀传统文化主要包括核心思想理念、中华传统美德以及中华人文精神等三方面内容。所以，本研究以此为依据对中华优秀传统文化的内容范畴进行概括说明。

（一）核心思想理念

　　依据《意见》内容，核心思想理念包括中华民族在修齐治平、尊时守

---

　　① 热依拉·玉素甫. 中华优秀传统文化的内在价值及其现实进路［J］. 理论观察，2022（10）：131.

位、知常达变、开物成务、建功立业过程中培育和形成的基本思想理念，如革故鼎新、与时俱进的思想，脚踏实地、实事求是的思想，惠民利民、安民富民、重民贵民的思想，道法自然、天人合一的思想等，构成了中华优秀传统文化的核心内涵，蕴含着博大精深的伦理要义和智慧之道，可以为人们认识和改造世界提供有益启迪，为治国理政提供有益借鉴。传承发展中华优秀传统文化，就要大力弘扬讲仁爱、重民本、守诚信、崇正义、尚和合、求大同等核心思想理念。具体理解如下：

讲仁义，是关于仁者爱人、仁爱谦恭、仁爱重义、仁民爱物的"仁爱"精神。如"己所不欲，勿施于人"的为人之道。

重民本，是关于以民为本、惠民利民、安民富民、重民贵民的民本思想。如"水能载舟、亦能覆舟""治国之道，必先富民"的理政之道。

守诚信，是关于以诚待人、讲信修睦、信约自守的价值导向。如"言必信，行必果"的行为规范。

崇正义，是关于清廉从政、勤勉奉公、公正无私、廉正务实、以义制利的为政之道。如"勿以恶小而为之，勿以善小而不为"的道德品格。

尚和合，是关于中和、泰和、求同存异、和而不同、和谐相处、天人合一的和谐思想。诸如"道法自然，天人合一"的生存理念、"和合尚中、和而不同"的包容精神、"亲仁善邻，协和万邦"的处世之道。

求大同，是关于天下为公、选贤与能、世界大同的思想。如"大道之行也，天下为公"的社会理想，"为天地立心，为生民立命，为往圣继绝学，为万世开太平"的道义担当。

（二）中华传统美德

依据《意见》，中华传统美德既与传统相系又与现代相接，蕴含着丰富的道德理念和行为规范。如天下兴亡、匹夫有责的担当意识，精忠报国、振兴中华的爱国情怀，崇德向善、尊道贵德、见贤思齐的社会风尚，孝悌忠信、礼义廉耻的荣辱观念，诚实笃信、律己修身的修养之道，公正无私、廉正务实、宽厚乐群、以义制利的行为特征等，体现了评判是非曲直的价值标准，潜移默化地影响中国人的道德情操和行为方式，都是中华民族所传承的优秀传统道德。具体理解如下：

担当意识，包括"天下兴亡，匹夫有责""舍生取义""苟利国家生死以，岂因祸福避趋之"的责任担当，"先天下之忧而忧，后天下之乐而乐"的忧患意识等。

爱国情怀，包括促进社会和谐的家国情怀，精忠报国、爱国奉献的家国意识和民族情怀等。

社会风尚，包括崇德向善、尊道贵德、尊师重教、见贤思齐的国民道德，敬业乐群、扶正扬善、孝老爱亲、与人为善的传统美德等。

修养之道，包括孝悌忠信、诚实笃信的忠恕之道，礼义廉耻、知耻近于勇的荣辱观念，省身慎独、律己修身的律己观念，"温良恭俭让"的品质追求，超越功利、崇尚节俭的生活态度等。

行为规范，包括勤劳敬业、勤俭节约、吃苦耐劳、刻苦钻研、居安思危的优良品质，谦让好礼、宽厚乐群、见义勇为、扶危济困的善行义举等。

（三）中华人文精神

依据《意见》，中华优秀传统文化积淀着多样、珍贵的精神财富，如求同存异、和而不同的处世方法，文以载道、以文化人的教化思想，形神兼备、情景交融的美学追求，俭约自守、中和泰和的生活理念等，是中国人民思想观念、风俗习惯、生活方式、情感样式的集中表达，滋养了独特丰富的文学艺术、科学技术、人文学术。中华人文精神是指有利于促进社会和谐、人心向善和人心向上的思想文化内容，以及反映道义高度与美学追求的精神品质。中华人文精神凝结了许多优秀独特的思想精华，积淀着中华民族最深沉的精神追求，是中华民族应继承、追求、弘扬和创造的一种内在力量。中华人文精神涵盖内容广泛，主要有：

塑造人格品质的精神力量，包括"刚健有为、自强不息、不屈不挠、勇敢坚强"的奋斗精神，"志存高远""不坠青云之志"的进取精神，"鞠躬尽瘁，死而后已"的献身精神等，"不畏强暴、不怕困难"的吃苦耐劳精神，"革故鼎新、开拓创新、兴利除弊"的改革精神，"三军可夺帅，匹夫不可夺志"的人格气节，"富贵不能淫，贫贱不能移，威武不能屈"的浩然正气等。

经世致用的处世方法，包括"求同存异、和而不同、贵和尚中、中庸之道、民胞物与"的价值取向，"己所不欲，勿施于人"的利他精神，"诚意正心，修身齐家治国平天下"的人生理想，"达则兼济天下，穷则独善其身"的责任意识，"业精于勤而荒于嬉"的务实态度，"究天人之际，通古今之变"的经世方略等。

体现道义高度的教化思想，包括"文以载道、以文化人"的思维境界，"上善若水""仁义礼智信"的人格境界，"立己立人，达己达人"的重德精神，"厚德载物、海纳百川"的宽容品格，"知行合一、躬行实践"的为人操守，"三省吾身""君子慎独"的心性修养，"有耻且格，遵纪守法"的人格品质等。

蕴含独特意味的美学追求，包括以中和为美、对称为美，形神兼备、情景交融的价值追求等。

追求修身齐家的生活理念，包括"俭约自守、自省自觉、淡泊明志"的修身之方，"百善孝为先""家和万事兴"的齐家之略，"为天地立心，为生民立命，为往圣继绝学，为万世开太平"的理想抱负等。

精神文化，是一个民族整体的生活方式及其价值体系。中华优秀传统文化的这些思想、理念和规范，是中华民族代代传承的价值观的正能量。中华民族之所以历经磨难而生生不息，跨越艰难险阻而始终充满活力，均是缘起中华文化的精神追求。有学者说："教育的所有最为纤细的根茎都生长在民族的灵魂之中，生长在民族精神力量之中。"民族精神是一个民族赖以生存和发展的强大动力，它深深地植根于我国优秀传统文化之中，是使中华民族焕发出勃勃生机的强大力量。所以，弘扬中华优秀文化，就要从精神内涵的层面切入，传承有利于促进社会和谐、鼓励人们向上向善的，以思想文化为主导的内容。

（四）其他优秀传统文化

中华传统文化种类繁多、精彩纷呈，浩如烟海的文艺精品，文人雅士的诗词歌赋，器物文化中卓越的工艺品，制度文化中精粹的管理思想，也属于优秀传统文化的范畴。它们是由相应的思维方式、价值取向和审美情趣所指导和产生的，蕴含着特定的精神内涵。

在历史长河中生成的传统文化精品承载着独特的审美意蕴，是中华优秀传统文化的重要组成部分，并以"润物细无声"的方式滋养着中华民族，成为在跌宕起伏的历史时代中的传世经典。从老子、孔子、庄子、孟子到屈原、王羲之、李白、杜甫、苏轼、辛弃疾、关汉卿、曹雪芹，从诗经、楚辞到汉赋、唐诗、宋词、元曲、明清小说，从琴棋书画、戏剧曲艺、语言文字到节日民俗、衣冠服饰、工艺建筑，等等，这些卓越的文化大家和灿烂的文化精品，铸就了中华民族发展的辉煌历史，成为中华民族增强精神力量、文化自信的重要载体。在经济全球化的今天，他们仍然闪耀着时代的光芒，丰富着人们的精神世界，推动着经济社会的发展与进步。

三、中华优秀传统文化的基本特征

中华传统文化是中华民族的"根"和"魂"，其文化基因深深渗透于华夏民族的血液和骨髓里，对中华儿女产生了深远的影响。以聚焦宏观作用的研究为例，李宗桂等通过对优秀传统文化特征的探讨，指出优秀传统文化具有历史继承性、文化认同稳定性的特点，在当今时代仍具有旺盛的生命力。本研究基于新时代视角，从中华传统文化的多元性和稳定性等方面，进行简要说明。

（一）多元综合性

在中华民族几千年的历史发展进程中，中华优秀传统文化始终以一种兼收并蓄、海纳百川的姿态博采众长、绵延发展，最终形成了一个多元共存、综合发展的文化体系，并在表现形式上呈现出文化创造主体的多元性和文化内容构成的综合性特征。

中华传统文化的创造主体是多元的。在中华传统文化的产生和发展过程中，包括汉族和各少数民族为主体的劳动人民，共同培育、继承和发展了具有中华民族特色的传统文化，并在不同地域、不同民族和不同社会群体之间传播、渗透，不断丰富、完善和革新，逐步形成了多样化的文化形式，其中既包括华夏文明的文化基因，又包含多姿多彩的少数民族的文化基因，形成了体现各民族思想智慧的文化内容。

中华传统文化的内容构成包罗万象，广泛多元，主要涵盖生产和生活，科学和艺术、人文和自然等方方面面，包括哲学思想、文学艺术、自然科学、宗教哲学、伦理道德等各领域。就某一领域来说，也是内容多元，丰富多样的，如思想文化领域中，在春秋战国时期就出现了百家争鸣的文化现象，在思想体系上呈现出道家的独立、批判和自由精神，儒家的仁爱、正义和中和精神，墨家的博爱、平等和务实精神，法家的进取、变革和法治精神等，充分体现了中国文化兼收并蓄、广泛多元的特征。

（二）独特的民族性

中华优秀传统文化是在多民族交融与交往的过程中，广泛凝结各民族的文化元素、吸收借鉴各民族的优秀文化精髓而形成与发展的，是各民族文化的交汇融合，具有鲜明的民族特色。中华各民族在特定的自然、社会和历史环境中，经过特有的生产和生活实践，凝结劳动人民智慧所创造形成的独有的哲学思想、政治理念、道德观念、民族精神，颇具民族特色的音乐、绘画、书法、舞蹈等艺术作品，以及蕴含独特审美意识的园林建筑、风俗习惯等，无论是其内容还是表现方式，经过千百年的浸润与融合、演绎和扬弃沉淀下来，深入中华民族的思想意识和行为规范中，内化为中华民族特有的文化心理结构，呈现出中国风格、中国气派，反映了中华民族得天独厚的民族性特质与形态。

中华优秀传统文化以其深厚的文化底蕴和庞大的知识资源，深刻体现中华民族文化的烙印，蕴含中华民族独特的文化基因，是对中华民族独特的世界观、人生观、价值观、审美观等的概括和凝练。其中，自强不息的奋斗精神、和谐统一的博大胸襟、崇德重义的高尚情怀、整体为上的价值取向、勤劳勇敢的质朴秉性、求真务实的理性态度，这些基本的价值理念，体现了中华传统文化的主流价值，反映出中华文化的民族精神特质。通过全民族的社会实践，思想家们的理论提炼，逐渐形成了以爱国主义为核心的自强不息、团结奋进、勤劳勇敢的中华民族精神。所以，中华优秀传统文化呈现出鲜明的民族性特征。

（三）鲜明的开放性和包容性

中华优秀传统文化在传承发展中融聚古今智慧，以开放包容的态度实现了文化资源的兼容合并，形成内容丰富、形式多样的文化体系，显现出强大的文化整合和同化能力。中国历史上学术流派之间开放、包容并相互切磋，其中取得主导地位的儒家思想积极开放、借鉴和融合其他学派的思想，丰富和发展了兼容并包的文化基因。中华各民族之间在保持自己文化独立性的同时，不断突破时空界限，学习、吸纳或兼容一切外来的文化精华，成就了华夏文化海纳百川、雍容大度的文化传统，体现出卓越的包容性。

中华文明对世界其他文明也处于开放之中，在与外来文化的交融和碰撞中，积极学习借鉴和吸纳其他文明的有益成分，使人类创造的一切文明中的优秀文化基因融入中华文明之中，形成了新的文化形态。同时中华文化对世界文明保持开放，广泛传播自身的文化特色，使中华文化影响深远、辐射广泛，如以"和合理念"向世界讲述中国的发展观，以"义利之辨"向世界讲述中国的价值观，以"天下情怀"向世界展示中华民族的整体性思维和包容性精神等，呈现出整合凝聚，交流互融，兼具开放性和包容性的中华文化特征。

（四）强大的自我更新和延展性

中华优秀传统文化在时代发展中推陈出新、继往开来，伴随时代变迁不断融合与创新，呈现出格物致知、求真务实的品质和特征。学者热依拉·玉素甫从文化的延展性视角阐述了中华优秀传统文化的更新力，指出"中华优秀传统文化的延展性内涵关涉时代性意蕴和实质性问题，是文化迈向成熟的标志，并致力于呈现一种世界文化的公共价值，倡导建构具有中华民族特色的公共性精神文化体系"[①]。我们也熟知，中华民族历经磨难，生生不息，与中华文化强大的自我更新力、创新性紧密相关。

中华传统文化的创新性表现为其文化基因的自我复制、自我传播、自我延续和自我发展，同时识别、批判、应对或吸纳各种外来文化从而实现自我更新。文化基因的可复制性既可在时间范围内存在和发展，又可在空间领域不断拓展，具有超越时空、孕育现代新型文化观念的基础和优势。在时间推移前行中，中华传统文化为适应社会发展不断丰富其内涵特质、变换其表现形式，并融合于现实社会中，体现出超越的、持续的文化灵动性；在地理空间拓展延伸中，形成具有强大辐射力的、具有浓郁民族特色的东方文化圈，显示了中华优秀传统文化发展过程中的承载与超越，使中华传统文化不断得以传承弘扬和创新发展。

（五）持久生命力的稳定性

中华优秀传统文化历史悠久、积淀深厚，凝聚着历史形成的思想智慧，

---

① 热依拉·玉素甫. 中华优秀传统文化的内在价值及其现实进路［J］. 理论观察，2022（10）：132.

承载着社会发展的精神动力，千百年来其基本思想一直支撑着中华文明延续不断、历久弥新，至今仍然适应社会发展的需要，并在当代社会中发挥其价值引领功能，促进人们形成正确的思想价值观和意识形态。① 所以，中华优秀传统文化具有持久的生命力，呈现出与时俱进、经世致用的稳定发展的特征。事实上，当代中国社会的伦理道德、思想价值、人文精神等，都可以从中华优秀传统文化中找到根源。正如习近平所言，"中华文明绵延数千年，有其独特的价值体系。中华优秀传统文化已经成为中华民族的基因，植根在中国人内心，潜移默化影响着中国人的思想方式和行为方式"②。

从现实的维度分析，中华优秀传统文化作为社会的存在物，表征着中华民族文化的历史源流，同时也是中华民族存在的象征。作为特定的文化象征，中华优秀传统文化始终与中华民族关联在一起，为中国精神、中国力量、中国智慧、中国价值提供丰厚滋养。同时，在与"异质文化"交流中能够坚守民族文化自觉与文化自信，面对"异质文化"的挑战，能始终气定神闲、宠辱不惊，强力保障民族文化不会迷失方向。所以，中华优秀传统文化历经时代变迁，在中华民族五千多年文明史中一直熠熠发光，是世界文化史上从未间断的文明体系，其发展埋路的不间断性使优秀成果得以传承。③

（六）深刻的道德践履性

中华传统文化"是中华民族在修齐治平、尊时守位、知常达变、开物成务、建功立业过程中逐渐形成的"，内蕴着对"善"的追求和对"德性"的至上推崇，在中华民族的生存实践中鲜活存在并发挥道德引领的作用，呈现出深刻的道德践履性特征。中华传统文化的道德践履性体现在中华民族日常生活的思维方式、行为习惯、言行举止及价值评判标准中，通过生活内化为人们的精神追求、外化为人们的实践行动，在长期的社会发展中深入人心，使人们日用而不觉。

中华优秀传统文化资源表征着中华文化的核心理念，承载着民族与国

---

① 彭良霞. 文化自信视域下优秀传统文化的当代价值及传播策略［J］. 普洱学院学报，2022，38（5）：50－51.

② 习近平. 习近平谈治国理政：第一卷［M］. 北京：外文出版社，2018：170.

③ 汤金. 中华优秀传统文化的价值意蕴与弘扬路径探析［J］. 今古文创，2022（44）：62.

家的精神追求，体现着社会是非曲直、公道人心的价值评判标准，彰显着最持久、最深层的文化力量，践行着深刻的思想道德内涵。无论是儒家的"仁义礼智信"，墨家的"兼爱、非攻、尚贤"，道家的"上善若水"等睿智的哲学思想，还是"苟利国家生死以，岂因祸福避趋之""未收天子河湟地，不拟回头望故乡"的忧国爱国情怀；无论是"有朋自远方来，不亦乐乎""海内存知己，天涯若比邻"的好客之情，还是"千磨万击还坚劲，任尔东西南北风""宝剑锋从磨砺出，梅花香自苦寒来"的自强不息精神，无不是青年一代成长成才，塑造精神人格，培育文化自信的道德践履之源。

　　总之，中华优秀传统文化内容丰富、博大精深，在思想上具有大智，伦理上具有大善，艺术上具有大美，科学上具有大真。党的十八大以来，习近平高度重视中华优秀传统文化的传承与创新，对弘扬中华优秀传统文化的价值做出了深刻系统的阐释和指导。他指出"中华文化源远流长，积淀着中华民族最深层的精神追求，包含着中华民族最根本的精神基因，代表着中华民族独特的精神标识，为中华民族生生不息发展壮大，提供了丰厚滋养"①，中华优秀传统文化以"独一无二的理念、智慧、气度、神韵，增添了中国人民和中华民族内心深处的自信和自豪"②，"为人们认识和改造世界提供有益启迪"③。习近平多次使用"根""魂"，"突出优势""精神力量""丰厚滋养"等词汇，强调中华优秀传统文化是"中华民族伟大复兴的精神力量"④，"是推进改革开放和社会主义现代化建设的强大精神力量"⑤，"是涵养社会主义核心价值观的重要源泉，也是我们在世界文化激荡中站稳脚跟的坚实根基"⑥，"是中华民族的文化根脉，其蕴含的思想观念、

---

　　① 中共中央宣传部. 习近平总书记系列重要讲话读本［M］. 北京：学习出版社：人民出版社，2014：100.
　　② 中共中央文献研究室. 习近平关于社会主义文化建设论述摘编［M］. 北京：中央文献出版社，2017：15.
　　③ 中共中央宣传部. 习近平总书记系列重要讲话读本［M］. 北京：学习出版社：人民出版社，2016：202.
　　④ 习近平. 建设中国特色中国风格中国气派的考古学　更好认识源远流长博大精深的中华文明［J］. 理论导报，2020（12）：25.
　　⑤ 习近平. 习近平谈治国理政：第一卷［M］. 北京：外文出版社，2018：158.
　　⑥ 中共中央文献研究室. 习近平关于社会主义文化建设论述摘编［M］. 北京：中央文献出版社，2017：167.

人文精神、道德规范，不仅是我们中国人思想和精神的内核，对解决人类问题也有价值"①。这些重要论断，为新时代中华优秀传统文化的传承与弘扬提供了根本遵循。所以，我们应该有足够的底气树立文化自觉与文化自信，彰显文化价值底色和文化发展特色，赓续并弘扬中华优秀传统文化。

---

①　习近平. 习近平谈治国理政：第三卷［M］. 北京：外文出版社，2020：314.

第二章
中华优秀传统文化的内容和价值分析

第一节 中华优秀传统文化的内容解析

一、核心思想理念

（一）仁爱道德

中华优秀传统文化一向崇尚人的尊严和价值，历来主张与人为善、推己及人，建立和谐友爱的人际关系。儒家"五常""仁义礼智信"，是中国价值体系中的核心因素。而"仁"又是"五常"之核心。"仁"是儒家的核心思想和道德价值的根本，是整个中华传统文化的基本价值观。朱熹说："百行万善总于五常，五常又总于仁。""仁"的基本含义是"爱人""仁民爱物"，内蕴着"爱人如己""心怀天下""开放包容""奉献社会""物我和谐""宽恕"等社会关怀的价值取向，最终要实现爱一切人甚至推广到爱一切物，即"亲亲而仁民，仁民而爱物"，具体是指人们内在的心理意识、外在的行为准则和道德规范以"仁"为核心，可谓内涵丰富、影响深远。"仁"是人之所以为人的根据，也是一切德行的根源，"成仁"是人的最高价值追求和最高美德。从"仁"出发，以人为本，儒家思想传播"爱亲、爱众、爱物"的博爱精神，在践行"仁"的实践过程中涌现出"为仁由己""忠恕""孝悌""克己复礼""知行合一""见利思义"等道德要求。

孔子详细阐述了仁爱思想，认为"仁"以"爱人"为基本规定，是人之为人的根据，也是一切德行的根源。提出了"夫仁者，己欲立而立人，己欲达而达人"(《论语·雍也》),"孝悌也者,其为仁之本与"(《论语·学而》),"苟志于仁矣,无恶也"(《论语·里仁》)等思想主张,认为"成仁"是人的最高价值追求和最高美德。孔子也主张诚信与仁义并重,认为拥有"仁与义"品格的人,能够成仁取义、以和为贵,就是"君子",而"君子去仁,恶乎成名"(《论语·里仁》),强调"君子"是对人之为人的崇高品格的表征。孔子修身爱人的思想,讲求设身处地为他人着想、自省慎独、以礼待人、尊重别人,从个人自我完善意义上,具有安身立命之本的意义;从社会发展而言,可使社会完善、时风良好、天下太平。

孟子进一步丰富和发展了孔子的仁爱主张,拓宽了仁爱的对象范围,提出了"仁者爱人"(《孟子·离娄章句下》),"敬人者,人恒敬之;爱人者,人恒爱之",提醒人们要互相尊重,以善心、仁心待人的道德原则,并将孔子的忠恕之道具体化为"老吾老以及人之老,幼吾幼以及人之幼"(《孟子·梁惠王章句上》)、"亲亲而仁民,仁民而爱物"(《孟子·尽心章句上》),其"仁民爱物"的思想体现了我国古人的一种宇宙情怀和极高的价值追求,它所要实现的最高境界,就是自身与他人及世界万物各尽其性的一体合一的和谐境界。

墨子提出"兼相爱,交相利"(《墨子·兼爱中》)、"兼爱非攻"的思想,强调不分等级、不分远近、不分亲疏,广泛、无差别爱天下所有的人,反对使用暴力来解决问题。荀子主张"仁者自爱"。道家补充了仁爱的对象范围,庄子提出"爱人利物之谓仁"的思想观点。管子认为"以德予人者谓之仁"(《管子·戒》),田穰苴提出"以仁为本,以义治之"(《司马法·仁本第一》)的军事观。由此,仁爱思想体系基本形成,并成为中华民族一以贯之的核心思想。

北宋程颢和程颐从天理的角度视仁为人的本性,并以"识仁"作为道德修养的根本目标与根本方式,将"仁者,浑然与物同体"视为实现"仁"的境界。朱熹提出"仁包五常",突出"仁"在五常中的地位。其所谓天理,即以"仁"为核心内容,并以此作为万世万物的本原和三纲五常之本体。北宋张载提出"民胞物与""爱必兼爱"的主张,认为不但要爱一切人,而且爱一切物,构建人人爱我、我爱人人,互相尊重和关爱的和谐世界。

当前，有学者认为，仁爱思想包含三层含义：第一层把"仁"作为处理人际关系的道德原则；第二层将"仁爱"作为生活实践的准则；第三层将"仁爱"作为所要追求的高尚境界。可见，仁爱具有多层涵义和功能，以"仁爱"为核心的道德观，"兼爱非攻"的博爱观等一整套关于道德教化和社会规范的思想，彰显了中华优秀传统文化的崇高性、普世性和兼济天下的仁德情怀，体现了人们对个体品行道德和社会行为规范的深刻反思。

在今天，仁爱思想仍具有强大的生命力，在国家治理过程中引领着社会秩序与民众思想的正向发展。在仁爱思想的文化积淀下，中国式现代化建设道路中的"共同富裕""共赢"理念内蕴着"兼相爱，交相利"的思想，人类命运共同体可谓是对"仁民爱物"最好的践行。所以，仁爱是一种情感诉求、一种精神境界，也是一种伦理原则、一种治国之道。"仁爱"思想对建设精神文明，调和社会矛盾，缓解人际冲突，构建"以人为本"的和谐社会具有积极的理论借鉴意义。

（二）诚实守信

诚信作为中华民族的传统美德之一，历史悠久、内涵丰富。诚信含有诚实和守信两层含义，诚是信的内在基础，信是诚的外在表现。在古人看来，"诚"是一种真实无妄、表里如一的品格，"信"是一种诚实不欺、遵守诺言的品格。《孟子·离娄章句上》中记载："诚者，天之道也，诚之者，人之道也。"其意思即诚是天之道，而努力地追求，践行真诚，进而达到合乎诚的意境是做人之道。"信"意为真心、诚意，人之言论应诚实可信。东汉许慎所著《说文解字》认为"诚"与"信"可相互训诚。"诚"为个人向内立足于心的真诚、诚实，"信"为个人向外立足于对他人实践的守信、信任。

我国古代涉及"诚信"的思想众多，早期的文献汇编中就有政治诚信的主张，如"王道尚信，则天下以为法"，"信用昭明于天下"；老子曰"信不足焉，有不信焉"，认为统治者若是不诚信，则会失去百姓信任；孔子主张治国安邦，当以诚信为本，为政者应做到"敬事而信"（《论语·学而》），认为"上好信，则民莫敢不用情"（《论语·子路》），"自古皆有死，民无信不立"；《左传》记载"信，国之宝也"，指治国之本在于诚信，与孔子主张的治国应"足食，足兵，民信之矣"不谋而合；《中庸》中把"诚"

作为世界的本原，提出"唯天下至诚，为能经纶天下之大经，立天下之大本，知天地之化育"的主张。

古代圣贤非常看重个人的诚信，认为"诚"和"信"是为人的基本道德品质，将诚实守信当作为人处世的"立身之本"。老子提出"夫轻诺必寡信，多易必多难"，强调做人要真诚无欺、遵守诺言，说明诚信是一种宝贵的品质。孔子把"信"视为"仁"的主要德目，要人诚信不欺、恪守信用，并引为治民、用人、交友的重要原则。孔子提出"人而无信，不知其可也"（《论语·为政》），"与朋友交，言而有信"（《论语·学而》），"言必信，行必果"（《论语·子路》），主张诚信应为交友之基。孟子把"朋友有信"纳入"五伦"规范，主张通过"思诚"，即通过反省来扩充内在的道德良知，以达到圣人的境界。荀子提出"君子养心莫善于诚"，主张修身养性，以诚为要。管子主张"诚信者，天下之结也"，强调诚信是人与人之间交往的纽带。韩非子所言"内外相应也，言行相称也"，强调言行一致，恪守诺言。《中庸》认为"至诚"是达到了人生的最高境界，把诚信作为人们的道德追求和交际伦理的规范，提出"诚者，天之道也；诚之者，人之道也"，认为"诚"是天道的本质，人要通过"诚之"的道德修养方式，实现真实的本性，与天道合一。

汉代董仲舒则正式把"信"列为"五常"之一，确立了"信"在儒家道德规范体系中的重要地位。到了宋代，理学家程颢、程颐、朱熹在其理学体系内强调"信"涵盖其他四德（仁、义、礼、智），并体现于四德中。与"信"相关的是"诚"，诚是信的哲学基础，也是做到信的修养方法。宋代周敦颐构建了以"诚"为核心的宇宙本体论体系，提出"以诚为本"的命题，认为"诚"既是宇宙的精神实体，又是道德的本原，还是道德修养的方式。程颢、程颐则以"诚敬存之"和"涵养须用敬"作为体认"天理"的道德修养方式，以此做到内心的纯粹专一和毫无私念，这成为整个宋明理学最重要的修身方式之一。

再如"君子一言，驷马难追"（《论语·颜渊》）、"一诺千金"（《史记·季布栾布列传》）、"金石为开"（《新序·杂事四》），都强调把诚信作为处理人与人之间关系的重要行为准则。还有诸如曾子杀彘、宋濂抄书、郗公吐饭、李勉葬银、尾生抱柱以守信、商鞅立木为信的历史典故，都将诚信作为君子的基本素养和标志，彰显了中华民族推崇诚信为本、诚信至上的文化底蕴。

二、中华传统美德

（一）孝亲孝道

孝亲爱国注重激发个体的乡土情感和家国情怀。在深刻影响传统文化精神、塑造中国人的道德品格方面，"孝"是一个最重要的道德范畴。"孝"原意为对父母的敬重、奉养和服从。自西周至春秋时期，以奉养父母、祭祀先祖为内容的孝道已成为维系我国家庭生活的重要道德原则，这在一些先贤们对孝道的论说和实践中可见一斑。

曾子提出了孝道理论的基本点，认为孝是人的自然情感，行孝要讲究方法和技巧，不能一味地愚孝。如与父母的意见不同，为了行孝就要做到"微谏不倦，听从而不怠，欢欣忠信，咎故不生，可谓孝矣"。若父母固执己见，孝子当"谏而不逆"，对父母的言行并不盲从。曾子曾回答行孝之道："有。爱而敬。父母之行，若中道则从，若不中道则谏。谏而不用，行之如由己。且俯从所行而思谏道也。从而不谏，非孝也；同父母之非不匡谏。谏而不从，亦非孝也。徒以义谏，而行不从。孝子之谏，达善而不敢争辨。争辨者，作乱之所由兴也。"可见，在曾子看来，真正的孝应当以维护家庭和谐为要，体现了以柔克刚的方式，为后人艺术地实践孝道提供了很好的借鉴。

孔子提出"孝弟者也，其为仁之本与"，强调孝亲是培养仁德的根本。其中悌是指对兄长的敬，是孝的延伸。孟子进一步强调孝对培养人的道德品质，表现仁爱精神的重要意义，认为仁的实质就是事亲，也就是孝，孝成为人之为人的一个重要标志，不孝即为禽兽。孟子还提出"谨庠序之教，申之以孝悌之义"（《孟子·梁惠王章句上》），强调仁民爱物从孝亲开始，以实现社会的长治久安。

孝悌对人德行的养成和社会的稳定具有基础作用，所以古代非常强调进行孝悌方面的伦理思想教育，以实现社会的长治久安。自汉代"独尊儒术"之后，历代统治者不断强调孝道，认为孝是"德之本"，奉之为"天之经""地之义"，倡导"以孝治天下"（《孝经集传·孝治》），把孝提到"百行之首"的地位。

在传统社会，孝的精神和孝道教育适应了以宗法血缘关系为基础的传统社会，对于维持家庭和睦和社会秩序发挥了重要作用，由孝而形成的重视家庭的观念和热爱乡土的家国情怀也成为中国乃至东亚社会最显著的特色。

新时代，虽然社会结构已发生巨大变化，传统孝道的一些内涵（如绝对服从父母的愚孝）已经过时，但剔除糟粕，孝亲仍是维系家庭和睦与社会和谐的重要基础。随着我国老龄化社会的到来，"孝亲孝道"观念应引起更广泛的重视，孝文化应在亲子关系、社会支持、育子养老等社会问题中发挥积极作用。曾子之孝提倡的父慈子孝、家庭尚和等主张，不仅符合现代人际关系的准则，而且说明孝与亲是代际双向的互动关系而不是单向关系，孝道所体现的是通过耳濡目染，在言传身教中浸润式培育，积淀尊敬父母、感恩父母的情感。其实，生活中人们常说的"我陪你长大，你陪我变老"就是孝亲孝道最真实的写照。

在现实生活中，由于缺失孝亲孝道教育，一些人不懂得孝敬父母、感恩父母，反而一味向父母索取，认为父母的付出都是理所当然的，进而出现借代沟理由嘲笑父母、不随心意就顶撞批驳父母，甚至认为依赖父母、消费父母理所当然的情况。目前"巨婴""啃老族"等现象普遍存在，亲子冲突时有发生，不懂"身体发肤受之父母"、不珍惜生命的极端行为和自杀事件屡屡发生。如果强化孝道教育，人们就能从学会爱父母、感恩父母、回报父母，延伸到学会爱他人、爱国家，感恩社会、回报社会。因此，"孝"道教育既影响个体素养、家庭幸福，又影响社会安宁，国家发展。

总之，"孝悌"之情是中华民族的传统美德，学习理解"孝悌"之情，将"孝"的情感进行深化，对于唤起关爱他人、关爱社会甚至关爱自然的乡土情感和家国情怀具有启发意义。在学校教育中推崇孝亲爱国，激发"天下兴亡，匹夫有责"的家国情怀，是培养年青一代的爱心、感恩、责任意识和热爱乡土、热爱祖国情感的有效途径，也是传承中华民族传统美德的必然要求。因此，学生核心素养的指标体系需要体现孝亲爱国的内容，引导学生孝敬父母、尊敬长辈，爱国、感恩，做有自信、懂自尊、能自强的中国人，形成为实现中华民族伟大复兴而不懈努力的共同理想追求。

（二）崇尚礼仪

1. "礼"文化的发展脉络

中华民族崇尚礼仪，讲究礼数，有"礼仪三百，威仪三千"之说，享有"礼仪之邦"的盛誉。"礼"作为中华民族的传统美德和中华文化的核心价值，既是一种社会政治理想，又是一种伦理道德规范。它通过对人们思想行为的引导、制约和规范，维护社会的安定和发展，成为社会秩序和谐的基石。礼仪在历史上被不断地修正、完善、继承和发扬，并积淀而成《周礼》《仪礼》《礼记》等专门阐述礼的经典著作。

根据主流观点，"礼"最初是原始社会祭神祈福的一种宗教仪式，后泛指社会等级制度以及与之相应的礼节仪式和道德规范。尧舜时期制定了礼，经过夏、商、周三代的总结、推广和完善，"礼"逐步成为社会活动和实践生活的典章制度和行为规范。周公在朝廷设置礼官，专门掌管大卜礼仪，把古代礼仪制度推向较为完备的阶段。

孔子把"礼"推向至高无上的地位，认为"礼"是人内在道德情感的表达方式，也是修身提升德性的重要依据与保障，从而将外在的道德规范和社会制度（礼）与内在的道德情感（仁、义）结合起来，提出"克己复礼""礼之用，和为贵"，认为礼体现了尊敬、节制、谦让的精神，是实现自身与他人、与社会和谐相处的重要保障。孔子也提出"不学礼，无以立"，认为学礼是做人之本、立身之基，是一个人融入社会的重要基础。一个人必须通过礼义修身，才能成就君子人格。孟子指出礼的精神是辞让（"辞让之心，礼之端也"）。荀子主张"隆礼重法"，强调礼、法等社会规范体系对节制人的行为、修身成德和维系社会秩序的重要性，成为封建礼制的理论奠基者之一。

汉武帝时期"罢黜百家"后，儒家的道德礼仪制度作为社会道德、行为标准和精神支柱，其重要性提到了前所未有的高度。宋代理学家将"礼"与"天理"结合起来，提出"礼谓之天理之节文"，强调了"礼"在本体论上的合理性。

一直以来，我国古代社会成为"礼教"社会，"礼"作为一种行为规范，成为维护上层建筑以及与之相应的人与人交往的礼节仪式。在我国历史发展中，"礼"也维护了社会秩序，体现了个人教养，表达了人们对和谐秩序的渴望，对高贵素养的追求，以及对终极价值的敬畏。

2. 礼文化的思想内涵

在古代社会中，礼文化在维护封建统治和规范人们的日常行为中，形成了一整套道德规范和社会制度，规约了一些道德准则和行为标准，包括外在的仪式、规范、典章制度等形式，以及内在的道德、情感、信念等内容。对于个人而言，礼是规定品德修养、行为举止的具体要求；对于社会而言，礼是规范人际关系、社会秩序的具体约束。

（1）"礼"是规范人们行为的具体准则

作为儒家五常之一，"礼"是"仁""义""智""信"的总和，也是"仁""义""智""信"的表现。"礼"包含对德行的追寻，对人性的期望和宽容。《荀子·礼论》曰"礼者，养也；礼者，敬人也"，指礼是调养人们欲望的。有礼仪素养的人，首先就是会尊重他人，以他人为尊。《礼记·乐记》曰："故礼以道其志，乐以和其声，政以一其行，刑以防其奸。"意思是"礼"用以统一人的意志，"乐"用以调和人的声音，"政"用来规范人的行动，"刑"用来防止奸乱。礼乐刑政，目的相同，都是为了齐同民心而天下大治。《礼记·冠义》曰："礼义之始，在于正容体，齐颜色，顺辞令。容体正，颜色齐，辞令顺，而后礼义备，以正君臣，亲父子，和长幼。君臣正，父子亲，长幼和，而后礼义立。"《淮南子》曰："礼者，实之文也；仁者，恩之效也。故礼因人情而为之节文，而仁发恲以见容。"指礼是根据人情而制定的，礼不超过人情的实际。这些都揭示了"礼"多层次和多维度的内涵本质和功能特点。

（2）"礼"是古代社会最基本的法则

"礼"也包含对美好生活的期待，以及对社会秩序的协调。《左传·隐公十一年》中说："礼，经国家，定社稷，序民人，利后嗣者也。"意思是遵守礼制，可使国家长久、社稷安定，让人们尊卑有别，上下有序。《左传·昭公二十五年》中说"礼，上下之纪，天地之经纬也，民之所以生也"，即礼是天地法则在人类社会的体现。所谓"礼以顺天，天之道也"（《左传·文公十五年》）。《礼记·礼运》中说："夫礼，先王以承天之道，以治人之情，故失之者死，得之者生。"指礼是先王们继承天道的智慧，用来治理人心的良方，因此违背礼者必然灭亡，遵守礼者必然兴旺。

（3）"礼"是立身之本

"礼"还包含对和谐的追求，对审美情趣和行为规范的重视和培养。《礼记》云："凡人之所以为人者，礼义也。"《诗经》曰："相鼠有体，人而无礼；人而无礼，胡不遄死？"意思指老鼠也有自己的规矩和秩序，如果人没有了礼仪，还有什么资格活着呢？警示人们要重视和遵守社会规范和道德。《晏子春秋》言："凡人之所以贵于禽兽者，以有礼也。"说明礼仪是人类文明的标志和进步的动力。《左传》言："礼，人之干也。无礼，无以立。"《荀子·修身》言："礼者，所以正身也；师者，所以正礼也。无礼，何以正身？无师，吾安知礼之为是也？"北宋程颐言："礼者，人之规范，守礼所以立身也。安礼而知乐，斯为盛德矣。"意思指人之成人，要从最基本的行为做起。

（4）"礼"彰显德行

礼仪作为一种道德规范，是道德精神的外化，体现尊敬、节制、谦让、和谐的精神。《左传·僖公二十七年》言："礼、乐，德之则也。"意思指礼乐是体现德行的外在规范。《荀子·礼论》言："礼者，人道之极也。"《荀子·修身》言："故人无礼则不生，事无礼则不成，国家无礼则不宁。"强调礼是人类道德的最高境界，是人类社会的最高准则。《论语·学而》所言"贫而乐，富而好礼者也"，则追求精神方面的涵养，把道德的功利境界提升为精神的审美追求。

"礼"的内涵虽然纷繁，但其所体现的精神是一致的，所以礼仪可以显仁，即通过外在的礼仪彰显内在的仁德。儒家提倡以"仁"释礼，认为"礼"是人类道德生活的外在根据，而"仁"才是人类道德生活的内在根据。孔子以恢复夏商周三代的礼乐文化为理想，以"仁"补"礼"，赋予"礼"内在的道德心理基础，强调"仁"与"礼"的结合，形成了"仁""礼"统一的伦理模式。他认为"礼"是人内在道德情感（仁）的表达方式，也是修身提升德行的重要依据与保障，如"克己复礼为仁"（《论语·颜渊》），将体现外在的道德规范和社会制度的"礼"与内在的道德情感（仁、义）结合起来，实现外在行为规范与内在的道德情感相统一，以此作为修身成德和实现完满人格的途径，这对于提升人的文明素养和社会秩序具有积极的作用。

三、中华人文精神

（一）爱国情怀

爱国是一种对国土和民族所怀有的深厚的热爱、依恋等情感，这种情感经过千百年的凝聚、无数次的激发，最终被整个民族心理所认同，升华为爱国意识、道德力量和民族团结的内在凝聚力。从五千多年中华文明史绵延发展的宏阔图景考察，爱国作为一种精神传统，始终是中华民族精神的核心。爱国主义蕴含着深厚的家国情怀和民族担当，体现在中国人民为维护国家安宁而前仆后继、死而后已的奋斗历程中。爱国情怀为世人代代传颂，在中华民族的发展过程中产生了巨大的凝聚力和向心力。

1. 爱国主义教育的当代价值

爱国主义教育是指引领国民形成热爱祖国的情感和为祖国贡献的精神，引导青年一代树立正确的理想信念、人生观和价值观，提高其爱国意识、培育其家国情怀。我国的爱国主义教育致力于不断丰富和发展中华民族物质文化和精神财富，以维护民族团结、国家统一和主权独立，推动国家繁荣进步，反对民族分裂和国家分裂，同一切阻碍我国社会进步的敌对势力进行斗争，推进中国式现代化道路行稳致远。

1994 年，中共中央印发了《爱国主义教育实施纲要》，论述了进行爱国主义教育的重要意义，提出了爱国主义教育的基本原则、主要内容、重点对象以及一系列具体措施。1997 年，中共中央宣传部向社会公布了首批百个爱国主义教育示范基地，其中反映中华民族悠久历史文化内容的有北京的中国历史博物馆、故宫博物院、圆明园遗址公园、八达岭长城、周口店遗址博物馆等，浙江的鲁迅故居及纪念馆、镇海口海防遗址、河姆渡遗址博物馆等。2019 年，中共中央、国务院印发了《新时代爱国主义教育实施纲要》，强调将传承和弘扬中华优秀传统文化作为爱国主义教育的重要内容。

2. 爱国主义精神的内涵品质

（1）忧国忧民的爱国意识

忧国忧民的爱国意识是爱国主义精神深层的内在表现。"忧患"最早见于《周易·系辞下》，其曰："作《易》者，其有忧患乎？"是指周文王被殷纣王困在羑里而演周易一事。其提出"安而不忘危，存而不忘亡，治而不忘乱"，提醒人们要居安思危。屈原《离骚》中"长太息以掩涕兮，哀民生之多艰"，《孟子·离娄章句下》中"君子有终身之忧，无一朝之患也"，《孟子·告子章句下》中"生于忧患而死于安乐也"，《乐府诗集·相和歌辞》中"人生不满百，常怀千岁忧"，杜甫的"朱门酒肉臭，路有冻死骨"，范仲淹的"先天下之忧而忧"，表达了为民而忧的真切情感。曹植《杂诗七首·其五》中"闲居非吾志，甘心赴国忧"，《三国志》中"忧国忘家，捐躯济难"，司马迁《报任安书》中："常思奋不顾身，以殉国家之急"，李白的"中夜四五叹，常为大国忧"，唐朝张为《渔阳将军》中"向北望星提剑立，一生长为国家忧"，苏洵的"贤者不悲其身之死，而忧其国之衰"，欧阳修的"忧劳可以兴国，逸豫可以亡身"，陆游的"位卑未敢忘忧国"，谭嗣同的"四万万人齐下泪，天涯何处是神州"等，彰显了为国而忧的深厚情怀。所以，体现中华民族爱国情怀的忧患意识，具有积极的激励作用，成为爱国主义的基本精神和保家卫国的强大力量。

（2）严谨担当的社会责任感

社会责任感，是对国家发展、民族命运的一种自觉意识，是一种以天下为己任、居安思危的积极态度，其核心是以民族利益为重的博大情怀和惩恶扬善、见义勇为的正义感。中国古代十分注重培育个人的社会责任意识，在中国历史上鼓舞和激励了无数的仁人志士。如《左传》所言的"临患不忘国，忠也"，孟子强调的君子"自任以天下之重"，杜甫感言的"安得广厦千万间，大庇天下寒士俱欢颜"，顾炎武誓言的"天下兴亡，匹夫有责"等，都蕴含了古代仁人志士的广阔胸怀和责任意识。儒家主张在政治上要有大一统的整体观点，在社会关系中要有兼收并蓄、和而不同的宽容精神，在伦理上提倡顾全大局，必要时不惜牺牲个人或局部利益以维护整体利益，均体现了以天下为己任的社会责任感和使命感。

（3）丹心满腔的报国志向

在处理个人和国家之间的利益时，《礼记·儒行》中倡导"苟利国家，不求富贵"，西汉霍去病的"匈奴未灭，何以家为"，葛洪《抱朴子·外篇·广譬》中"烈士之爱国也如家"，体现了为国舍家的奉献精神和家国情怀。杜甫的"丈夫誓许国，愤惋复何有"，苏轼的"报国之心，死而后已"，陆游的"一身报国有万死,双鬓向人无再青",宋代郑思肖的"一心中国梦,万古《下泉》诗",岳飞的"以身许国,何事不敢为",明朝于谦《立春日感怀》中"一寸丹心图报国,两行清泪为思亲"等,直抒胸臆的报国心,无不饱含着爱国情操的拳拳之情,深刻体现了仁人志士鞠躬尽瘁的报国志向。

(4)英勇无畏的爱国气节

苏武"渴饮雪,饥吞毡"的爱国气节,王翰《凉州词二首·其一》中"醉卧沙场君莫笑,古来征战几人回"的坦荡豪情,唐朝李百药《北齐书·元景安传》中"宁为玉碎,不为瓦全"的坚贞不屈,柳宗元《韦道安》中"烈士不忘死,所死在忠贞"的英雄气概,王昌龄《从军行七首·其四》中"黄沙百战穿金甲,不破楼兰终不还"的壮志情怀,辛弃疾《永遇乐·京口北固亭怀古》中"金戈铁马,气吞万里如虎"的豪迈气概,以及明代高启"从今四海永为家,不用长江限南北"的洒脱情怀,明末张煌言"赢得孤军同硕果,也留正气在乾坤"的荡气回肠,吉鸿昌"国破尚如此,我何惜此头"的斗争精神,无不表现出英勇无畏的爱国气节。

(5)视死如归的爱国精神

屈原《离骚》中"虽九死其犹未悔",《孟子·告子章句上》中的"舍生取义",曹植《白马篇》中"捐躯赴国难,视死忽如归",诸葛亮《后出师表》中"鞠躬尽瘁,死而后已",李清照《夏日绝句》中"生当作人杰,死亦为鬼雄",文天祥《过零丁洋》中"人生自古谁无死,留取丹心照汗青",林则徐《赴戍登程口占示家人·其二》中"苟利国家生死以,岂因祸福避趋之"等,无不表现出爱国献身的英雄气概和高风亮节,表达了报效祖国生死不渝的豪情壮志。

再有,中国历史上涌现出许多著名的爱国者和民族英雄,表现出强烈的爱国之情,报国之志,如不畏强暴的晏婴,投笔从戎、开疆拓土的班超,出使西域、开辟丝绸之路的张骞,英勇抗击匈奴的卫青,七下西洋的郑和,横戈戍边抗清的袁崇焕,抗击倭寇的戚继光,收复台湾的郑成功……这些先贤的爱国事迹具有巨大精神感召力,对于新时代大学生净化心灵,启迪思想,强化爱国情怀,具有重要的教育意义。

概言之,这些念念不忘的忧国之心,刻骨铭心的爱国之情,矢志不渝的报国之志，生死不移的爱国之举，体现了中国人民精忠报国、保家卫国、捍卫民族尊严、维护国家利益的爱国情怀，也汇成了中华民族历史长河的主流，凝聚起中华民族自强不息的强大力量，激励着世代中华儿女奋勇拼搏、砥砺前行。

（二）修身自省

1. 自省、自知与自觉

"自省"指自我反省，自我省察，具有丰富而深刻的内涵。省（甲骨文）＝生（表声）＋目（表义，察看），造字本义是指静心冥想内视，观照自我本性，戒除非分之想。金文承续甲骨文字形，隶书将篆文写成"少"。"目"在"木"上为"相"，表示观察瞭望；"目"在"性"（心）下为"省"，表示观照本心。从"省"造字之初来看，其有冥想内视，观照本心的意义。自省是儒家最重要的人生理念之一，是为己之学、成人之学，具有鲜明的主体性和内倾性。

自省是孔子提出的一种提升自我道德修养的方法，出自《论语·理仁》，子曰："见贤思齐焉，见不贤而内自省也。"意思指看到有德行的人就要向他学习，希望能和他看齐；见到没有德行的人就要在内心反省自我的缺点。《论语·公冶长》中"吾未见能见其过而内自讼者也"，将道德自省的方法归结为"自讼"，亦即自己与自己打官司。《论语·学而》中曾子提出"吾日三省吾身"，《孟子·离娄章句上》中"行有不得者，皆反求诸己，其身正而天下归之"，强调了自我反省的重要性。《荀子·修身》中"见不善，愀然必以自省也"，认为自省修身应以扬善为主。《知言》所言"自反者，修身之本也"，苏辙在《分司南京到筠州谢表》中提出"扪必自省，事犹可追"，说明古人十分重视"自反"，即自省。

自省是通过自我意识来省察自己的语言和行为，辨察、剖析其中的善恶是非，开展自我批评，观照内心的矛盾冲突并进行自我修正，不断提高自身道德水准和学识水平的过程。自省是自我评价、自我反思、自我调控和自我教育的重要方式，也是认清自我价值的关键。具有自省能力的人，能更好地掌控生活，更自信地处理工作、学习与人际问题。教育学生学会"自省"，就是培养他们学会观察、分析、解决问题的能力，以客观的角度反省自己的行为。

　　自知就是认识自己，明了自己。自知最早出自《老子》中的"知人者智，自知者明"，是古人对人的自我意识的最佳概括。《荀子·荣辱》中有"自知者不怨人，知命者不怨天"，王充《论衡·实知》中"不学自知，不问自晓，古今行事，未之有也"，说明只有学会了解自我，才能发展出成熟和自信的人格。人贵有自知之明，有自知之明的人，能清楚地评估自己，既不高估自己，也不低估自己，做到恰当的自我认同。同时，有自知之明的人，能了解自己的思想、情感、行为和能力，从而更好地控制、改善和塑造自我，不做违心之事，不怨天尤人。

　　自觉是指自己意识到，自己有所认识而觉悟。自觉出自《孔子家语·致思》中丘吾子临终前的感慨："吾有三失，晚而自觉，悔之何及?"其中自觉是指自己察觉醒悟。《东观汉记·李通》中"出门，顾见车，方自觉，乃止"说明自觉是人的基本人格，是对于自我存在的必然维持和发展。

　　修身一词出自《孟子·尽心章句上》中"存其心，养其性，所以事天也。夭寿不贰，修身以俟之，所以立命也"。说明修身是实现自我完善的必由之路，体现了个人道德修养能力的培养和自我道德完善的过程。修身是指个体按照一定社会或阶级的要求，经过学习、磨炼、涵养和陶冶，为提高自己的素质和能力，在各方面进行的自我教育和自我塑造。王安石认为"学所以修身也，身修则无不治矣"，强调通过个人的内在自省和道德修炼，启发人的良知和自觉，使仁爱思想从家庭推及整个社会，达到"兼济天下"，实现爱国与修身的统一。

　　自省、自知、自觉作为自我修身的方法理念，最终目的是推动自我修养的发展。自省能力水平的提高有助于个体提升自我道德品质；自知的提升有助于个体对自身与外界的信息进行正确处理和辨别；自觉所带来的认知价值观可增强个体明辨是非的能力。在快节奏充斥人们生活的现代社会中，人们切实需要不时地停下脚步来进行"自省"，以达到更好的"自知"，从而"自觉"提升自我修养，促进自身道德品质及人格素质的不断提升。时至今日，中华优秀传统文化中修身成德之学所蕴含的仁爱诚实、节制宽容、和睦孝亲、责任团结、自省自律、公平公正等价值理念仍然具有明显的现代价值。这种价值观念以文化心理积淀的方式，深刻地影响着当代中国人的价值取向与生活方式。

2. 礼义廉耻

《管子·牧民》中提到"国有四维……何谓四维？一曰礼，一曰义，一曰廉，一曰耻"。管子认为"礼义廉耻"这四维能够引领规范民众的行为，是国家的四根精神支柱，支柱立则国家兴，支柱废则国家亡。这一思想对于治国理政产生了深远影响。

"礼"为"四维"之首。作为古代社会的伦理道德，礼有制度规范，侧重于外在的约束，而"义、廉、耻"则是三种自律性的道德，侧重于内在自觉意识的培养，以期达于完美的人格。前文关于"礼"已有相关阐释，在此不再赘述。

"义"是中国传统文化中又一占主导地位的价值观。古人看来，"义"不仅是一种为人处世的方式，更是一种理想人格。"义者，宜也"，即适宜、适当是正确行为的准则。《管子·五辅》中提出了"义有七体"的观点："孝悌慈惠，以养亲戚；恭敬忠信，以事君上；中正比宜，以行礼节；整齐撙诎，以辟刑僇；纤啬省用，以备饥馑；敦蒙纯固，以备祸乱；和协辑睦，以备寇戎。""孝悌慈惠""恭敬忠信""中正比宜""整齐撙诎""纤啬省用""敦蒙纯固""和协辑睦"为内在的道德品格，"养亲戚""事君上""行礼节""辟刑聊""备饥馑""备祸乱""备寇戎"是具体的人际关系和社会事务。在古人眼中，义是规范人们言行的尺度。讲公义不计私利，讲大义不计小利，方能称之为义，否则称之为不义。"义"强调将特定的道德品格转化为道德行为，以恰当处理人际关系和社会事务。

孔子在继承传统的基础上，对"义"作了发展，使其成为重要伦理范畴。孔子提出"君子喻于义，小人喻于利"（《论语·里仁》），"君子义以为上"（《论语·阳货》），把义作为最高尚的品德；"君子义以为质"（《论语·卫灵公》），说明君子懂得道义，以义作为行事的根本原则。他主张为人处世应以义为重，强调"见利思义""见得思义"，不能以利害义，做事要遵守义的准则，不该做的不能做，不该得的不能要，并洒脱提出"不义而富且贵，于我如浮云"（《论语·述而》）的义利观。

孟子突出了"义"作为道德法则的地位，并强调义与仁一样，都内在于人心，是内心固有的道德法则。孟子也强调"义利之辨"，主张不能因利害计较影响义的落实，主张重义轻利，提出"舍生而取义"（《孟子·告子章句上》），把维护"义"看得比生命还重要。荀子倡导"先义而后利者荣，先利而后义者辱"（《荀子·荣辱》），主张以义利区分荣辱，强调义重于利，义高于利。墨家主张"万事莫贵于义"（《墨子·贵义》），应言"大利""利天下"。

汉儒董仲舒继承了孔子、孟子的思想，并结合阴阳五行思想，从宇宙论的角度将"义"视为五种恒常不变的道德法则（"五常"即仁、义、礼、智、信）之一，同时提倡人生应以行义为其价值指针，所谓"正其谊，不谋其利"（谊即是义）。宋明理学家则把"义"上升到"天理"的高度，将其规定为"天理之所宜"（朱熹《四书章句集注》），并基于维护"天理"的立场，提出"存天理，灭人欲"的号召，更加凸显了"义利之辨"在道德修养中的重要性。

可见，重公义、轻私利成为中国传统文化的一个重要精神传统。推崇"重义轻利、义利相兼、以义制利、义利并举"的价值内容和"以义让利、以义为先、取义舍利"的理想人格，是中华民族一贯主张的价值原则，向学生传输这种超功利的价值取向，可为当代大学生提供高位的价值目标，甚至可以说与共产主义的价值理想殊途同归。

"廉"本义是堂之侧边。郑玄注曰"侧边曰廉"，《仪礼·乡饮酒礼》说"设席于堂廉"。彭林指出："廉乃是以砖石块砌于堂边沿的长条形建筑，四边皆有，一堂四廉。"因为堂廉之石具有平直、方正的特点，故引申指人的品性刚直、方正。中国传统文化中：廉是美德，廉是家风；廉是清风，廉是正气；廉是天理，廉是人心。古人将"廉"与"恶"相对立，管子认为，廉是指不包庇坏人，不心藏私欲，不姑息他人的恶行。如《管子·牧民》中提出"廉不蔽恶"，认为有"廉"，就不会掩饰自己的过错。

"耻"意为羞耻、羞愧，即孔子所讲的"免而无耻""有耻且格"（《论语·为政》）。《管子·牧民》讲"耻不从枉"，认为有耻，就不会屈从坏人。"枉"与"直"相对，意为邪曲、不正直，也指邪曲、不正直的人和事。"耻"作为一种重要的道德情感，在《论语》中被反复提及。如《论语·宪问》中有"君子耻其言而过其行"，《论语·里仁》中有"古者言之不出，耻躬之不逮也""士志于道，而耻恶衣恶食者，未足与议也"，在孔子看来，知耻是如此重要，不知耻则不知为人。《孟子·公孙丑上》言"羞恶之心，义之端也""无羞恶之心，非人也"。可见，"知耻"是中华民族的一种优秀的品德修为，我们在正确价值观引领下，要努力做到"知耻而为"和"知耻而不为"。

综上所述，中华传统思想文化在"仁、孝、礼、义、廉、耻"的价值观念中，以"仁爱"为核心，构成维系传统美德、指导人们自觉行动的价值基础。子曰："君子义以为质，礼以行之，孙以出之，信以成之。君子哉！"（《论语·卫灵公》）孔子认为君子以义作为行事的根本原则，依照礼制实行道义，以谦逊来表达道义，以诚信来完成道义，这是做人的宝贵品质。当前我国正处于历史变革时期，中华优秀传统思想文化是社会主义新风尚等道德精神的重要源泉，为倡导社会主义新风尚提供了思想启迪，也为夯实社会主义核心价值观提供了思想借鉴，更为推进中国式现代化奠定了丰厚的历史底蕴和重要的道德、伦理环境基础。

第二节　中华优秀传统文化的教育价值分析

实践证明，教育对人才的培养首先是"树人"，然后才是"育才"，"树人"就是要培养身心健康、崇德向善、思想高洁的人；"育才"就是培养具有扎实的专业素质的人。"树人"与"育才"是相辅相成，和谐统一的。但是，当前我国高校常常对"树人"重视不足，而对"育才"却偏重有加，如许多高校普遍注重对学生学科专长的实用性培养，忽略积淀学生丰厚文化底蕴的人文性教育。这种功利化的教育导向，冲淡了学生对人的发展本性的价值追求，缺失了学生内塑人文精神素养的内涵式发展教育。从发展的眼光来看，缺失人文精神素养的人才是不完整的，学生可能发展成为有"技"而失"道"、有"才"而缺"德"的人。学校教育应培养专业素质和人文素养全面兼有、科学精神和人文精神和谐统一、学识修养和人格品质相融相通的现代化建设人才。高校应加强人文教育，强化落实立德树人的教育旨归。

人文教育能否真正发挥其应然的教育作用，关键在于其对优秀传统文化的吸收和利用程度高否。中华优秀传统文化作为中华文明的智慧结晶，在五千多年的文明演进中，积淀了博大精深的人文文化，其所蕴含的哲学思想、人文精神、价值理念、道德规范等精深理念和博大智慧，影响着人们的精神世界和行为方式，为我国构建社会主义和谐社会和培育现代化建设人才提供了思想源泉和精神动力。可以说，中华优秀传统文化可以充分满足人才素质的人文性发展要求，是人文教育用之不竭的教育资源。新时代新征程，我们非常有必要探讨中华优秀传统文化的人文教育价值，以培养适应中国式现代化发展需求的高质量建设人才。

一、人文教育对个体发展的价值导向

人文教育既体现着人类对真善美的追求、表现为真善美的具体的历史的统一，又具有超越当下而展示未来的韵味。人文教育运用唤醒和感染的方法，把个体身上已有的人性唤醒，使人感受人的价值与尊严，形成自由自在的人格境界。其核心是实现对人的精神世界的全面塑造，是对人性的弘扬，是做人的教育。其目标在于启迪人的生存智慧，深化对人生价值的反省，形成自由而全面发展的人之知情意行。它所涉及的范围应涵盖人生全部历程，以帮助个体建立完整的人生价值观，并内化地陶冶其人格情操，在对个体发展的价值导向上，它至少应包含如下几个层面：

（一）认识层面：促进个体成为具有崇真意识的人

人文教育体现在认识层面，应培养人的崇真意识，使其成为一个崇尚完善人格的人。人类的社会实践活动可分为物质活动与精神活动，作为精神活动的人文教育，最重要的功能是"教人做人"，即通过文、史、哲、艺术等丰富的文化内涵来展示人类社会的善恶、美丑、真伪，为人们提供充足的文化养料以增加其文化素养，帮助成长中的个体达到更高的思想境界，克服其社会化过程中无法避免的消极面，成为对他人、对人类社会、对自然环境具有普遍人文关怀的人，成为知识广博、人格高尚、胸襟开阔、志趣高雅、内涵丰富的人。

人文教育尊重个人自由地运用其理性的权力，使人理解人生的意义、体认生命的价值，并使人的精神趋于完美，人格趋于完善。人文教育的作用是无形的，不是用物质可以衡量的。在教育目标上，人文教育以培养完善的人格为终极目标，即培养身与心、理智与情感、知识与道德、科学与艺术等都和谐发展的人，使个体成为有品德、有学识、有进取心的人，成为具有较高文化素养、身心健康和谐的人，而不是眼界狭隘、志趣低俗，只求眼前实利，"有技术、没文化"的人格单薄的人。

（二）道德层面：促进个体成为向善的人

人文教育体现在道德层面，应培养人的向善意识，使其成为一个向善的人。人文教育不仅本身具有潜在的道德教育的意义，而且也承担着道德教育的重任。人文教育通过对个体进行道德良知、道德正义和道德责任的培养，促进个体自觉地按照人类理想的道德规范和价值准则调节和规范自身的行为。人文精神的核心是对人的终极价值的关注，在这个意义上，人文教育可以使人认识到人在自然和社会中应该怎样做，并树立人文主义世界观。人文主义世界观体现以人为中心的人文精神，热切关注全人类的生存、发展等问题，特别强调关心自然、保护环境、维持生态平衡，对自然界采取人道主义的态度并走向人与自然、人与社会、人与人和谐发展的新境界。

人文教育的核心是对人的终极价值的关注，在这个意义上，人文教育可以使人认识到人在自然和社会中应该怎样做。在日益全球化的今天，一方面，人们的生存范围愈来愈广，对自然的征服既给人类带来了福祉，同时也带来了灾难；另一方面，人们的交往空间愈来愈大，在享受丰裕物质文明的同时，也经受着精神的磨难。人们不得不追问幸福的含义、人性的价值、社会的公正性以及人类的未来。因此，人文教育的使命即力求回答上述困惑，培养个体的幸福和快乐意识、成功和奉献意识、民主法治和公正意识、爱国和责任意识、全球视野中的环保意识，以及积极的世界观、人生观和价值观等向善意识。

（三）审美层面：促进个体成为有境界的人

人文教育体现在审美层面，即要培养人的美的意识，使其成为一个有境界的人。审美层面揭示的是"人的本质是什么"，它关注的是人的终极意义，追问的是人的最根本的东西。[①] 因此在实践上，审美意味着人们除了用实用的眼光看待世界，还应该用美的眼光欣赏世界。这就要求人文教育要

---

① 张新颜. 人文教育的含义和基本要求 ［J］. 北京青年政治学院学报，2003，12（4）：53.

着力培养人们的审美能力和审美品质，积极引导个体的审美趣味，培养其健康的审美心理，激发他们的审美共鸣，使他们懂美、求美、热爱美。

在实践中，人们的审美趣味是多样的，有高级的也有低级的。高级的追求是高雅和愉悦的，低级的追求是宣泄和刺激的，这源于人们不同的审美心态。人文教育要着重引导个体的审美心理，使其走向积极健康的轨道，还要重视和改进审美教育，使审美教育日常化、生活化、实用化。审美教育是培养人们审美素质和能力的主要途径，但现实生活中的审美教育不理想，或者太空洞和死板，对学生言必称希腊和莎士比亚；或者过于高调不愿屈就走向大众，容易导致人们对审美的冷漠甚至嘲弄。为此，审美教育有必要从圣坛走向世俗，结合符合时代特色的审美旨趣，充分利用现代科技手段和媒体，实现审美教育的日常化、生活化、实用化，培养个体对人生崇高、伟大、神圣之境界的终极关怀。

一般来说，终极关怀是人文教育的核心和本质内容，也是审美活动的最终境界，它可以帮助人们寻找自己的精神寄托与精神归宿。这就要求人文教育培养个体对人生崇高、伟大、神圣之境界的终极关注和向往，通过各种手段和途径激发他们的情感共鸣，努力使他们在人生奋斗的实践中体会到上述境界的神圣及其意义。从人文教育对个体发展的价值导向可以看出，人文教育体现着人们对真善美的追求，并表现为真善美的和谐统一。从某种意义上讲，人文教育是对人性的弘扬，是全面培植美好人性的教育。

我国学者郑旭认为，人文教育就是培养大写的人、舒展的人，使人经教育而更加光明磊落。现代人若要真正走好漫漫人生路，人文素质的塑造远比知识的获得、谋生手段的训练、竞争能力的培养更重要。[①] 一个堂堂正正的人，可以做好任何事。一个工具化的人只能机械地完成一件事，对于其他事情则显示出他的低能以至破坏性来。实践证明，社会的进步发展，国家的文明强盛，最终依靠民众整体的文明素质的全面提高，而人文教育对提高人的文明素质具有重要作用。为此，要加强人文教育，促进个体成为求真、向善、趋美的人。

---

① 郑旭. 科学教育与人文教育相融合探析 [J]. 辽宁教育研究, 2006 (5): 57-58.

二、中华优秀传统文化对个体发展的人文教育价值

中华优秀传统文化对个体发展的人文教育价值，是指将优秀传统文化自身所具有的丰富内涵和内在品质作为教育内容作用于受教育者时，对受教育者的思想认识、价值倾向、精神品质和行为规范等优良品质的形成和发展所发挥的功能和作用。中华优秀传统文化彰显着不同民族人民的文化主张和文化诉求，表达着不同民族人民对人性的理解和体悟，张扬着不同民族人民的人文关怀和人文精神。从优秀传统文化中汲取文化营养和精神营养，对学生施以恰当的人文文化教育，可有效提升学生的人文素养。

当前，学界对中华优秀传统文化对个体发展的教育价值进行了多方面的研究论证，得出一系列研究结论。其中王慧分析了中华优秀传统文化对个体发展的合理性价值，提出将中华优秀传统思想文化内化于人的生活中，以促进人更好的发展。① 张哲、王永明指明中华优秀传统文化包含丰富的育人价值，可用传统道德文化引导公民注重修身，用励志文化激励人积极向上，用法治文化增强公民的法治意识。② 赵景欣、彭耀光、张文新认为传承中华优秀传统文化是建构学生发展核心素养框架的必然要求，应该做好中华优秀传统文化在学生发展核心素养框架构建中的定位，通过科学的方法系统梳理和分析中华文化中能够融入学生核心素养的优秀基因。③ 戴海波指出中华优秀传统文化能为学生奠定文化基础，促进个体发展和弘扬爱国精神。④ 王娟认为加强青少年中华优秀传统文化教育有助于增强民族认同感、坚定文化自信、培育理想人格、提升人文素养。⑤ 陈来从中西比较的视野，重塑儒学的社会价值，希冀从中华优秀传统文化中吸取滋养现代人心灵的养分，提升精神境界。⑥ 可见，优秀传统文化因其自身特有的人文文化特点

---

① 王慧. 中华优秀传统文化对人的发展的当代价值 ［D］. 济南：山东师范大学，2017.

② 张哲，王永明. 中华优秀传统文化的育人价值 ［J］. 人民论坛，2018（8）：116 - 117.

③ 赵景欣，彭耀光，张文新. 中华优秀传统文化传承与学生发展核心素养研究 ［J］. 中国教育学刊，2016（6）：24.

④ 戴海波. 新时期小学中华优秀传统文化教育的有效策略 ［J］. 科幻画报，2022（6）：256 - 257.

⑤ 王娟. 加强青少年中华优秀传统文化教育的路径探析 ［J］. 决策探索（中），2021（11）：48 - 49.

⑥ 陈来. 儒家文化与民族复兴 ［M］. 北京：中华书局，2020.

和人文教育内涵，呈现出促进个体身心健康发展的特殊的教育价值。

（一）引领思想，导向正确人生观

中华优秀传统文化蕴含丰厚的人生智慧和思想哲理，千百年来以不同的表达形式和艺术形态精彩呈现，深刻影响着人们的思想观念和价值观取向。如"吾日三省吾身"的修身思想，"入则孝，出则悌"的孝悌思想，厚德载物的包容精神，以天下为己任的爱国精神等，都是对个体进行人生观教育的不竭源泉。古典文学作品中文人墨客赞颂美好河山、怀念故土家园的家国情怀，神话故事、古训歌谣、民间传说中有关天地万物起源的哲学观念，含蓄绵长、悲天悯人的崇高情怀等，蕴含鲜活的、非说教性的文化精髓，以其强大的思想力量引导着个体的价值追求、思想倾向和人生走向，流淌其中可导引个体建构符合时代要求的朴实的人生观、科学的哲学观和正确的价值观。

实践证明，文化的内生力和原动力对个体的人生观具有重要的导向作用。新时代将中华优秀传统文化中的精华思想、核心理念和精神涵养融入高校立德树人教育实践，引导大学生全面认识、深刻理解中华民族的历史传统、文化积淀，并将其内化为学生自身的价值观念、情感态度、文化意识和自觉行为等，激发、提升学生的文化自信和文化认同感，促其自觉践行社会主义核心价值观，自觉增强社会责任感和使命感，从而自觉抵制媚俗文化，防范其功利思想蔓延、自我意识膨胀、道德观念淡薄、诚信意识沦丧、生活行为失范等问题，并潜移默化地影响学生思维认知、思想境界、世界观和人生观的生成和发展。

（二）拓展认知，开阔人文视阈

中华优秀传统文化的内容林林总总、精彩斑斓，可以充分满足学生对知识广博性的学习要求。教师将传统文化中最有利于提升学生人文素养的知识内容，融入教育教学中，引导学生从不同视角倾心感受风格迥异、特色鲜明、魅力多彩的优秀传统文化，在思维认知中形成文化多元并存、多样发展的意识，推进学生传统文化价值观念的转型和知识内容的更新。如此，一方面可促进学生丰富知识体系，拓展认知领域，开阔人文视野；另一方面可增强学生的认知能力，增强其对客观世界的感悟、思考、观察和理解能力。所以，传统文化理应成为开启学生心智、提高学生文化素质的重要资源，而不应被作为丰富学生课余生活的权宜之计。

传统文化中的艺术作品独具风格、精彩绝伦，潜心学习之，可拓宽知识视野。如我们通常对民间工艺只模糊了解有关剪纸、风筝、戏剧、皮影、雕塑、年画、刺绣等外在表现的特征，通过专门学习后才可获知各类民间工艺的历史起源与发展过程、产地类型与艺术流派、制作工具与工艺特征、艺术价值与发展前景、鉴别鉴赏与收藏保存等知识。又如人们对春节的了解，一般熟知的是以汉族为主的吃年夜饭、包饺子、蒸年糕的食俗，贴春联、挂年画、逛庙会的习俗和"熬年守岁""年兽"的传说故事等。但深入学习后可获知，春节还有吃春饼、长面、三道茶的食俗，祭祖、观社火、舞春牛、打扁担的习俗，还有"万年创建历法""荷花生龙"的传说，如此丰富的文化内容，不禁让人耳目一新、视域开阔。

广博丰厚的传统文化知识在历史发展中代代相传，丰盈着人们的文化生活，充盈着人们的内在灵魂，成为支撑中华文化生生不息向前发展的核心动力。因此，突破文化限定的视阈，遨游于绚烂多姿、博大精深的中华传统文化中，探寻远古的神话传说，追随先辈的游戏杂耍，触摸精致奇特的民间工艺品，欣赏五彩缤纷的民族服饰，瞻仰风格各异的民间建筑，聆听天籁原声的民族音乐，嚼味原始律动的民族舞蹈，找寻国人共同的节日记忆，古与今的传承，俗与雅的交融，尽在广泛的视野中自由驰骋。同时，将具有浓郁民族特色的建筑、服饰、节日风俗、传说故事、音乐、歌舞、工艺美术等融入日常教学中，学生可在充分吸吮富有深厚传统文化底蕴的人文滋养的基础上开阔眼界、拓展认知。

（三）陶冶情操，塑造人格品质

高校教育的目标之一是对人才素质进行人格品质教育，促进学生在求学生涯中不断追寻精神的慰藉与人格的完善。《大学》中谓"大学之道，在明明德，在亲民，在止于至善"，意指一个人在不断努力、发奋图强的同时，要树立崇高的理想，不断完善自己的人格，在此基础上达到人生的至高境界。中华优秀传统文化当代价值的重要体现，就是重构道德修养，促进现代人以高尚的品格为现代化建设服务。如《论语》的主旨强调道德的重要性，学习其中的思维方式与处世理念，并灵活运用到现实生活中，培养学生仁爱思想、忧患意识、厚德载物的精神品质，谦恭礼让、严己宽人的道德品格等，使优秀传统文化成为滋润、涵养大学生的精神食粮，引导学生形成良好的道德品质并塑造其健全的人格。

中华民族将自己对生活的理解、对生命的情感、对人生的感悟浓缩成独特的民族智慧，并以物化的形式印刻在一些传统建筑、服装、艺术品等直观的实物中，形成了丰富的精神文化资源。在学校教育中通过实物的直观教育，远比长篇的理论说教更有润物细无声的教育感染力和说服力，更易在潜移默化中陶冶人的情操，完善人的品格。如通过呈现多彩纷呈、各具特色的民族音乐、民族舞蹈、皮影戏、京剧、戏曲等，让学生感受传统文化的多彩魅力，其人文素养在文化的浸润中怡然而得；通过展现花样繁多的民间美术作品，如剪纸、刺绣、脸谱、年画、泥塑等，让学生了解作品中折射出来的民族情感、民族心理和人文历史，以史鉴今、激荡心灵，更明白生活的真谛；通过聆听传统故事、欣赏传统服装、了解传统节日，其爱国情怀、民族精神在文化的陶染中油然而生；通过了解常在春节庙会上展现的糖人、面塑、风车制作和踩高跷等宝贵技艺，可增强学生对优秀传统文化可能面临失传的危机感和传承优秀传统文化的责任感。

当前，自我中心、心理脆弱、坐享其成、依赖他人、惧怕艰苦、自私狭隘的人格正影响着国人的人格。为此，通过卓有成效的传统文化教育活动，将那些凝聚人、鼓舞人、团结人的优良传统加以弘扬，运用传统优秀文化中的为人之道、道德修养对学生进行引导和教育，使学生在直观的学习感受中潜移默化地陶冶情操、净化心灵，增强其自我认同感和文化自信，促进学生在追问真，追寻善，追求美的学习中日渐形成优良的人格品质，对于丰盈学生的情感、健全学生的人格具有现实的教育价值。

（四）提升审美，积淀人文内涵

传统文化教育通过文化知识的传递，对学生进行情感陶冶和心灵净化，可促进学生审美情趣的提升。传统文化有着不同的文化存在形式，包含着丰富多样的思想智慧和表现特点，折射着纷繁多彩的人间万象，汇聚着无数杰出人物的理想追求，洋溢着真实美好的情感体验，在培养学生情感和审美情趣方面显示出强大的功效。在相关课程的教学活动中，将饱含不同智慧才情的传统技艺传承给学生，引领学生领悟不同技艺文化中意蕴深厚的精神内涵、情感寄托和生命追求，可以帮助学生理解生活、品味人生，促进其人文内涵的积淀和发展。

传统文化中最富民族性、最具艺术特征的部分，如民族歌曲、民族舞蹈、古典建筑、传统服饰等蕴含着多姿多彩的人文知识，包含了中华民族特有的价值观念、审美取向、社会心理，以及中华民族理解人生，解读自然，认知人与自然、人与社会之间关系的许多有益的启迪，这些启迪在现代化、科技化程度比较发达的新时代，不仅没有失去其意义导向，反而更彰显出其不朽的传承价值。如在音乐欣赏课上对比赏析不同民族和地域的音乐风格时，可让学生倾心感受藏族的天籁，蒙古族悠长欢快的马头琴伴奏，陕北冲破云霄的黄土味小调，江南旖旎婉转的甜美民歌等。学生在不同风味的民族音乐中汲取营养，感受音乐的智慧才情和独特魅力，会由衷赞叹生活的美好与生命的价值，并将对音乐的理解和感悟迁移应用到其他领域的学习活动中，体味文化交融的美感和价值意义。

再如在美工课上学习剪纸，通过了解其制作历史、工序，保存和鉴赏方法等，欣赏那些巧夺天工的精美图案、手法多变的艺术造型、变形夸张的影廓效果、对比鲜明的色彩效果、细腻精巧的剪刻技艺；考究形态各异的物象和人像等的象征意义和丰富寓意；了解浓郁的地域风格（如陕西剪纸粗朴豪放，单纯简练；江苏南京剪纸粗中有巧，宜兴剪纸华丽工整，南通剪纸秀丽玲珑）等。因为剪纸艺术至真、至情、至善、至美，感化着人们的心灵，陶冶人们的情操，所以，学生在传统文化学习中会发现"真、善、美"的真谛，并提高内在的审美情趣。

所以，传统文化教育可以唤醒大学生的文化意识，使其逐渐具备犀利的文化眼光，宽容的文化胸怀，在心理上为文化传承和创造做好铺垫；可以促进大学生认知结构的建构和完善，为他们以合理的知识结构和深厚的文化底蕴进行文化创造提供知识上的保障；还可以引导大学生形成丰富的情感体验、健康的审美追求、正确的价值观念，为文化创造做好方向上的定位，帮助创造主体和创造行为始终沿着真、善、美的道路前进，推动文化创造活动的最终实施。

综上，以中华优秀传统文化特有的思想道德、价值追求、精神品质和艺术见解，拓宽学生的人文视野、培育学生的人文内涵、提升学生的人文素养，促进学生转变价值观念、陶冶道德情操、完善人格品质，使其能在古老文明的熏陶中诗意地栖居，积极和谐地生活和发展，进而培育文化认同感，增强文化自信，发挥中华优秀传统文化铸就人才素质的教育价值。

三、中华优秀传统文化在高校教育中的教育价值

高校作为传承与发展社会主流文化的教育基地，其教育体系的规范性、系统性，决定其在培养具有现代化建设人才方面，凸显着其他教育形式无法比拟的重要作用。从高校固有的文化功能来说，其历史决定其使命必然要传授并传播优秀传统文化知识内容，培育受教育者的人文素养。中华优秀传统文化具有一般的知识教育和技能教育所不具备的教育功能，对高校的文化建设具有方向性和根源性的价值引导。

一些学者在学校教育领域阐述了中华优秀传统文化的现代价值。王明娣、翟倩阐明了中华优秀传统文化融入教学的价值意蕴，认为学校教育是传承中华优秀传统文化的主阵地，中华优秀传统文化融入学校教育有利于社会发展、学校质量提升、学生形成多元文化理解。[①] 赵艳认为高校传承中华优秀传统文化，具有思想启发价值、德育教化价值和时代发展价值。[②] 司新丽、何昊汶阐明高校开展中华优秀传统文化教育是履行文化传承与创新使命的必然要求，是落实立德树人根本任务的重要途径，是肩负引领和启迪社会文化的现实需要。[③] 因此，在高校教育体系中有效实施中华优秀传统文化教育，对高校教育的发展具有重要的教育价值。

（一）推进和创新高校教育的现代化发展

教育的发展与改革需要以优秀传统文化为根基，高校传统文化教育的实施可以促进高等教育现代化的发展。高等教育现代化的核心在于引导大学生认清自己的社会地位，肯定自己在社会发展过程中所发挥的积极作用，实现大学生群体"人的现代化"。高校教育要想获得现代化发展，必须超越

---

① 王明娣，翟倩. 中华优秀传统文化融入教学的价值、困境及路径 [J]. 民族教育研究，2020，31（6）：25.

② 赵艳. 高校传承中华优秀传统文化的现代价值及路径探析 [J]. 汉字文化，2022（15）：171－172.

③ 司新丽，何昊汶. 大学中华优秀传统文化教育：意义、问题与路径 [J]. 中国人民大学教育学刊，2023（1）：84－85.

单纯的文化知识传播，更加关注人文文化特别是传统文化的内在教育价值，关心大学生的人文素质的培育和内化，这是现代化教育对高校提出的新的历史使命。① 中华优秀传统文化中包含"诚信、奉献、仁爱"等优秀品质，与高校人才培养的本质追求不谋而合。如高等教育中"四有"新人的培养与儒家文化中"修身、齐家、治国、平天下"的理念具有高度的内在统一性。所谓"修身养性"，不仅要品德正直、人格完整，更要精力充沛、努力工作。因此，高等教育现代化的发展要善于从千百年来先贤圣哲所描画的理想和所阐明的价值观中找到前行的动力，汲取宝贵的智慧。

优秀传统文化不仅凝结了它的过去，也可以滋生出新的未来，它对于学生的发展、民族的进步、国家的繁荣都具有重要的教育价值。习近平以其深厚的传统文化底蕴和高度的文化自觉自信，挖掘阐发了中华优秀传统文化蕴含的精神瑰宝，对中华优秀传统文化的教育价值有着深刻的表述，提出"博大精深的中华文化是我们共同经历的非凡奋斗，是我们共同创造的美好家园，是我们共同培育的民族精神，而贯穿其中的最重要的是我们共同坚守的理想信念"②。而高校可以通过卓有成效的教育举措，将中华优秀文化中凝结中华民族共同智慧的核心思想理念、中华人文精神等传输给学生，教育引导大学生共筑美好家园、共育民族精神、坚定理想信念。由此，中华优秀传统文化在高校人才培养中可以发挥其永不褪色的教育价值。

当前，我国高校与国际院校之间的交流与合作日益深化和频繁，传统文化教育的有效实施有利于在多元文化社会中保持民族间教育成就的均衡；有利于我国高等教育特色与魅力的彰显；有利于不同民族文化背景的学生在正确认识各民族文化的基础上，尊重多元文化的差异而求同存异、共同发展；有利于破除狭隘的民族观，培育学生兼容并蓄、海纳百川的民族精神，促进学生形成跨文化适应能力。因此，中华优秀传统文化在高校现代化教育中具有重要的教育价值和意义导向，能够有效推进和创新高校教育的现代化发展。

---

① 宋移安. 高校文化素质教育的理论与实践［J］. 培训与研究（湖北教育学院学报），2003（1）：61－63.

② 习近平. 习近平谈治国理政：第一卷［M］. 北京：外文出版社，2018：39.

（二）增强和完善高校教育的人文文化建设

学校教育中，对学生人文素养的培养和铸就主要通过人文文化的传承与弘扬来实施，因此加强人文文化的建设成为高校教育的重要内容。人文文化是指以人为主要研究对象，以人本主义价值观为核心，关注人的存在意义、人的尊严价值、人的自由平等，关注人与社会、人与自然之间的和谐发展，核心是对人的自我发展和人文精神的塑造。人文文化包括人文知识、人文精神和人文思想方法等层面内容，充分体现出对人的关怀与尊重，对真善美的追求与渴望，对历史的思考和对未来的探索。高校教育的根本属性是文化属性，其育人过程就是以文化育人的过程。高校要从育人的根本目的出发，加强人文文化建设，提高文化育人的质量，使文化育人落到实处。① 具体应将优秀文化成果内化为学生相对稳定的内在品质，促进大学生丰富情感、提升智慧，培育人格修养、陶冶道德情操，明确人生目的意义和价值追求，成长为既有科学素养又富人文精神，既有专业知识又有健全人格的、具有整体文化观的"全人"。

徐志远提出："当代中国人文精神的重建，其核心应是在继承和光大民族优秀文化传统的前提下，在发展社会主义市场经济中，把培养当代中国人主体自觉意识和塑造现代人格以全面提高国民素质作为一项基础系统工程，以促进社会主义市场经济的健康发展和社会的全面进步，最终实现可持续发展战略。"② 所以，高校的人文文化建设，应当是符合中国国情的、基于优秀传统文化中的求善、求美、重情的精神，是以求真为基础，以求善为目标，追求人的自我完善，关注人的理想情操、精神境界的提升，从而使人的发展达到真、善、美的统一。

高校教育是优秀文化传承的载体和思想文化创新的重要源泉，如何保持民族文化特性是高校人文文化建设的重要任务。中华优秀传统文化关注人的发展，包含丰厚的人文知识、人文思想、人文方法等人文文化内容。将中华优秀传统文化中丰富的人文知识，通过有效手段柔性融入高校教育中，建设与当代社会相适应，与现代文明相协调，保持民族性，体现时代

---

① 冉昌光. 大学文化建设与文化育人 [J]. 天府新论, 2011 (6)：108－111.
② 徐志远. 论科学精神与人文精神的关系 [J]. 广东社会科学, 2001 (6)：39.

性的新文化，可有力增强完善高校教育的人文文化建设。

高质量的中华优秀传统文化教育可为高校的人文文化建设指明特色发展的方向，有助于高校积极发展社会主义先进文化，防止和抵制腐朽文化和种种错误观念对学生的侵蚀，使学校真正成为社会主义精神文明建设和发展社会主义先进文化的阵地；有利于高校增强文化主体意识，积极研究自身在办学理念、办学特色、教育教学等方面的人文传统，着力总结、提炼、形成自己的人文文化特色，促进自身在人文文化建设中不断适应、提升、创生自我。所以，传统文化教育可有力地增强和完善高校教育的人文文化建设。

（三）丰富和拓展高校教育的课程文化资源

一个民族、一个国家能否繁荣昌盛，关键在于学校教育是否根植于优秀传统文化的土壤，是否有力传承优秀传统文化的丰富内容。中华优秀传统文化历史悠久，蕴藏着广博深厚的教育资源，其所蕴涵的哲学思想、道德观念、价值取向和艺术理念，在培植学生的文化认同感，培育学生的民族精神和人格品质方面发挥着难以替代的重要作用。在现代教育背景下，高校应增强传统文化传承的文化自觉性和文化责任感，积极开发利用、传承与弘扬中华优秀传统文化，不仅可提高大学生对中华优秀传统文化的特点、历史、现实及其发展趋势的深刻认识，还可为高校教育教学提供丰富多彩的教育内容和课程资源。

中华优秀传统文化以其卓越多姿的瑰丽风采，诠释着对生命的理解和尊重，唤起人们对生命的追求和向往，激发人们对生活的信念和热爱，寄托人们对国富民康的企盼和憧憬。高校从社会对专业人才素质的需求，学校对人才培养目标的要求，以及学生已有认知经验的实际需要，学生兴趣爱好、认知心理和专业特点出发，潜心研究和深入挖掘传统文化中一些对学生专业发展最有价值、最有意义的内容，融入高校课程教学体系中，不断完善教学内容的选取、教学过程与评估机制等，可有效充裕高校人文教育的课程文化教育资源。如传统文化中宏伟壮观的建筑风格、多姿多彩的民族服饰、风格多样的艺术作品、美丽动人的神话传说和影响深远的民族人物等，蕴含着丰富的思想内涵和独特的教育价值，引导学生在不同的课程内容中学习了解、感悟体会，可丰富其知识结构，增强其人文素养。由此，通过传统文化教育，可极大地丰富和拓展高校教育的课程文化资源。

（四）提升高校校园文化建设的品位

校园文化，就是在学校育人环境中，以促进学生成人成才为目标，由全体师生员工在教学、科研、管理和生活等各领域的相互作用中共同创造出来的一切物质和精神的成果。校园文化包括物质文化、制度文化和精神文化三个层面。物质文化是学校文化的外壳，制度文化是学校文化的支柱，精神文化是校园文化的核心。校园文化既有精神文明的综合效应，又有物质形态表现出来的校园风貌；既有现实的存在，又有历史的积淀。校园的文化品位和格调对大学生陶冶情操、塑造自我起着"润物细无声"的作用。

1. 高校传统文化教育有利于校园物质文化教育作用的发挥

校园物质文化是指校园中各种可见的、有形的和自然的形态，表现在校园建筑、校园雕塑、校园服装和校园环境等方面，反映了一定群体的精神风貌、审美情趣和价值趋向，也代表了一个学校文化价值观念的主体及教育目标的价值趋向。校园物质文化记载着校园的历史过往，诉说着自己所携带的历史信息。学生通过对物质信息的解读，产生情感态度的"再体验"，获得特定的教育意义和相应的文化价值观念。由此，校园物质文化潜移默化地影响着学生的思想观念，制约着学生的行为习惯，发挥着隐性课程的教育作用。

校园物质文化具有某种"强制"的力量，它能使学生浸润其中而不自觉产生隐性的文化认同感。如置身于风格高雅、清新别致的校园建筑中，学生会感受到非同寻常的物质文化熏陶；面对英雄伟人的雕塑，学生会油然而生自强不息、不断奋发的情感；欣赏师生整洁美观、朴素大方的衣着礼仪，学生会形成高雅的鉴赏美、追求美的审美倾向；处于有着严肃庄重氛围的学术报告厅和朝气蓬勃氛围的体育场馆，学生会产生严谨的思维和澎湃的激情。对物质文化解读的便利之处在于直观性和超语言性，在校园物质文化中融入直观的传统文化元素，学生会在无数次"视界融合"中被潜移默化地熏陶感染，产生"无声胜有声"的教育效果。

2. 高校传统文化教育有利于校园精神文化教育作用的凸显

校园精神文化就是赋予学校生命、活力并反映学校历史传统、办学特色、精神风貌的一种文化形态。校园精神文化通过校徽、海报、校风建设、校园规章制度，学生课余文化活动和校园环境等发挥作用。校园精神文化是一种深层次的文化，并不具有物质文化那种直观可视、有形有感的特点，其精神渗透和附着在校园内各种文化载体及其行为主体身上，使人无时无刻不切实感受到它的存在，并感受到由它透射出来的独特的校园感染力、凝聚力和震撼力。每当置身于一所卓越优良的学校时，我们总会感到奔涌着的、富有生命力的东西不断撞击着自己的心灵，这些东西使我们感动、振奋，对未来充满无限憧憬。而一所平庸、毫无特色、暮气沉沉的学校，则缺少这种能唤起、激发学校及其成员崇高情感和进取性的文化力量。

学校精神作为校园精神文化的集中表现，其所建构的教育意义不仅体现在对内能创设出一个积极健康、团结向上的教育环境和组织氛围，对其成员的价值选择、人格塑造、思维方式、精神风貌、道德情感和行为习惯等具有良好的影响作用，对外还能体现出学校的魅力、个性和目标追求。所以，校园精神文化是最富有渗透性的一种教育影响，其创设的潜在的、弥漫浸润于整个校园并体现了学校风范正气的精神氛围，具有深层的启迪和感化作用。置身其中，受教育者会潜移默化地感悟精神力量对自己心灵的净化和情感的熏陶。中华优秀传统文化富含丰厚思想文化精神力量，将其有机融入校园精神文化中，可有效发挥校园精神文化的教育作用力，提升高校校园文化品位。

综上，学生在与校园文化的"交往"中获得心智成长，在与校园文化的"对话"中得到精神滋养。校园文化中存在太多的抽象与象征、隐喻与驳论，造就了其内容的丰富多彩、意义的博大无边，作为隐性课程显示了其巨大的教育功能。学生在新的历史条件下解读已形成的文化，其所产生的意义总会打上新时代的烙印，所以学生可能比文化的创设者更能理解文化自身所蕴含的意义。由此，校园文化不仅丰富了文化的内涵，也丰富了学生自身的精神世界。随着社会的变迁，校园文化的活动方式和内容也在发生着变化，新的语言、新的媒体、新的交往方式，都在影响着学生的文化价值观。为此，教育者应在校园文化中不断强化传统文化的影响力，大力传承和弘扬中华优秀传统文化，使中华优秀传统文化以其独有的文化风格，推进中国式现代化文化事业长足发展，充分彰显中华优秀传统文化在高校教育中的现代价值。

第三章
高校中华优秀传统文化教育的现实困境

第一节　社会发展中传承中华优秀传统文化的问题透视

　　总体而言，我国社会主义现代化建设的文化大环境是积极健康的，高校对大学生的文化素养培育是积极有效的。但不可否认的是，在百年未有之大变局的新时代背景下，高校传统文化教育面临现代化、全球化、功利化时风的挑战与压力。当前，整体上高校的传统文化教育现状出现喜忧参半的现象：一方面，党和政府在相关文件及讲话中日益强调传统文化传承与发展的重要性，社会民众日渐喜欢和接纳传统文化，学校也热衷于开展丰富多彩的传统文化活动；但另一方面，现实中学校教育对国家各项文化政策的贯彻力度不够，缺乏有实效性的传承举措和实质性的宣传行为，而在社会与家庭教育中传统文化教育缺位，年青一代淡忘传统文化的现象普遍存在。支撑中华民族几千年的传统文化在现代社会发展和学校教育中处于说起来重要，做起来次要的地位。中华优秀传统文化在中国文化价值理念中的核心地位趋向衰弱与消解，传统文化的传承与发展面临诸多困境与挑战。

一、难寻真迹——优秀传统精神文化的流失

　　在我国当前为实现追求美好生活和满足人民日益增长的物质生活需要的现代化建设中，科学技术的迅速发展使人们的物质生活获得了前所未有的满足。然而，在物质繁荣的光环之下，人们却普遍感到了一种精神上的

失落与空虚。尤其是自媒体时代的到来，琳琅满目的碎片化的信息令人应接不暇，社会上各种文化甚嚣尘上，网络文化、快餐文化、消费文化和欧美文化、韩日文化等充斥着人们的生活世界，人们在纷繁复杂的多元文化中出现了多元的价值取向，有的在"乱花渐欲迷人眼"中迷失了方向，有的在"山穷水复疑无路"中否定了自我，也有的在"咬定青山不放松"中坚定了信念，在"柳暗花明又一村"中创新了思维。我国社会中崇尚外来文化，质疑甚至否定本土传统文化的现象仍然存在，有时甚至混淆视听，遮蔽了人们追求真理的双眼。

现实中，很多人的价值观念趋于世俗、实用、利己，过分追求物质利益而忽视精神追求，忽视甚至抛弃道德观念和精神追求的现象时有发生。曾经的优良品德，日渐远离人们的行为准则；曾经引领中华民族价值导向的"仁义礼智信"，日渐圈定在虚用的说教式的书籍中；曾经规范中华民族行为品行的"温良恭俭让"，日益局限在特定场合的外显性修养表现中；曾经激励中华民族奋发进取、厚德载物的民族精神，日渐在国民身上淡化；曾经令国人引以为豪的民族英雄和楷模榜样，日渐淡出人们的视线，被流量明星崇拜代替。传统技艺局限在传承者手中成为非物质文化遗产；传统古籍文献处于"养在深闺人未识"的静默状态。

当前，社会的飞速发展变化及其带来的人文精神流失的现象，引起人们对道德人格的深层反省和追问。社会道德滑坡、人文精神流失引发人们一系列的反思，人文精神、社会公德该如何建设，成为摆在时代面前的一项重要课题。魏明伦一针见血地指出："年轻人的欣赏观正在由'审美'变为'逐臭'，由'蝴蝶化'变为'苍蝇化'，对于高雅、优美、正义的东西排斥抗拒，对于恶俗、浮躁浮浅的东西趋之若鹜"。我们也时常感知到，生活中常见的优美高雅和朴素庄重的传统审美观日渐弱化，而羡富拜金、炫耀晒酷、攀比奢靡、铺张浪费蔚然成风，追名逐利、盲目追星愈演愈烈，躺平心态、佛系心理悄然兴起，沉溺网络，审丑无厘头、捧星无底线，令人咋舌。

当前教育的种种异化和弊端也时而显现，有如一些学者批判的：我们培养的小学生可能是"被驯服的小绵羊"，培养的中学生可能是"考试的机器""做题库的工具"，培养的大学生可能是"精致的利己主义者""半面人"等,这已成为非常严峻的社会现象和教育弊端,应引起社会的高度关注和深刻反思。现实中,一些大学生的人文精神、理想终极追求、价值观和人生观世俗化,社会责任感、民族自豪感和集体荣誉感淡化,权威意识、敬畏意识、是非观念和羞耻观念异化。重个人轻集体,重物质轻精神,重权利轻义务,重享受轻付出,重索取轻奉献,好逸恶劳、懒散无欲现象普遍,意志薄弱、无心向学现象蔓延。所以,在一定程度上优秀传统文化的精神内涵难以在现代国民身上觅到真迹,传统精神文化的流失已然在现代社会客观存在。

二、难觅踪迹——传统物质文化的隐匿存在

众所周知,中国传统物质文化丰富多彩、辉煌灿烂,在历史岁月中为中华民族带来无上荣誉,为人类文化抹上浓重的亮色。但在现实生活中,随着岁月的流逝、时代的更替和科技的进步,有些传统物质文化在喧闹的现实生活中已静默退场,有些传统物质文化在时代潮流的冲刷中已黯然失色,更有些传统物质文化已难觅踪迹,取而代之的是琳琅满目的现代艺术品、现代器具、现代建筑等现代文化表现形态,在经济利益驱动下的一些传统物质文化传承走上异化之路,失却了其本来的价值意蕴。

当我们从现代化的大潮中迷茫抬头时,蓦然发现,那些曾经陪伴我们童年美好时光的游戏器具已难觅踪迹,曾经精湛美丽的手工艺品已难见踪影,曾经辉煌绚丽的宏伟建筑在岁月的打磨中黯然失色,曾经摄人心魄的戏台戏具在时代更替中退却在喧闹与繁华中。生活中传统建筑隐没在现代高楼大厦中成为记载历史的神秘存在;传统艺术品陈列在辉煌宏大的博物馆里成为承载时代记忆的信息载体;传统生活器皿、游戏器具等被遗弃在生活的角落里裹满灰尘……这些物质文化的隐匿存在和日渐远离,无疑给中华文化留下不可弥补的文化损失,也使传统物质文化在文化沉默中面临消极的发展趋向。

三、文化追崇——传统文化传承行为的消解

经济全球化的发展,使国家和地区间的文化交流日益紧密。外来文化特别是引领国际潮流、占有更多话语权的西方文化,通过商品经济、网络

传播、宗教影响、影视渗透、社科教研等手段不断涌入我国，对我国的传统文化产生了严重冲击。面对西方文化中引领时尚潮流的文化元素，国人在不同程度上对我国的传统文化产生了文化自信不足的心理，同时也在传统文化传承行为上，不自觉地表现出了传统文化趋向消解与弱化的现象。人们在对外来文化的猎奇性学习和追崇性消费中，潜移默化地对其产生文化好感而过度青睐、盲目崇拜。现实生活中国人穿外国品牌服装、看日漫文化成为一种时尚，吃"洋快餐"、过"洋节日"成为一种流行，食物名、商店名"洋味"十足，人们已见怪不怪、习以为常。

在青少年群体中，如果说起影视、动画之类，那自然是追崇美日；谈起服装、化妆品之类，那一定是优选日韩系潮流时装，"洋品牌"化妆品；过起节日，那一定倾情于圣诞节、情人节；就连饮食也追崇星巴克、麦当劳、肯德基等，甚至有的人不是英文的音乐不听，不是英文标签的衣服不买，而对中华优秀传统文化却漠视轻视、嗤之以鼻。随机访谈一位青少年最喜欢的阅读书目是什么，多数学生会不约而同举出一堆日美文学，如东野圭吾（日）的系列作品、卡勒德·胡塞尼（美）的系列作品和阿加莎·克里斯蒂（英）的《控方证人》《死亡草》《东方快车谋杀案》等作品。异国文化潜移默化地以惊人的速度影响着国人的生活，许多人沉浸其中并以此为荣，浑然不觉传统文化被稀释或面临流失的风险和危机，更不知自身对传统文化的传承行为已然遭受日渐消解的境遇。

四、文化偏见——传统文化传承观的偏失

盲目追捧西方文化的风气尽管在近几年有渐弱态势，但人们对传统文化狭隘的认识和偏见依然存在。因中华传统文化内容冗杂难辨，精华和糟粕糅于其中，致使人们对传统文化的传承持有不同的观点，并表现出不同的态度：或是彻底否定的虚无主义态度，或是过分褒扬的复古主义态度，或是唯利是图的功利主义态度。

虚无主义态度持有"传统文化落后论"和"传统文化无用论"的观念，他们以静止、保守的观点看待传统文化，把传统文化当作"老古董""过时货"而打上愚昧、腐朽的标签，甚至片面夸大其落后和庸俗的一面。认为传统文化落后、土气，在现代社会的国际影响力不足、吸引力不够、知名

度不高，对于当前国家建设毫无益处，已经失去其存在于现代社会的价值和意义，必须对之加以彻底否定、批判和摒弃。有些人将中国曾经的衰弱和落后归结于传统文化的影响，认为只有摒弃传统文化，中国才有实现富强之可能。他们对传统文化不屑一顾、不愿了解，缺乏接受意趣和学习意向，许多富有民族特色的节日、服饰和习俗等受到排挤。由此，本应被大力宣扬的传统文化教育却受到冷落和漠视，面临日渐消解的尴尬境地。

复古主义者基于国内出现的一些道德败坏、伦理沦丧等问题，提出全面复古的观点。主张用"三纲五常"等封建文化取代社会主义先进文化，用封建教条代替法律制度，以恢复古代礼制来规范社会运行。近年来，随着"国学热""汉服热"的兴起，社会上出现许多全面复兴、过度消费传统文化的不良现象，致使部分国人对传统文化传承产生误解，认为传统文化就是儒家文化、孔孟之道、诵经仿古，学习传统文化就是要"文化复古"。这种做法看似是对传统文化加以传扬，实则是对封建文化的一种盲目推崇，过分拔高传统文化的应用价值，却忽视传统文化中的糟粕部分。

功利主义者披着弘扬传统文化的外衣，实则以谋取利益为主要目标，对国学等传统文化资源进行商业滥用与过度消费。如一些地方对文化遗产的重要性认识不足，牺牲文化遗产而换取经济增长和追捧经济利益的现象时有发生。如"国学热""读经热"，带有浓烈的市场利益倾向，失却了传统文化自身的价值内涵。事实上，市场经济条件下，极力推崇传统文化的经济价值，而忽视其他方面效能的发挥，必然会阻碍优秀传统文化价值的真正发挥。现实中，也有些功利主义者追崇"有用"知识与技能的学习，淡化和忽略对"虚用"的传统文化知识内容的学习，使传统文化的传承与弘扬受到非重视性对待。

任何民族想要发展都必须立足于本国文化，否则就会造成文化空虚，影响社会进步。如果一个国家、一个民族失去了对自身传统文化和核心价值的敬仰与信心，失却了应有的文化自尊和文化自信，就很难形成广泛的文化认同和价值认同，也难以形成强大的民族凝聚力和文化软实力。我们倡导学习优秀传统文化，是要从中国国情出发，摒弃落后的传统文化，结合时代要求而规范、完善优良礼仪和传统习俗，进而增强文化认同、提升文化自信。所以，传统文化应成为民族记忆传承的重要方式，不应被丢弃和遗忘。当前，面对各种错误思潮，我们要坚定立场，坚决反对文化虚无主义、功利主义和复古主义的传统文化传承观。

五、承继乏人——传统文化传承人的缺失

在一些学校，传统文化的弘扬多集中在课程教材中的文学故事，校园宣传栏中的图片展示，课外活动中组织学生跳民族舞蹈、唱民族歌曲、弹民族乐器、玩传统游戏、学手工制作等方面，这些传承方式起到了一定的"扫盲"作用。然而，这种"博物馆式"的静态保护和传承更适合于物质文化传承，而传统文化的"魂"更在于非物质文化方面。所以，重视传统文化的动态传承，更应在培养传统文化传承人上着力。传统文化的动态传承是对"传"者和"承"者两大主体而言的，当前，整个社会不但缺乏传统文化的"传授者"——教师，也缺乏传统文化的"继承者"——年青一代。同时，高校的传统文化教育常常墨守成规，偏重于静态保护，传统文化内容陈旧老套发展不足，与现实脱节，缺乏时代感。传统文化传承者的学习兴趣、传承旨趣和动力需求不足，传承与发展优秀传统文化的自觉意识不强、自主行为不够。

当代学生对于传统文化的传承学习，基本都是小学时浅显地学习一些传统思想文化和传统艺术文化（书法、陶艺、乐器），中学以升学为主掌握的传统文化知识更多是以古诗文居多，大学的主要精力投入专业课程，外语、计算机及各种证书考试的学习中，较少进行专门的传统文化内容学习。再加上现代多元文化的渗透和海量知识信息的冲击，学生们难以投入专门的精力和心力学习传统文化。现实中，有相当数量的学生倾心于追求现代生活、掌握现代技能，无暇顾及甚至不屑于学习传统文化。所以，年青一代的传统文化知识涵养较低、素养不足，缺乏传承与发展优秀传统文化的底蕴，难以成为承载中华优秀传统文化的传承者，中华优秀传统文化的传承与发展面临后继乏人、承继乏力的现实问题。

总之，信息时代给传统文化教育带来了强有力的冲击和挑战，一个国家、一个民族若不珍惜自身的文化遗产，必然引发思想混乱和价值危机，必然带来文化自信的丧失和文化软实力的下降。而忽视甚至缺失传统文化传承教育，将对弘扬和践行社会主义核心价值观，维护国家文化安全带来

消极负面的影响。当代社会出现的漠视传统文化的现象，固然与时代发展中的文化多元化冲击、信息无限量刺激、知识海量化更新、教育功利化影响及个体价值追求多样化等密切相关，但从本质上来看，社会成员对传统文化的需要以及传统文化自身所具有的时代价值，才是引起人们对传统文化的重视，以及实施有效的传统文化教育措施的根本原因。所以，挖掘并弘扬传统文化的现实价值，探究有效的教育路径，满足个体发展的多样化需要，是弘扬与发展传统文化的必然需求。

第二节　高校中华优秀传统文化教育的现实困境

处于高速发展的信息时代，全球化带来的文化碰撞、市场经济发展带来的利益冲突、社会多元化趋势带来的价值危机，使今日之教育目标、教育原则、教育内容和教育形式等面临新的时代挑战。国家的文化发展战略目标主要通过学校教育来实现，学校教育具有系统进行传统文化传承的便利条件，是传统文化走向普及化、规范化的必由之路。客观来说，当前我国高校在加强大学生传统文化教育方面是有一定成效的，但还存在一些问题和不足。

现代学校教育中一元的、主体的、标准化的知识内容使传统文化教育被边缘化，传统文化中更多具有思想指向、精神导向、美学价值的虚用内容，在功利性学习目标下被弱化和消解。教育内容中对优秀传统文化的选择和传承有限，教育评价方式、教育手段的标准化和模式化，使学生对传统文化的认知呈现浅显化和片面化的现象。现实社会中传统文化的传承与发展处于理念上被宣扬和重视，但践行上被淡化和疏离，甚至无人问津的尴尬境地。高校传统文化教育在教育结构体系、教育目标要求、教育内容选择、教育课程资源发掘等方面都存在传统文化选择缺失的问题，使得高校传统文化教育面临一定的困境。

一、教育目标定位中人文素养的培育彰显不够

我国高校对人才的培养，普遍重视科学知识的传授和专业技能的培训，

却忽视人文素养的培育。近些年来，随着我国社会主义现代化建设与发展的需求，高校对中华优秀传统文化教育有所重视，但实际举措的支持性尚显不足。笔者研究了几所高等师范学校教育类专业的人才培养目标，发现各院校在目标表述上都强调人才培养的"立德树人"的教育旨归，但落实到具体的课程目标中，却出现贯彻和落实"立德树人"培养目标的有效性举措乏力的情况，课程目标在一定程度上呈现"无人"化的问题，即人才培养的"人文性"教育目标定位不足，彰显不够。

2020 版之后的课程目标，确立的依据着重于培养目标和毕业要求的支撑度，表述更多的是强调课程知识理论的掌握与学科专业能力的建构，凸显更强的是人才培养的专业性要求，与培养目标中的人文性教育要求存在一定程度的脱节。教育目标中人文教育培育目标的缺失，必然使得本应丰富多彩的课程内容，因缺少人文性的味道而变得枯燥乏味。由此，基于课程本位和知识本位确立课程目标，而忽视人的全面发展的教育目标的理论构建，最终使教育内容沦为"文化传承的工具"，学生沦为"知识存储的容器"，这与高校的教育旨归是相悖的。

二、教育结构体系中传统文化课程设置的边缘化

学校教育的课程体系是现代化建设对人才素质要求的最直接反映，实质性地规约着学生的知识内容结构和能力素养构成。笔者通过近年来对多所高等师范学校教育类人才培养方案的研究，发现高校普遍存在重视学科课程设置而忽视传统文化课程开设的倾向。如在课程计划中一般设置相当比例的专业性和应用性较强的专业课程，而塑造学生人文素养的传统文化课程的设置显得无足轻重。传统文化课程很少在必修课中开设，一般仅在通识选修课设置一两门，而且开设种类明显不足，课程学时和学分所占比例甚微，开设学期一般安排在大三以后。实际上，由于开设学期和学生在前两年已修够学分，开设在靠后学期的传统文化课程实际上很少被学生选修，基本上形同虚设。这在一定程度上说明，一些传统文化课程的开设只是为了显示选修课程设置的多样化而点缀性地存在而已，而实际上在整体课程体系中却处于边缘化的地位。

教育结构体系中传统文化课程设置的边缘化，可能和课程设置者的理

论认知缺失有关（如基于狭隘的专业文化视角，而非基于公民素质提升的视角设置课程），也可能和课程设置者受课程本位影响而忽略传统文化的传承与教育有关。边缘化的课程一定会引起学生的非重视学习心理，也难以形成稳定的师资队伍保证。所以，忽视传统文化课程的设置，容易疏离和割裂传统文化在课程体系中应有的教育作用，更容易偏离学校教育应然的育人取向。

三、教育过程中传统文化内容传承的附属化

在现实中，高校人文教育被政治教育遮蔽或成为附庸，又被专业教育挤压或掩蔽。从教学体系上看，传统文化内容多是作为拓展性知识边缘化地存在于主体课程内容之外，成为教育内容讲授的附属化内容，主要体现在两个方面：其一，传统文化内容附属于专业课程之下，附着在专业知识内容中或附加在某些知识点上附带性存在，或作为丰富专业知识的拓展性学习内容而被融入教学中。其二，传统文化内容附属于政治理论课教育之中，成为服务于政治理论课的教学资源。将传统文化内容附着于专业课程和政治理论课程中，视为辅助高校专业教育和政治理论课教育的拓展性资源，而非作为高校教育教学工作的重要组成部分，这无形中忽视了传统文化教育应有的学科特点和独立性。

如教育学课程中涉及相对系统的传统文化知识，但多因教学需要被肢解，只是零星、散在地出现在某些渗透式的讲解中，成为课程学习的点缀和装饰。笔者翻阅一些教育学课程教案、教学日历和教学大纲，听取一些教育学教师的课堂讲授后，发现传统文化内容是否进入课堂内容，基本依靠任课教师的传统文化涵养和讲授兴趣而定。如果教师有传承传统文化的教育意识，就会有计划地引用一些传统文化案例，用以论证观点，说明事实，以开拓认知。反之教师鲜少有针对性地选取、主动性地创新引用优秀传统文化知识。由此，相关的传统文化内容难以被真正系统地引入课程教学，使得课程教学失却了丰润的传统文化韵味。所以，传统文化知识附属在专业知识教学中，成为可有可无的边缘化存在。由此导致传统文化知识内容的选择被疏离，课程教学中文化育人与教学过程的融合不深。

四、教育内容的文化选择存在片面功利的失衡倾向

（一）教育内容的文化选择存在文化片面化和文化功利化的倾向

教育内容的文化选择，因其在社会变革的文化冲突和价值震荡中，受现代社会教育功利化的影响，在价值取向上不同程度地出现了文化片面化和文化功利化的倾向。文化片面化表现在进行教育内容的文化选择时，重科学而轻人文，重专业而轻通识，重现代而轻传统；文化功利化表现在进行教育内容的文化选择时，重实用而轻品质，重技而轻道，重术而轻人，重表面轻内涵，重形式轻内容。教育内容的文化选择中的文化片面性和文化功利化的倾向，使得文化内容选择倾向于专业、技能和科学等"实用"方面的内容，而轻视人格、灵魂和品质等"虚用"方面的内容，致使所培养人才在知识结构上更多的是拥有"器"而缺失"道"，在核心素养上存在有"形"而无"神"的发展样态。

（二）教育内容的文化选择存在传统与现代的博弈

高校教育在教育内容的文化选择上，不同程度地存在着传统文化本位和现代文化本位的取向，由此在选择文化内容时，不可避免地表现出传统文化与现代文化的博弈。随着全球一体化、现代化进程的迅速发展和现代生活方式的普及，现代多元文化承载的不同意识形态、价值观念和生活方式等冲击着传统文化的表达方式，淡化了传统文化的影响力。曾经精彩绝伦的戏曲艺术逐渐被现代科幻动漫抹煞，曾经辉煌亮丽的古典建筑日渐被现代高楼掩蔽；阅读世界中传统的经典巨著被现代快捷短小的电子文档挤占，生活世界中丰富多彩的传统习俗被多元时尚的现代文明挤压。

在现代快餐文化、视觉文化的冲击下，学生们埋头于手机世界，倾心于电脑游戏，难以静心品味意蕴绵长的历史文卷，难以安心研读厚重深奥的学术文献；在时代流行文化、外来文化的作用中，学生们大多惦记着愚人节的欣喜，期盼着圣诞节的快乐，却失却了重阳节登高的志气，冷落了中秋节赏月的热情。传统文学故事仅在书籍里偶被翻阅，传统的精髓思想仅在教化育人时成为引用的典范，传统文化教育简单化、庸俗化和娱乐化现象严重。传统文化与现代文化交汇于高校教育平台，在此长彼消的博弈中影响着高校文化的建设与发展。

五、教育内容的文化表现显现文化张扬和文化沉默的冲突

高校是多元文化汇集的场所，不同文化理应融入相关课程内容中得到弘扬与发展。但由于受文化选择片面性和功利化的影响，高校教育的文化内容显现不同程度的文化张扬和文化沉默的现象。文化张扬主要表现在彰显西方的、现代的和实用功利的文化，文化沉默主要表现在人为地遮蔽民族的、传统的和精神品质的文化。被张扬的文化堂而皇之地进入课程、教材和教学，成为重要的教育资源并纳入学生的认知结构。被淡漠、搁浅的文化像不被关注的弱势群体，以缄默被动的方式存在于历史文献或文化记忆中，难以深入教育内容绽放其亮丽的文化色彩。这两种现象都会造成教育内容片面、单调的偏颇发展，并使得教育内容出现文化张扬和文化沉默的冲突。

（一）文化张扬——西方文化的知识霸屏与话语霸权

在对知识文化的传承学习中，理应先立足本民族文化，再放眼世界学习其他民族文化。然而，当前教育界、学术界的怪圈是，一些人对本民族文化知之甚少、学之不精更用之不够，而对西方社会的主流文化或社会主体文化却耳熟能详、如数家珍，甚至信手拈来；对本民族乡土文化感觉陌生、新鲜和稀奇，对外族的流行文化却充满热情、向往，并在倾心学习中对之适应自如。这如同人们连自己的基本血型都不知道，却盲目将不同血型的血液输送到自己身上，难免会使个体的健康发展陷于隐患和危机中。所以本应属于滋养自身健康发展的民族性血液，却被稀释、淡化，甚至排出体外，致使他文化与自身文化不相融，导致个体产生人格、认知的缺陷。

研究发现，当前高校教育中，在相关课程的课程大纲、教材内容和教学讲授中，对西方的历史文化、先进科学和技术文化引入说明的比比皆是，但对本土、本民族的文化特色专门介绍的却甚是寥寥；对外来的文化渊源和文化名人系统深入地阐述说明的大行其道，而对体现我国民族风土人情的传统文化知识内容的引入说明却少之又少。这虽然和西方文化在某些知识领域中客观上居于领先地位并取得一些辉煌成就有关，但缺失对相关传统文化知识内容的深度挖掘和客观认知，就会出现我国本土的传统文化知识内容的选择却不足，而使西方文化占据知识话语主导的文化张扬的现象。

在师范专业的教育学和心理学类课程中，从单元序列、内容体系到理论说明、观点陈述，一般都以西方的学术体系为主。一些基础的理论知识，更多是引用西方学者的学术观点和研究成果，而介绍说明中国的传统思想理念和理论观点的内容比较少见。如此，一方面，学习者长期耳濡目染西方的思想观点，其价值取向潜移默化地受西方哲学观、价值观的影响，会出现盲目崇拜西方学术话语的心理倾向；另一方面，学习者会狭隘地认为许多学术成果都源于西方、盛于西方，中华传统文化没有实际的学术影响力，由此也会淡化中华优秀传统文化的重要学术价值，在某种程度上出现文化不自信的问题。

（二）文化沉默——少数民族传统文化的"黯然神伤"

在具体的高校课程资源的文化选择中，由于教育目标导向的作用、课程目标定位的制约，以及教育者的认知经验、价值取向、文化认同和民族意识等的影响，使得社会主流的文化资源涌入学校课程内容，产生着主导的教育作用力；非主流的文化资源处在教育的边缘、角落地带，发挥微弱的教育作用力。研究表明，由于教育主导的作用，当前教育文化的选取，大多定位于以主流文化为主的内容范畴。如在相关的课程教材中，从意识形态、思维方式、价值取向，到语言文字、案例题材、操作应用；从哲学原理、历史纲要的理论研究，到艺术表现、情感表达的方法探析等，一般以体现主流文化的知识内容居多，而表现多姿多彩生活世界的、多元动态的非主流文化的知识内容却鲜有推广。

学校教育主要传承的是主流文化，但也应重视非主流文化的传承。地域性的民族优秀文化特别是少数民族文化是中华文化的重要组成部分，是中国文化史上的一朵艳丽奇葩。然而由于我国长期对少数民族文化传播不够深入和全面，许多学生对少数民族文化知之甚少。调查发现，不了解少数民族风俗特性、历史渊源的比比皆是；不熟知少数民族名称、不知道其聚居地位置的大有人在。多数学生只知主流文化的历史、地理、名人故事，却不知自己民族的过去、现在和未来，甚至有些少数民族学生对自己民族的文化知识了解也甚少。随着经济发展的一体化，社会观念的趋同化，少数民族的文化逐渐被忽视、淡化，被搁浅、遗忘，许多少数民族语言、服饰、民间技艺等趋向于边缘化、濒危化的境地。

六、教育资源的文化挖掘存在狭隘而单调的局限性

实践证明，教育资源的发掘利用直接影响着教育内容的文化内涵特征和文化表现形式。传统文化教育应该反映哪些知识内容？对浩瀚无边的传统文化资源应该进行怎样的发掘利用？哪些人有参与筛选文化资源的权力？对这些问题的追问会触及传统文化资源发掘主体和开发利用的问题。由于对传统文化教育资源发掘主体认识的局限，现有的传统文化教育资源基本是由课程专家开发与设置的。教育专家在进行传统文化教育资源的开发中，一般根据国家对传统文化传承的文件精神，立足文化价值取向，按照"文化持有者的内部眼界"去认识、理解和取舍文化知识，使传统文化教育资源发掘的过程成为一个"传统文化持有者"主导的过程，这在某种程度上难免会使教育文化资源的发掘利用趋向局限的领域。同时，教育资源的发掘者能否与文化学习者的兴趣和需要达成一致，开发的教育资源能否充分、全面地反映学生理应掌握的传统文化知识，在某种程度上值得商榷和验证。

在现代教育强调"学生发展为导向"的教育理念下，在课程实施中有些教师基于课程创生取向，会激发学生参与教育资源的文化挖掘。但学生参与的多数是针对某一主题的局限性挖掘，针对课程体系的全面系统的挖掘还远远不够。许多教师在课程实施中基于忠实取向，一般按照专家预设的内容体系按图索骥式组织教学，而拓展挖掘文化资源的教育意识和教育举措不足。有些教师受学科本位的影响，倾向于挖掘专业性和实用性的文化资源，而缺失反映内在精神层面的人文性的文化资源。有些教师固守教学经验、思维固化或创新动力不足，往往圈定在相对固定的内容范畴中挖掘教育资源，缺乏新鲜灵活、生动趣味的创新视角。因此，高校教育资源的文化挖掘存在狭隘而单调的局限性，难以满足学生对文化资源深度学习、广泛吸纳的发展需求。

总之，当前我国高校的传统文化教育在教育目标、教育内容、教育过程及教育效果上，存在实效性和普及性不足，传统文化教育边缘化的问题。高校教育教学中存在偏重主流的、现代的、科技的和西方知识的教育内容，并在学校教育中占据着重要的地位，而非主流的、传统的、人文的和中国本土的知识文化，却处于学校教育的边缘地带，出现传统文化的传承教育

与学校主流文化的传承教育发生"疏离"的现象。由此，也导致传统文化教育在高校教育体系中影响力不足，教育效果不明显。

第三节　当代大学生中华优秀传统文化素养的缺憾与缺位

一、当代大学生传统文化认知的缺憾

大学生的传统文化素养是一个复合性的整体概念，它包括大学生对传统文化的基本知识和常识的主观认知、运用能力，以及传统文化对大学生的文化品位、审美情趣、知识视野、情感态度、思维理念的作用和影响等内容。笔者在教育教学中发现，当代大学生对于文化常识的积淀意识越来越淡化，日常生活中引经据典、追求文字素养的渐少，而使用网络流行语、热衷"雷人雷语"的日增；校园生活中潜心钻研学问的鲜少，而传播八卦新闻的颇多；言行举止中文明礼貌的鲜见，而我行我素、不拘礼节的常有……这些现实情况令人心生疑虑，优秀传统文化教育在新一代青年人，尤其是当代大学生中是否出现了断层？

笔者对内蒙古自治区 5 所高校大学生的传统文化教育现状进行了问卷调查研究，内容包括大学生对我国传统文化的了解程度、关注态度、喜欢偏向、认知程度、学习状况，以及对学校传统文化教育的认可程度等。调查问卷共设置选择题 25 道，开放性问题 2 道。调研中发放问卷 500 份，收回有效问卷 492 份。有关调研结果的现状分析如下：

（一）对传统文化内容了解不全面

问卷调查中，在对"中国传统文化包括哪些内容"的调研中，有 98% 以上的学生表示对中国传统文化"有一定的了解，但不全面"；几乎没有学生选择"完全不了解"和"很了解，有一个全面的认识"。这说明不管是通过什么渠道，学生们对传统文化是有一定程度的了解的，但几乎没有学生选择对传统文化有全面的认识，说明学生对传统文化基本是了解不全面、认知不充分。

在对传统民族服饰的区分性了解中，64%的学生选择"能区分3—5种"，29%的学生选择"能区分5—10种"，仅有7%的学生选择"能区分10—15种"；在能唱多少首民族歌曲的调查中，63.44%的学生选择"能唱1—2首"，25.99%学生选择"能唱35首"，7.05%的学生选择"能唱5—10首"，3.52%的学生选择"能唱10首以上"。由此可知，学生对于民族服饰的了解和民族歌曲的掌握人数，随着数量的增多，掌握人数的比例却呈递减排列。这说明多数学生对于民族服饰及民族歌曲这样有代表性的传统文化了解较少。

通过访谈和文献研究也可知，许多大学生知识结构单一，文史知识欠缺，普遍缺乏必备的文学、历史、哲学、艺术等人文社会科学素养。在传统文化知识方面积累匮乏，传统文化底蕴浅薄，对传统文化基本知识、常识内容了解不全面，对传统文化内涵与精髓知之甚少，缺乏一定的传统文化观念与意识。大学生群体中关注传统节日、传统技艺和传统风俗等的寥寥无几，没见过泥塑、皮影，不会剪纸、不会写毛笔字，不会玩传统游戏的比比皆是。实际上，在我国特有的传统文化环境中成长起来的年青一代，耳濡目染中对我国传统文化是有一定程度的认知的，然而调查中发现多数学生认为自己对中华优秀传统文化了解不全面，且对传统文化的认识仅停留在粗浅的层面，说明大学生对传统文化蕴含的具体知识内容的掌握并不清晰和明确，其传统文化素养是亟待增强的。

（二）对传统文化的喜欢偏向差异性明显

1. 兴趣倾向各有侧重

在调研学生"是否在课余生活中主动了解、学习或研究中华优秀传统文化"时，不到35%的学生表示"偶尔有兴趣了解一些"，了解渠道主要有微博、短视频平台，综艺电视节目等。在调研学生对传统文化感兴趣的程度中，所占比例依次为："非常感兴趣"53.17%，"感兴趣"38.02%，"一般"8.81%，没有选择"不感兴趣"的，可见大多数学生对传统文化是怀有一定兴趣的。在调研"当前中国式现代化中，是否有必要传承与弘扬中华优秀传统文化"时，70.93%的学生认为"很有必要，应大力弘扬发展优秀传统文化"，29.07%的学生认为"有必要，应结合时代来创新改进"，没有学生选择"已过时，没有发展意义""纯属封建遗物，当弃之"。在"对哪些中华优秀传统文化内容感兴趣"的多项选择中，学生们对于古代文学、民族歌曲、舞蹈、服饰、书法的感兴趣程度均为 65% 左右，而选择民族戏剧、曲艺、国画的感兴趣程度均在 50% 以下，说明学生们对传统文化感兴趣的内容各有不同，比较均衡，基本比较喜欢和认同各种优秀传统文化内容。

在对"我国古典传统文化和现代流行文化的喜欢偏向"的调查中，19.52% 的学生偏向喜欢古典传统文化，15.85% 的学生偏向喜欢现代流行文化，64.63% 的学生对古典传统文化和现代流行文化都喜欢，可见单纯选择喜欢古典传统文化或现代流行文化的比例相当，喜欢古典文化的略高于喜欢现代文化的学生。45.81% 的学生喜欢汉服、皮影戏、面塑等非物质文化遗产代表性项目，22.47% 和 26.43% 的学生关注《经典咏流传》《典籍里的中国》等传统文化电视节目，仅有 5.29% 的学生喜欢西方国家的音乐、电影等。这反映出学生对文化的选择并不在于其是否具有历史的味道、年代的印痕和形式的表达，也并非单纯追求现代的时尚和新颖的技术，更多注重的是内容本身的价值和意义。

2. 热衷程度差异性明显

在"对西方文化和中国传统文化的热衷度"的调查中，仅有 0.88% 的学生热衷于西方文化，多达 59.91% 的学生更热衷中国传统文化，说明大多数学生比较热衷于我国的传统文化，这和当下人们认为大学生崇洋媚外，一味热衷西方文化的看法相差甚远；还有相当比例达 39.21% 的学生表示"不管哪种文化，只要有意思就喜欢"，反映了当代大学生对文化追求的实用性、娱乐性及自我满足的心理倾向性。

在调查学生"喜欢过哪些节日"时，高达 94.27% 和 88.76% 的学生表示喜欢过中秋节和端午节，选择喜欢过其他节日的比例分别是母亲节73.13%，圣诞节 21.59%，情人节 23.35%，愚人节 8.81%。出乎意料但也是情理之中的是大多数学生喜欢过中秋节、端午节，整体人数比例也是挺高的，说明大多数学生更喜欢过传统节日。但有相当比例的学生对端午、中秋、清明等传统节日的兴趣日趋淡漠，却对圣诞节、情人节等西方节日趋之若鹜，乐此不疲，间接说明有些学生在价值选择、节日庆祝和生活方式等方面存在西方化倾向。

这在一定程度上也反映出，当代大学生虽然认为我国的经济、文化发展程度在许多方面已经超越西方发达国家，但在西方文化长期的影响下，一些学生已经不自觉地在不同程度上存在崇洋媚外的心理，并缺乏高度的文化自信。这也可能是中华传统节日注重家庭团圆的意味浓厚，而满足年轻人娱乐、情感的需求不足，以致年轻人被西方注重情感表达的节日吸引。在英语教学中，存在学生对圣诞节主题的学习积极性明显高于春节主题的现象。在生活中确实有些学生觉得中国的传统节日没有外国的节日好玩，粽子、月饼等食物也没有麦当劳、肯德基那么吸引人，所以他们喜欢圣诞节和万圣节等西方节日。

（三）传承与弘扬传统文化的文化认知与文化自信有待加强

1. 传承与弘扬传统节日文化偏重形式

当调研"你一般怎样度过我国的传统节日"时，有60.79%的学生表示"重视过节日，但主要以吃喝或聚会为主"，有32.56%的学生表示"很重视传统节日并有意义地过"，也有2.69%学生表示"不知道传统节日要怎么过"，3.96%的学生表示"生活节奏快，很忙，过不过都无所谓"。这说明学生对传统节日的实质意义认识并不明确。随着"洋节"的盛行，越来越多的人反映传统节日没"味"了，节日本身的情感交流逐渐淡化，失去了原有的节日氛围。人们过节约等于聚会旅游，放松心情，而对传统节日的由来、典故、文化背景等却不甚了解。古人赋予节日的美好内涵和寓意逐渐被单一的聚会娱乐取代，重要的礼俗活动逐渐从传统节日中剥离出来，呈现出过度商业化的气息，导致了人们对节日文化认知的肤浅化。可见，传统节日文化创新不足、宣传不够，减弱了人们对其应有的认同感。节日文化形式上被重视但理念上被弱化的现实困境限制了其固有的文化功能的发挥，现实教育中亟待加强人们对传统节日的深刻认识。

2. 传承与弘扬传统文化的文化自信有待加强

当调研"韩国把中国的传统节日——端午节——说成是在他们国家发源的，并申遗成功，你有什么想法"时，89.87%学生表示"非常气愤，极力捍卫中国传统文化"，有5.73%的学生表示"感到遗憾，但只好认可既成事实"，有4.4%的学生表示"感到无奈，认为中国的传统文化日渐走向衰落"，说明绝大多数学生从内心来说是热爱传统文化的，但有部分学生对我国传统文化还存有文化不自信心理。这无疑给教育者提出警示，要及时采取措施加强中华传统文化教育，让学生深入了解我国优秀传统文化的历史价值，增强民族自豪感和民族文化认同感，增进文化自信。值得庆幸的是，没有学生选择"无所谓，事不关己，高高挂起"的选项，说明当代大学生对我国传统文化的传承与发展是有使命感担当的。

3. 传承与弘扬传统文化的支持度未达到普遍化

在调查"对仁、义、孝、忠、勤俭节约、艰苦奋斗等传统美德的弘扬态度"时，97.36%的学生认为"要进行大力弘扬"，2.64%的学生认为"不适应现代生活"，没有学生赞同"早就过时了""有没有无所谓"等观点。说明学生非常认可并希望能弘扬与发展中华传统美德。

此外，结合国内有关学者在多所高校中发起的问卷调查结果显示，"继承和弘扬中华优秀传统文化"成为大学生的共同呼声，他们对于传承中华优秀传统文化保持肯定态度，并愿意在现实生活中身体力行传承中华优秀传统文化，只是不了解、不清楚该如何去做，或是对自己能不能做好没有信心，出现了"自觉主动去做"的热情与实际行动之间存在着现实差距的情况。这也从侧面反映出当前高校普遍缺少促进学生学习传统文化的推动机制，学生学习传统文化缺乏动力因素，学习与传承的主动性和积极性不强。但总体来说，当代大学生对于中华优秀传统文化的价值内涵的认同状况是积极正面的，但仍有一定比例的学生对传统文化热爱度不高，体现出当代大学生对传统文化的支持和热爱还未达到普遍提升的程度。

（四）对优秀传统文化的教育作用理解不到位

在调研"你是否认为中华优秀传统文化是我国优秀文化之'根'和'魂'"时，几乎所有学生予以肯定，只有极少数学生认为传统文化属于封建文化，并不能适应现代社会的时代思潮。这说明学生从总体上认可我国优秀传统文化的价值和作用。在调研"中华优秀传统文化对当代大学生有什么影响"时，87%学生选择"非常有影响"，13%的学生选择"有一定的影响"，没有人选择"完全没有影响"。在调研"中华优秀传统文化中对你影响最大的文化是什么"时，学生的选择呈现出显著差异，有52.86%和26.87%的学生分别选择的是节日文化和饮食文化，而选择古典书籍、礼乐文化、衣着服饰的依次为11.02%、6.17%、3.08%。

在调研"优秀传统文化的教育作用"时，78.41%的学生认为学习优秀传统文化对自身的发展和适应社会有促进作用，且认为优秀传统文化的作用是潜移默化的、深远持久的，在一定程度上可以提升学生的人文素养；20.71%的学生认为有作用，可以提升一定的人文素养；仅有0.88%的学生认为优秀传统文化的教育作用可有可无，但没有学生认为优秀传统文化有消极作用或基本没有作用。这说明学生们基本认可传统文化的教育作用，内在反映出大学生对传统文化自身蕴含的教育价值持肯定的态度。但仍有极少数大学生思想上不够重视传统文化的作用，说明对优秀传统文化的内涵和价值认识不足。

对于"传统文化对中国式现代化的影响力"方面，62.21%的学生认为"还有很大影响"，33.16%的学生认为"还有一定的影响"，由此判断出大多数学生对传统文化的发展充满信心。但有2.23%的学生认为"传统文化正在消逝"，2.4%的学生表示"很难判断"，表现出对传统文化发展的担忧、困惑和迷茫，并在一定程度上表现出对传统文化发展的不自信。而文化自信是建立在对文化自身发展历史了解的基础上的，因此建立文化自信的主要措施应是加强传统文化教育。

（五）对传统文化教育现状的满意度不高

当调研学生"对学校传统文化教育现状的满意度"时，依次有31.28%、46.7%、21.15%的学生认为"很好""还可以""一般"，仅有0.87%的学生认为"较差"。可见，有相当多的学生对学校的传统文化教育满意度并不高。这说明高校在传统文化教育方面的工作还远远不够，需要采取积极举措创新传统文化的教育方式，使传统文化产生持续的影响力和吸引力，以激发大学生的学习兴趣和传承热情。

当调研学生"对中国传统文化的未来发展的看法"时，有44.95%的学生持有很乐观的心态，43.61%的学生比较乐观，可见多数学生对传统文化的未来发展还是持比较乐观、充满信心的态度。但有10.57%的学生认为"很难说"，有0.87%的学生持悲观心态，说明在高校加强传统文化教育，增强学生的文化自信，促进学生积极乐观地投身于传统文化的学习与传承活动中，是重要而紧迫的工作。

近年来，随着我国综合国力的不断提升和国际影响力的不断增强，一方面，当代大学生逐渐对中华传统文化充满自信、有着强烈的文化认同感和民族自豪感，越来越多的人喜欢中华优秀传统文化。如一些传统文化创作衍生品被转化成商业产品，"汉服"的流行，缠花、绒花、榫卯、手工宣纸等一大批"非遗"手工艺品的兴起代表了当下年轻人的消费选择；一些高校相继成立汉服社团、京剧社团等；很多大学生关注《经典咏流传》《中国诗词大会》《国家宝藏》《典籍里的中国》等传统文化电视节目；大部分学生旅游热衷于参观博物馆，感受地方传统文化魅力等，显示了当代大学生对中华优秀传统文化有一定程度上的文化认同和文化自信，这对中华优秀传统文化的发展来说，无疑是令人欣慰和喜悦的。调研结果也表明，多数学生认为自己学习、掌握传统文化的最大障碍是时间、精力不够。有的大学生希望深入钻研并创新发展传统文化，但苦于时间不够难以实现愿望。因此，高校应采取积极措施改善这一现状，最大程度满足学生的学习需求和学习期待。

综上，中国传统文化所蕴含的思维方式、价值观念和行为准则，为现代文化的发展提供了历史的依据和现实的基础。作为肩负着民族希望的大学生，本应是继承和发展我国传统文化的生力军，但大学生传统文化素养的缺失却成为一个较为突出的问题。而缺少优秀传统文化中包含的人文修养，缺乏足够的优秀传统文化熏陶和教育，是不利于传统文化的传承与长远发展的。从国家发展对人才素质的需求方面来说，既不利于中国式现代化建设的进行，又不利于中华民族的伟大复兴。因此，加强中华优秀传统文化传承教育，是时代发展的必然要求。

二、当代大学生传统文化践行理念的缺位

学者杨德广在一篇文章中以《人不见了》为题，描述当今一些人没有了人的一些基本品质的现象。现实生活中我们也发现，躲避崇高、拒斥榜样的社会思潮时有涌现，崇德正义、仁爱友善等传统美德受到冲击，见义勇为、无私奉献的社会风尚在"扶不扶"的犹疑心态下变得踯躅不前，谦和恭敬、孝悌友爱的人际关系在现代快节奏的生活压力下变得疏远淡漠，诚实忠信、谦恭礼让的品质在功利主义观念下被精致的利己主义遮蔽，礼义廉耻、慎独修身的荣辱观念被社会的不良风尚带偏路向，勤俭节约、艰

苦奋斗的优良传统在现代消费观念和充裕物质生活的冲击下似乎变得"不合时宜"。许多大学生国家观念淡薄、民族情感弱化、社会责任感缺乏、理想信念模糊、意志情感薄弱、审美情趣异化、知行脱节严重，表现出传统文化践行理念缺位的问题。

（一）"崇德向善、正义勇为"的道德感消解

当代大学生道德素质的主流是积极友善、健康向上的，但社会上一些庸俗处世思想的渗透，使一些大学生缺乏抵抗力和免疫力，不同程度存在政治信仰迷茫、价值取向迷失，扬善抑恶减弱、道德素养缺失等问题。调研中，当被问及"假如在街上遇到歹徒行凶，你会怎么做"时，多达63%的学生选择"报警"，只有18.06%的同学表示"会见义勇为、挺身而出"，而有16.3%的同学表示"只有受害人是自己家人时才会挺身而出"，有极少数2.2%和0.44%的学生分别选择"躲而远之"和"拍视频发朋友圈"。可见，有相当数量的学生正义勇敢、惩恶扬善的道德感不强，但畏惧躲避、明哲保身的自我保护意识却明显。

现实生活中一些学生遇到困难和抉择时，犹豫不决、踟蹰不前，面临问题和挑战时，消极懈怠、避重就轻。有些学生不知如何权衡"利""义"之间的关系，对于社会上的不良现象，缺少勇于抨击斗争的精神和勇气，不愿奋起行动或从自我做起改变现状，而是更愿意做个网络喷子进行道德谴责，或随波逐流听之任之，表现出道德实践的缺失与不足。这也反映出本应在大学生身上表现出的刚正不阿、血气方刚，正义勇为、崇德向善等道德感在一定程度上趋向消解。因此，在大学生身上重塑正义勇敢、崇德向善的传统文化优良品德，回归大学生的本性品质迫在眉睫。

（二）"敬畏恭顺、谦虚谨慎"的伦理道德渐微

老子曰"人之所畏，不可不畏"（《道德经·第二十章》），孔子曰"君子有三畏：畏天命、畏大人、畏圣人之言"（《论语·季氏》）。实践证明，不敬畏自然，会使土地沙漠化、气候异常化；不敬畏科学，就会愚昧迷信、胡作非为；不敬畏法令，就会利令智昏、作奸犯科；不敬畏老师，就会不学无术、不求上进；不敬畏考试，就会浑水摸鱼、作弊成风；不敬畏诚信，就会言而无信、诚意不足。当前一些大学生缺乏敬畏心的现象屡见不鲜，如敬畏学业不足，以敷衍塞责的态度应付学习，不愿努力探究专业知识；

敬畏学术不足，用东拼西凑的材料交付学位论文，不愿深入实践认真解决问题；敬畏老师不够，上课打盹睡觉看闲书，课后预习作业应付了事；敬畏情谊不够，一言不合就翻脸吵架，甚至大打出手。有的学生不敬畏制度约束，对学校和班级的制度约束很少从积极角度冷静分析，却以逆反心理消极对待，当个人要求无法满足时，就恼羞成怒、冲动行事。有的学生不敬畏父母，认为家长给予自己的关心、爱护是理所当然的，不懂得感恩回报，不体谅父母疾苦，但抵触、冲突和逆反心理却时有产生。敬畏心的缺乏，失却了中华民族的传统美德，严重影响了学生优良个性品质的发展。

其实，缺乏敬畏心，在某种程度上是谦逊不够的表现。古语有云"水满则溢，月满则亏；自满则败，自矜则愚""日中则昃，月盈则食"。《尚书·大禹谟》中的"满招损，谦受益"，孔子的"三人行，必有我师焉"（《论语·述而》），都说明了谦虚谨慎的重要性。有些学生由于太过追求自我，常常麻醉理性思考，自大骄矜、心浮气躁，对一些小事不屑一顾，也常常自以为是，被暂时的成功蒙蔽双眼，不懂谦虚上进。有些学生好大喜功，好高骛远，唯我独尊，只愿听赞美和表扬，不虚心接受批评和建议。有的学生持一种孤傲处世的态度，喜欢独来独往、自行其是，不愿与他人接触，很难融合到集体中与他人和谐相处。有的学生过分以自我为中心，只注重自己的内心体验和感受而唯我独尊，却缺乏同理心，不尊重别人，不考虑他人的感受，漠视他人的利益。可见，当代大学生中敬畏恭顺、谦虚谨慎的伦理道德日渐式微。所以，培养学生的敬畏感以及谦逊厚德的品质，是培养学生君子风范的重要内容。

（三）"克己奉公、修身慎独"的社会责任感淡薄

当代大学生的"自省自觉、自制自律、自信独立、律己修身"不足，中国传统文化中的克己奉公、和衷共济，团结合作、助人为乐精神遭到利己主义者的批判和责难，以个人为中心的思想和行为却大行其道。调研中，当被问及"对古代读书人的理想'穷则独善其身，达则兼济天下'的看法"时，56.83%的学生选择"认同并愿意践行"，36.56%的学生选择"看情况会考虑"，而认为"自己难以做到"的有5.73%，认为"已经过时"的占0.88%。可见，大部分学生愿意服务社会、奉献自我，但仍有一定比例的学生个人色彩浓厚，集体意识淡薄，一切以个人利益为先，理想信念不坚定，

人生目标常迷茫，构建理想社会的历史责任感不强。

大学生中精致的利己主义者普遍存在：帮人并非基于善心，更多是为了某种利益。一些学生缺乏自我反省的习惯，自我认知不清晰，自我评价不客观，对自己的思想、情感、言行及优缺点认知不足，自负或自卑心理交织甚至叠加，我行我素，很少考虑他人感受，自骄自负，不愿进行换位思考。实践中，大学生也出现交往目的过于功利化和交往中心过于自我化的问题。有的学生把个人的利益得失看得至关重要，在人际交往中渗入极其浓厚的功利色彩，靠吃吃喝喝建立感情，为获得个人利益绞尽脑汁，大利多交，小利少交，无利不交，冷落不能给自己利益的人，滥交乱捧能给自己实惠的人。在涉及自身需要和利益时，绞尽脑汁；遇到他人有难时，能躲则躲。有的学生不愿让别人了解自己，在心理上人为地建立屏障、自我封闭，总是把自己的真实思想、情感和需要掩盖起来，口是心非。因此，将大学生塑造成有理想信念、有本领才干，乐观豁达和担当精神的时代新人，是当前高等教育的价值旨归，也是中国式现代化建设中教育高质量发展的根本要求。

（四）"温文好礼、谦恭礼让"的人格品行淡化

《论语·雍也》有言："质胜文则野，文胜质则史。文质彬彬，然后君子。"这句话指质朴与文采是内容与形式的关系，同等重要，其中"文"是指人的外在装饰，"质"是指人的内在道德品质。只有"文""质"双修，才能成为合格的君子。大学生从小受到良好的道德教育，但由于我国学校教育中"重理论、轻实践"的教育模式，使得多数学生礼仪践行能力不足，缺乏基本的礼仪常识和礼仪行为。

在传统道德伦理的文化中，"礼义廉耻"是个人行为必须遵守的隐形法律。但当前一些大学生出现礼仪缺失、行为失范、趋利忘义、人际冲突等问题，日常行为中表现出粗鲁无礼缺乏恭敬，情绪冲动毫不礼让，甚至动辄出言不逊恶语相向；人际交往中猜疑嫉妒、贬低怨恨、焦躁敏感、焦虑抱怨的情绪泛滥弥漫；自我发展中精神空虚、价值虚无、人格不健全等问题突出明显。而传统文化中所倡导的温良和顺、温恭谦让等做人准则，不急不躁、包容汇通的理想人格被抛之脑后，却被充斥于现代社会的急功近利、自私自利、违背公德、缺乏担当代替。

礼义廉耻道德观念缺乏的种种现象令人担忧，影响着大学生整体素质的提高，甚至导致社会公德水平的滑坡，危害社会的和谐稳定。因此，从传统文化中汲取智慧，对青少年进行"礼仪"教育，让他们在尊重自我、尊重他人、尊重社会的基础上，形成健全的道德观和行为规范，消解大学生对礼义廉耻道德观念认识缺乏的现象迫在眉睫。

（五）"勤俭节约、艰苦奋斗"的勤劳美德趋弱

当今社会普遍优越的生活环境，使多数学生养尊处优、好逸恶劳。有的学生"四体不勤、五谷不分"，饭来张口、衣来伸手，不爱做家务，没有劳动技能。有的学生日常生活自理能力差，懒惰习性已成常态，出门在外光鲜亮丽，室内卫生令人担忧。大学生中学习不努力钻研知识而是敷衍应付考试，择业躲避困难挑战一心只为寻求高待遇和舒适安心的工作，已成为普遍现象。

在社会不断膨胀的物欲驱使下，人的心灵会被物化，超越世俗功利的精神追求也会被弱化以至被遗忘。当今社会拜金主义以奢靡之风、享乐之风影响到社会各领域。生于高度发达的现代工业社会、长于琳琅满目的商品经济世界的大学生，被享乐主义、消费主义裹挟，物欲追求日趋奢华，攀比之风日渐盛行。有些学生滋生物质至上的择偶观、享乐主义的人生观、奢侈虚荣的消费观和投机取巧的荣誉观。追捧光鲜亮丽的明星、羡慕日进斗金的"网红"。大学生中假装努力、变相啃老、不愿就业、害怕吃苦之风悄然兴起。而勤俭节约、量入为出被有的人视为过时之举，吃苦耐劳、崇俭戒奢的美德受到冲击。由此，艰苦奋斗、勤劳俭朴等精神品质流失在岁月的打磨中，难以扎根于心。

（六）"刚健有为、自强不息"的进取精神渐弱

当前，在本应是朝气蓬勃、奋发向上的大学生群体中，出现了一种"摆烂"心理、"躺平"心态，甚至有的学生将其作为一种文化精神、一种价值追求。不得不说，这种由一种情绪释放逐渐上升到行为选择的生活态度，是一种自暴自弃、放任自我、消极处世的"反向认同"行为，折射的是学生群体在面对困难和遭遇挫败时，所生发出的强烈的无力感和逃避退缩的心理。这种心态在一定程度上满足了青年群体追求个性解放、享受精神愉悦的心理需求，但在很大程度上消解了大学生群体乐观向上、积极进取的精神追求，以致其出现得过且过、安于现状，不积极进取的焦虑心态和怠惰行为。

当代大学生多数生长于单纯的生活环境中，优越的家庭条件，父母的过分保护，使大学生缺少挫败和困难的经历。"上大学就轻松了"的说法，给予大学生消极的心理暗示。许多大学生戏谑地称自己上大学后"佛系躺平"，这其实是大学生在表达自己过分安于现状，不积极进取的消极处世态度。大学提倡自主学习、自我管理，一部分独立意识较差的学生，面对没有过分约束的大学生活，感到无所适从、迷茫失措，大部分时间沉溺于看剧、睡懒觉、玩游戏的舒适圈，久之养成消极怠惰的心理。当遇到困难和挫折时，存在依靠他人的侥幸心理，常常表现为妄图跨过试错成本走捷径，缺乏持之以恒的实干精神和坚贞不屈的抗压能力，久之也容易形成畏惧困难、患得患失的浮躁心态，而本应具有的"刚健有为、自强不息"的进取精神却逐渐减弱。

总之，置身于高速发展的信息社会，无限量的信息刺激时刻冲击着人们的思想认知，在各种利益诱惑和功名获得的驱动下，人们的社会价值观念日趋功利化，许多人在疾行中迷失了自我，丢失了初心，缺失了人生的"向心力"。现实生活中多元文化的消融与共长不断冲击当代大学生的价值观体系，学校教育中传统文化教育的弱化和缺失使学生的精神追求日益远离本真的民族本土文化，学生出现价值观取向上的迷离和偏失以及人格倾向上的迷茫和空虚，导致大学生对优秀传统文化的价值追求逐渐淡化，传统美德观念日渐淡薄，传统优良行为日渐缺失，出现传统文化认知和行为脱节的缺憾。因此，当前高校人才在一定程度上缺乏人文精神素养。

第四章
高校中华优秀传统文化教育缺失的原因考量

第一节 社会多元文化对传统文化教育的冲击与影响

一、外来文化的输入使传统文化教育受到排挤和冷落

长期以来，外来文化特别是西方文化对我国的传统文化传承产生着不同程度的冲击与影响，使国人对传统文化的认知态度经历了由闭关锁国中的自负自大，到外族入侵后的自卑盲从，到改革开放后的迷茫困惑，到当前国力强盛后的逐渐自信。由此，也导致我国当前的传统文化传承教育受到复杂历史背景的深刻影响。追溯西方文化对我国的长期影响，可使我们更客观地认清当前传统文化教育面临的现实困境。

鸦片战争后，西方国家借助强大的经济和科技实力，将其思想文化输入我国。面对西方国家的先进强大和清末政府的腐朽无能，人们不得不对西方文化进行学习和认知，在"师夷长技以制夷"的思想认知中引进和吸纳西方文化。20世纪80年代之后，随着经济全球化、信息化的发展，以美国为代表的发达国家，借助互联网、教育合作、文化交流和文化产品出口等途径，将大量刻烙西方文化印记的文化信息再次传入我国，不断冲击甚至瓦解着人们的思维方式和生活方式。20世纪末，随着全球化的深入推进，西方凭借强大的经济和科技实力，挤占了文化导向的制高点，强化了其文化优势的影响力，国人在经济科技落后的现实对比中，失却了民族文化自信，再次出现了崇洋媚外并冷落我国传统文化的现象。可以说，在一个多

世纪对传统文化体系的遗弃和外来文化的影响下，中国传统文化和西方文化交融互补，异质文明之间的冲突和整合不断凸显，我国的传统文化传承步履缓慢而沉重。

近年来，随着我国国力的增强，中华优秀传统文化在国民生活中发挥了重要作用并产生了广泛深刻的影响力。人们意识到西方文化并不能替代和掩蔽中国的文化智慧，也不能帮助中国构建新的文化体系，于是在日渐增强的文化自信中，逐渐走出了反传统主义的激进态度，重新对以儒家文化为主体的传统文化加以肯定。但是，当前中国传统文化的创新力、凝聚力、控制力和引领力仍然面临来自强大西方文化的冲击和影响，突破外来文化的渗透依然面临诸多挑战，西方文化的话语霸权、学术主导和文化张扬，使得中华优秀传统文化的传承教育受到排挤和冷落。

殊不知，外来文化的输入是伴随商品消费和信息传媒隐匿进行的，西方发达国家在输出商品的同时也在利用商品消费中的文化认同来输出、渗透意识形态、生活方式和价值观念，如电影、音乐、书籍等文化产品都裹挟着西方的"普世价值"，宣扬资本主义生活方式，学生在消费商品中潜移默化地接受外来文化的价值观念和思维方式，使西方文化不费吹灰之力实现对我国的文化移植和文化渗透。旅法学者边芹在其所著《谁在导演世界》中，解密西方对我国进行文化殖民的重要手段——通过愚弄国民，使其在莺歌燕舞、天下无忧中迎接西方的普世价值，吹响"软冷战"的号角，增强对中国的"精神殖民化"。西方别有用心地宣传我们曾经落后的一面，处心积虑地塑造我们不堪的国际形象，中国的"自丑化"电影可以进入国际舞台，中国的"伤痕文学"可以获得国际奖项，这在一定程度上影响了国人对我国优秀传统文化的正确理解和客观认知。

青少年对新鲜事物充满好奇，在外来文化思潮与我国传统文化思想的多元冲击下，面对更加开放宽松的环境和多元化的思想价值选择，容易出现价值选择的偏差和摇摆，思想意识的模糊和困惑，也容易在道德行为上产生盲目和迷茫，不经意间产生一些过分追崇、盲目追随西方文化的文化媚外现象。受教育者的思想和行为一旦发生偏移，教育者矫枉过正的教育举措就会面临严重挑战。由此，追崇西方文化的行为，使传统文化教育在一定程度上受到排挤与冷落。

二、社会不良文化的传播使传统文化教育受到冲击和影响

当前我国社会风气总体良好，但随着多元文化在社会上不断显现，不同文化在交汇融合中极易产生浮躁、虚妄和功利的社会风气。不良的社会风气在特定的社会文化生态环境中引起局部恶化，使社会上产生了形形色色、鱼龙混杂的文化现象，如电子游戏中血腥的凶杀暴力场景、影视作品中泛滥的庸俗色情画面、书籍刊物中美化的帅哥美女、"抖音"视频中真真假假的嬉戏玩闹情节、"朋友圈"中看不尽的各种摆拍照片，影视表演中无厘头地"恶搞"传统文学经典等。这些社会不良文化的传播与蔓延，很容易浸染、熏袭、误导甚至毒害大学生的思想和心理，使他们尚未定型成熟的人生观、价值观和审美观逐渐迷失方向，进而产生文化困惑、心理扭曲和行为异化等问题。

现实中，由于高雅的传统文化在大学校园中的缺位，使得流行文化、短视频文化等大众文化在大学生中迅速流行并填补空位。大众文化中裹挟着一些庸俗性与娱乐性超强的信息刺激，强烈冲击大学教育中优美高雅、朴素庄重的传统审美观和积极向上、充满正能量的人生价值观。同时，社会不良文化的长期刺激和熏染，扭曲学生的思维认知、兴趣趋向、价值追求和行为方式，使大学生容易出现责任感缺乏、功利心强、虚伪自私等道德失范问题，也容易频发违反规范、挑战权威、美化暴力、宣扬武力、崇拜明星、炫富厌贫、浮夸嘲弄等现象。由此，社会不良文化的传播使传统文化教育受到严重的冲击和影响。

三、青年流行文化的盛行使传统文化教育受到稀释和淡化

当今社会光怪陆离的流行文化良莠不齐、方兴未艾，其具有的时尚化特征，以一种强烈的同质化力量影响着大学生的价值观和审美观。价值观的同一化和从众化，使大学生的审美观发生偏移和扭曲，不同程度地出现审美趣味娱乐化、低俗化和媚俗化的问题。流行文化的诱惑和冲击，也使大学生缺乏思维的独立性而盲目追随时尚、崇尚流行，进而对传统文化形成排斥甚至逆反心理。如当代年轻人对传统节日的情怀日益淡薄，就和流行文化的冲击有很大关系。从民俗学的角度来看，西方节日大多带有休闲

娱乐、欢乐温情的色彩，一般独立于家庭之外进行，所以容易吸引年轻人的兴趣。而中国的传统节日注重团圆相聚，一般在家庭范围内进行，对好奇心强、追求新鲜刺激、喜欢同龄玩伴的年轻人的吸引力不足。所以，过"洋节日"就成为许多年轻人的一种流行时尚。

大学生对流行文化热情高涨，积极参与并沉醉其中而忘乎所以，而对传统文化的态度和心向则淡漠、疏离。流行文化以其特有的娱乐意义和意识形态影响着当代大学生的生活方式、价值观念和审美情趣。在各种享乐主义、拜金主义、功利主义等的影响下，传统文化教育的地位在大学生的心目中日渐降低，传统文化教育所弘扬的价值取向出现错位。现实中教师在讲台上倾情讲解着传统文化内容，学生却在课桌下浏览着流行的电视剧或小说。所以，青年流行文化的盛行，在促进社会文化繁荣的同时，也使大学生的传统文化教育的效果被大大稀释和淡化。

四、网络新兴文化的兴盛使传统文化教育呈现滞后和弱化

（一）网络文化弱化了传统文化的教育作用力

网络文化是以网络为载体，以计算机技术为支撑，以知识信息为内容，通过因特网进行交互传播的新型文化形态。作为信息化时代的产物，网络文化浅显快捷，信息量大、讯息更新快，自由程度高，便于获取知识和讯息，其得天独厚的优势条件，改变着现代人的生产生活方式，能够适应大学生求新、求异、求变的心理特点，受到大学生的广泛青睐。

但网络文化简便快捷的信息传递方式，对传统文化教育中浸润式、舒缓式这种按部就班、稳扎稳打的知识信息传递方式造成了巨大的冲击。传统文化以报纸、书籍、杂志等纸张为媒介的传播方式，重点在于引导学生对知识细斟慢酌、细品慢嚼，其所呈现的内容信息量有限、相对变化性不大，其所依托的自带局限性的传播媒介，无法满足信息时代人们对知识获取快捷化的需求。例如，比起耗时费力地在图书馆、书店检索信息，用手机浏览器搜索一下或用智能化的 AI 技术，即可实现在线阅读的快速阅览方式，更易受到大众青睐。大学生也更倾向于按自身需要和节奏在网络媒介中自如获取信息，如"豆包""得到""文小言"等软件平台，为其提供随心选择的学习内容，形成快餐式的学习方式。所以，在网络文化的影响下，

传统文化教育过程显得步履蹒跚，教育方式和效果也显得滞后缓慢。

（二）网络文化冲击着大学生的价值观念

网络文化的盛行，为学生传统文化教育的实施创造了全新的文化环境，提供了优越的平台和渠道。但网络虚拟世界高度的自由性和隐蔽性，充斥着鱼龙混杂的文化信息和不良思潮，影响着人们的思想意识、道德情感和价值观等。网络文化的作用就像一把双刃剑，它一方面带来先进科学技术和思想观念，给人们提供极大便利；另一方面也不可避免地带来了与社会文明进步相违背的异质文化垃圾。网络文化中的一些道德失范问题，侵袭和冲击着大学生的世界观，使学生的道德认知在迷茫困惑中无所适从；网络文化中娱乐化的倾向，使学生沉溺其中难以自拔，在价值观取向上满足于浅层认知和简单思维，而难以尽心投入蕴含深奥的哲思理念、深厚的文化内涵的知识理论的学习和探究中。事实上，网络文化已成为大学生不可缺失甚至严重依赖的生活内容，若使用偏失，对学生价值观及健全人格的形成十分不利，传统文化对学生应有的教育作用力和影响力也呈现日渐弱化的趋势。

五、消费文化的蔓延使传统文化教育趋向失衡与迷离

随着人们经济实力的增长和物质生活水平的提高，借助现代信息传播媒介，社会上逐渐形成盲目追求金钱财富和尽情炫耀物质生活的消费文化。消费文化借助网络传媒和人际交往在社会上广泛蔓延，自然也涌入大学校园生活。大学生在被现实生活的包裹中，在休闲娱乐、闲暇生活之余，难免会受到消费文化的强力影响。消费文化的吸引力滋长了人们的攀比心理、羡富心态，助长了人们功利性的价值追求和私欲的无限膨胀。消费文化的蔓延，也以强烈的同质化力量单面塑造着大学生的价值观，使大学生的价值追求世俗化、功利化。现实生活中拜金、尚物、贪图享受、不劳而获的思想强势蔓延；追求安逸、超前消费成为攫取利益的普遍心态；铺张浪费、露富藏贫、摆阔气、讲排场、浮华不实蔚然成风。有人形象地说，今天的大学生"吃的是薯片、用的是芯片、看的是大片、穿的是名牌"，反映了当代大学生热衷于享受现代生活的消费心理。事实上，如果为满足物质欲求费心竭力，其直接后果是群体消费主义的恶性蔓延，人们在攀比心态中的

消费心理趋向失衡与迷失。

随着网络的普及发展和电子媒介的兴起，智能手机、平板电脑等通信工具作为消费文化的主要载体，以其高效的传播速度、海量的传播内容携带网络空间中的纷繁信息，以极具视觉冲击力的多彩世界和娱乐化的表达方式不断刷新着大学生的消费观念和消费取向。网络中琳琅满目的商品、色香俱全的美味、时尚潮流的服装，不断吸引着学生的眼球，迎合了当代大学生追求新颖独特、时尚流行的审美需求，减少了大学生探究枯燥乏味、抽象深奥的知识理论的理性追求。满足物质欲求的消费文化远比刻苦求学的精神追求更使人身心愉快，获得心仪物品的愉悦心理，使得大学生欲罢不能，不断追求更高的消费满足。捉襟见肘的有限金钱用于满足无限欲求的物质消费，就难以再投入对知识文化的理性消费中。

大学生通过网络消费，可接收到大量多元的新知识、新思想和新观念，可进行多元的网上工作、休闲娱乐和自主消费，在节约了大量生活成本和时间成本的同时，也滋长了享乐主义、功利主义等网络消费思想。当前，越来越多的年轻人将"及时行乐、佛系躺平"作为一种生活态度、一种文化精神甚至是一种价值追求，这在一定程度上满足了青年群体追求个性解放、享受精神愉悦的心理需求。但是，当大学生群体积极的主流文化意识被愉悦的消费文化冲击，传统文化的支持群体就面临日渐流失的窘境。由此，消费文化的传播和蔓延，改变了大学生获取信息、交流沟通和休闲娱乐的方式，使高校传统文化教育趋向失衡与迷离的发展态势。

第二节　高校中华优秀传统文化教育的导向性与支持力不强

当代大学生传统文化素养缺失的原因，固然有其复杂的历史背景和现实问题，但从深层次角度分析，这和学生的传统文化教育有必然的关系。现代学校教育的功利性、大学人文教育的失衡，忽视了将优秀传统文化融入立德树人教育的重要性。高校教师课程文化意识淡薄，对传统文化教育的理论研究较为浅显。从学校教育体系来说，从理论教育到实践活动，从显性课程到隐性课程，从课堂教学到校园文化建设，基本缺乏完整、全面、系统的传统文化教育的顶层设计和体系建构。教育理念中对优秀传统文化的认知不足，尚未建立起完善的"优秀传统文化进校园"的支持系统。这一切从表面上看是因现代化的快节奏生活挤占了人们享受生活的情趣，但从深层次角度分析实则是学校传统文化教育的导向性与支持力不强所致。

一、传统文化教育认知模糊，教育策略指导缺乏

（一）传统文化教育认知模糊，非重视化倾向明显

尽管近年来我国政府较为重视传统文化传承教育，但学校教育中普遍存在忽视传统文化传承教育的倾向。高校教育一般重视专业的、实用的教育体系构建，轻视非专业的、虚用的教育内容传承；重视纯粹的、单一的就业文化知识的掌握，忽视丰富的、多样性的人文素养的培育。一些学校在原则或口头上强调传统文化教育的重要性，但在实践中却未必践行传统文化教育，出现了表面上强调重视传统文化传承教育，而实质上忽视传统文化教育工作的倾向，即存在"形式上重视"而"实践中忽视"的状况。

高校教育者对传统文化教育的认知，更多是从笼统宏观层面的大致了解、模糊认知，而对传统文化教育的内涵意义、现代价值、内容类型、表达形式、发展趋势等理解不清晰，认知不明确。有学者指出，我国高校对传统文化的理解，多限于节日、书法、艺术、乐器表演等方面，也有学校将传统文化教育与语文、历史、地理和政治等课程结合起来，并以学校社团和兴趣小组所开展的文化活动为载体，开展诸如古诗吟诵、传统技艺表演等活动，也有人狭隘地认为传统文化教育就是国学教育。如此，导致高校的传统文化教育内容各自为政、零星分散，缺乏系统性和规划性。

（二）传统文化教育缺乏理论性的策略指导

一种教育体系的构建或教育机制的稳健运行，需要强有力的教育思想或教育理论的指导。但当前高校的传统文化教育缺乏具有方向性引导的教育思想和策略性指导的方法理论。传统文化教育目标的定位、内容范围的确定、学习方法的创新、引入机制的建构、教育方式的选择、教育过程的实施与教育结果的评价等一系列影响教育成效的问题，以及传统文化教育传承模式和渗透方式的可行方案等，均缺乏相关的理论指导、学术支撑及

相应的激励与制约机制。

部分高校以及教育工作者对传统文化的育人理念、内容范畴、表现形式等认知不足，对需要融入高校教育的传统文化内容缺乏专门的研究，对施教的内容或组织的活动缺少系统性设计与整体性规划。各高校的传统文化教育内容基本依托鲜少的传统文化课程的局限性传授、非传统文化课程的融入性讲解和课外活动的随机性开展而进行，整体上缺乏对传统文化教育资源的系统性整合和针对性利用，客观上存在传统文化知识传授碎片化、课程设置孤立化、教学方法随意化等现象。所以，缺乏科学客观的理论性指导，使得各高校的传统文化教育基本处于自行其是、自我摸索和自发探究的"个性"的发展状态。

二、功利性教育思想明显，教育目标人文性弱化

（一）功利化教育思想弱化教育目标的人文性

在市场经济和高等教育大众化的时代背景下，高校功利主义教育占据主导地位，在人才培养目标上就业导向明显，偏重"应用型人才"的培养，忽视、淡化人文性素质培育的人才培养目标。在育人过程中偏向知识灌输、技能训练，注重学生学业成绩的考核与评定，轻视文化涵养、精神熏陶，缺少对学生内心的关爱和精神的引导，导致人才培养出现与立德树人教育目标存在"偏差"的现象。

一些高校对大学生道德思想与价值理念的培育和引导浮于表面，注重形式，忽视对学生自省、自知和自觉能力的培养，缺失对学生自我认知和内在成长的指导和支持策略。同时，也忽视传统文化内容中人文性知识的融入，缺失对中华传统文化所蕴含的民族精神、道德情操、人文涵养的传播与弘扬。在传统文化教育工作中，不能充分发挥中华优秀传统文化的育人功能和价值引领作用，导致传统文化教育的系列性工作缺失，前瞻性工作缺位。

（二）传统文化教育缺乏明确的目标任务和发展导向

传统文化教育应达到怎样的标准和要求，应在高校的顶层设计中做出明确的目标导向和规范要求。尽管 2017 年教育部颁布的《完善中华优秀传统文化教育指导纲要》对高校传统文化教育有较为明确的规定，但落实到

具体实践中，各高校的传统文化教育仍缺乏具体明确的目标要求、发展导向和工作思路。

整体上各高校有计划、有组织、常态化进行的传统文化教育活动较少，偶有进行的活动内容受政策导向和时势动态影响较大，呈现目标导向不明确、内容组织不稳定的活动样态。如举办活动时哪方面能聘上教师，就偏向学习哪方面的内容。至于活动内容的实际效果怎样，罕见形成可资借鉴和推广的经验，更少有专门的结果分析和策略研究。活动内容的目标达成和长效机制如何保障，更是鲜有人问津。传统文化传承教育整体上呈现出的计划性和连贯性不足的无序发展状态，使得各高校的传统文化教育存在一定的盲目性和随机性。

三、主流文化教育导向力不强，教育内容指向不明

（一）学校主流文化的教育导向力不强

西方以物质文化为核心的理念与我国儒家精神思想文化道德观念相悖，但它却猛烈地冲击着几千年来影响中国人道德行为的儒家伦理规范。传统的行为规范遇到利己主义和工具主义的文化张力时，会使大学生处于无所适从的矛盾旋涡，容易陷入焦虑、彷徨、浮躁和困惑。此时，强有力的主流文化的导向和牵引，会使学生避免出现文化困惑。

但我国主流文化的导向和影响在课堂和教材中局限性地发挥作用，在网络阵地和媒介宣传中却发力不足，学生在正统教育中形成的价值观有时很容易被铺天盖地、无孔不入的网络信息和影视媒介包裹，正向的教育有时难抵更贴近生活、更满足人性需求的某些歪理邪说。隐性的不良文化氛围也在时刻冲击着大学生单纯、好奇的心理世界，不停挤占大学生的思想空间。而主流文化导向发力不强，会使不良文化乘虚而入冲击主流文化的教育作用力，由此容易导致大学生产生文化选择上的偏差以及文化认同上的危机，甚至产生文化困惑和行为失范，自然就难以产生传承传统文化的自觉意识。

（二）学校传统文化教育的内容指向不明确

文化建设的核心问题是文化传承的途径和文化内容的选择问题，传统文化内容丰富繁杂，在实践教育活动中，应选择哪些内容进入学校？哪些

内容应进行专门性的学习，哪些内容应进行渗透性的学习，都应有专门的内容指向和框架范围。但高校普遍缺乏必要的、专门的教育内容要求或教育范畴指向，导致在学校层面难以确定明确的学习内容指向，学生学习的内容零星分散、单一肤浅。实践中，各高校的传统文化教育内容各有侧重，缺乏统一要求，未能形成统一而完整的教育内容体系。如有的学校侧重于思想哲学的传承，有的着力于文学经典的传诵，有的侧重于民族歌舞的演练，有的侧重于民间工艺的引进，有的致力于校园文化的环境熏陶和展览宣传，有的即兴举办一些艺术表演、节日活动或主题比赛。虽然学习内容多样，但终归是各行其是，缺乏共同的、明晰的内容指向。

有部分高校尽管编撰了中华优秀传统文化的相关读本、教材或使用一些统编教材内容，但在种类数量、内容选择编排、对接大学生思想政治教育要求等方面，还缺乏长远规划和科学安排。现有研究中编撰的传统文化教材用书、教育读本等，多数侧重理论知识的整理概括，可操作性不强。对中华优秀传统文化在新时代的创造性转化、创新性发展研究不足，知识内容陈旧繁杂，缺乏系统规范的知识学习体系，迫切需要适应于当代大学生学习心理的现代化新形态教材。

四、传统文化教育方式单一，教学方法创新不够

多数学校缺乏传统文化物质环境的营造和创设，校园内呈现传统文化元素或古典韵味的景观设计稀缺，有特色的传统文化宣传展示活动鲜少，传统文化教育氛围不浓厚、隐性育人功能发挥不充分。虽然大部分高校不同程度开设了诗词、书法、国画、茶艺等传统文化课程，但教学组织大多是形式单一的文化"移植"式学习，或照本宣科、理论灌输式的讲授式教学，忽视与德育及其他课程之间的连接和配合，缺乏建设与传统文化学习相匹配的教具或场所，学生的学习更多是隔靴搔痒，成效不佳。

许多学校传统文化教育的组织形式简单无序、枯燥乏味，在传承方式、传承途径和传承方法上各行其是，对教育教学过程缺乏科学研判与评价，基本上缺少创新性的教学方式。如有的依靠任课教师理论讲授，有的聘请非物质文化遗产代表性项目传承人讲解示范，有的依托学生自主学习，有的依靠校园文化活动进行宣传，整体上缺乏对现代教育技术的创新性应用，

缺乏与现代信息知识的创新性结合，更缺少根据学生特点和成长需要，开展互动性、体验性、实践性的活动形式。

在涉及传统文化的课程教学中，教师的教学方式一般重理论轻实际，教学过程多是浮在面上的宏观笼统、泛泛而论的概要式讲解，很少针对具体内容进行深入细化的剖析式讲解，往往讲不深讲不透，甚至曲解相关内容。在教学方法上也多是让学生粗浅地了解知识、机械地诵读经典、简单地识记常识、生硬地模仿技艺，形式教育意味浓厚，学生"只见树叶不见森林"，片面理解传统文化，而参与式、体验式及探究式的深度学习很少，导致对知识内容的理解歪曲化和刻板化，抑或是不求甚解，敷衍了事。所以，传统文化教育亟待创新教育教学方式，以促进学生真正投入学习，增强传统文化教育教学效果。

五、传统文化教育协调机制不完善，师资队伍不足

（一）传统文化教育的协调机制不完善

从系统论视角来看，传统文化教育是一项系统性工程。也就是说，传统文化教育需要从大局出发，树立社会、学校、家庭和个人相结合的协同教育机制和制度保障。然而，当前我国整个社会尚未形成传统文化教育合力，高校在教育体系上缺乏立体鲜活、全面系统的协同机制，在教育措施上存在渗透力度不够、普及程度不高的问题。从调研的反馈情况来看，在制度层面没有发现有效的保障机制，传统文化传承只是停留在理论上或形式上，优秀传统文化的传承弘扬与创新发展无法得到真正落实。

国家层面尚未建立起完善的传统文化教育机制，所发布的系列传统文化传承文件，对学校教育虽有较强的指导作用，但缺乏强力实施的保障机制和实施效果评价机制；社会关注更多的是传统文化的宣传展示，一般依托文化节活动或城市形象宣传，更多关注传统文化的经济政治效应，未形成与学校进行联合教育的协调机制；家庭普遍重视一些风俗节日、家风家教、诗词礼仪等方面的传承教育，但多处于择机而教的自发教育状态，未形成和学校教育相配合的协同机制。

学校注重的是传统文化内容的讲授与传播，一般通过课程文化渗透和校园文化活动进行，较少和社会宣传与家庭教育结合起来，与社会文化组

织和团体活动的合作稳定性不高，可持续不强，尚未形成科学有效的教育机制和教育模式。特别是高校对传统文化教育缺乏专项经费支持，缺乏一以贯之的政策支持，缺乏强有力的、专门的传统文化师资保障，缺乏系统的教材内容和教学资源支持。因此，社会、学校、家庭没有形成有效结合的协同教育机制，传统文化传承教育缺乏有效的支持系统。

（二）传统文化教育的师资队伍不足且不稳定

由于高校课程体系中的传统文化课程开设较少，且处于边缘地位，一方面高校普遍忽视传统文化教育的师资培训，整体上教师的传统文化知识储备不足、传承意识不强、责任心不高、教学能力有限；另一方面教师们更愿意致力于专业核心课程的教学工作，而较少关注或不愿付出时间精力承担传统文化教育任务。有的学校是一些热爱传统文化的在职老师在潜心研究中引导学生学习，有的学校专门聘请一些民间传人进行传统文化技艺传授。在职老师基本没有接受过传统文化知识技能的培训，只是凭着对传统文化的粗略了解和精心备课，这是很难优质高效地完成传统文化的传授任务的。民间传承人和技艺人有着独特的传统文化知识技艺，但非常难寻找到适宜的传承人，文化传授时间也难以保证。

传统文化教育在很大程度上需要依靠稳定的师资队伍，但事实上高校中很多老师的文化素质和教学水平难以承担传统文化教学任务，教学中能自如引用、应用和践行传统文化内容的老师有限。许多教师自身的传统文化底蕴不足，对传统文化的理解肤浅化、片面化，缺乏对传统文化所蕴含的思想内涵、理论精髓、民族精神、价值追求等的溯源剖析与深刻理解，对传统文化教育存在的问题、融入立德树人教育的实践策略等都缺少科学认识，在教学中感觉头脑空，心里虚，只能照本宣科式地简单讲授、概要说明。因此，传统文化教育的师资力量难以保证且不稳定，严重影响传统文化在学校教育中的传承与发展。

总之，在全球一体化进程的影响下，文化的多样性被逐步消解，传统风俗习惯不断被现代文明遮蔽，凝结民族智慧的知识和技艺传承后继乏人，人类文化的普同性逐渐取代文化的多样性。中华传统文化在学校课程体系中无足轻重，学生实质上接受传统文化教育的途径不足、内容有限，对民族文化知之甚少。长此以往会导致传统文化的萎缩甚至衰落。因此，超越以现代知识为中心的单一化的课程体系和教学模式，改变学校未能有效传授传统文化的现状势在必行。

第三节　大学生中华优秀传统文化学习的需求与动力不足

如前所述，大学生传统文化素养的缺失，与高校传统文化教育的缺位密切相关。此外，信息时代多元文化的冲击和影响，社会环境中学习与传承传统文化的支持系统不足，家庭教育中传统文化氛围的熏陶和感染不强等诸多因素也影响了大学生传统文化素养的形成与发展。同时，学业和就业压力的增大，使大学生的心理问题增多，大学生自身对传统文化的学习需求和学习动力不足、学习旨趣和学习动机不强，以及传统文化传承的文化主体性意识不足等，也是导致大学生传统文化素养不强的重要原因。在此，本研究主要从功利化的学习目标、浅表化的学习方式、价值观取向的偏失、文化认同的不足、个人主义思想的凸显方面，分析大学生传统文化素养不足的原因。

一、功利化的学习目标弱化了传统文化的学习需求

随着高科技的迅猛发展，智能化的技术应用日益广泛，当今社会对人才素质的要求越来越高。大学生为了应对职业竞聘的需求，大学期间将学习目标主要定位于满足就业竞争的需要，呈现出浓厚的功利主义色彩。一般而言，在功利目标的驱使下，人们价值观念的工具理性会远远凌驾于价值理性之上，在价值选择上会形成一种不自觉的本能，即用功利的标准衡量一切，以"有用"作为参与活动和行为目标的意义判断和价值标尺。功利性的就业目标学习取向，使得大学生在始终心系毕业要求和就业需求等现实压力，愿意将时间精力和努力心向，致力于专业知识的学习和就业所需资质的获得，而无暇顾及非专业性知识的学习，更会忽略自我修养和人格境界的提升。

专业知识的学习任务重、压力大，考取各类应用性证书也需要投入相

当的时间和精力。在有限的时间和精力内，大学生的精神状态普遍浮躁，只关心功利目标的实现和现实社会的需要。而传统文化的核心价值趋向于"重义轻利"，提倡自我修养和人格境界的提升，对于具有功利化倾向的大学生而言，很难将此作为行为的准则。许多学生认为优秀传统文化虽然具有重要的教育价值，但在实践工作中并不实用，难以带来立竿见影的实际效用，对解决就业等现实问题难有实质性的帮助。同时，大学生在功利化学习中逐渐失去刻苦钻研的耐性，出现疲于思考、漠视文化学习提升文化修养的惰怠心理。许多学生的求知心变成了功利心，理想与信念渐趋淡漠，俗世化的倾向日趋严重。在趋利而行的心态驱使下，他们自然不会选择传承优秀传统文化这条"无利可图"的路。如对大学生课外阅读书目的调查结果显示，当前大学生在课外阅读中一半以上时间投入在应用型书籍中，有相当多的时间消遣在娱乐休闲类书籍上，而对古代经、史、子、集却很少涉猎，传统文化知识的学习放在可有可无的位置。可见，大学生对传统文化的学习意愿和学习需求明显不强。

二、浅表化的学习方式淡化了传统文化的学习兴趣

大部分大学生对传统文化在理念上是认同的，在情感上是亲近的，普遍认为传统文化应该得到传承与弘扬，也希望加强自己的传统文化素养。然而当真正深入学习传统文化内容时，许多学生却缺乏学习兴趣，很难竭心尽力地投入学习状态中。因为信息化社会获取知识的便捷化和多元化，改变了人们的学习方式，网络资源中唾手可得的知识信息使大学生的学习呈现信息化、碎片化的发展样态。相对来说，花费几分钟阅读一篇小短文，总比花费数小时学习传统典籍要轻松得多。所以，大学生逐渐丧失了主动探究、反复探索文化渊源的积极性，不愿花时间深层阅读具有深厚内涵的历史、文化等书籍，也难有定力深入系统地静心品味经典作品。

大学图书馆的图书借阅记录显示，《论语》《孟子》等经典古籍，《水浒传》《红楼梦》等名著很少有学生借阅，说明大学生缺少静心阅读精深的古典著作的主动性。在现实生活中，一些大学生虽然对探究文化充满好奇心，但却容易在遭受挫折后选择放弃而不再坚持，特别是在文化践行方面表现出懒惰散漫的状态。其实，这在一定程度上说明，改变传统文化的传承方

式势在必行，如深入挖掘传统文化的本质内涵，通过数字多媒体形式，将静态的文字转换为动态的可视听学习材料，会有力激发学生的学习兴趣。

大学中开设的一些普及性的传统文化课程，虽然在内容上通俗易懂，在形式上图文并茂，但多数内容只是浅层次的介绍说明，笼统性的总结概括。对于已经具有一定传统文化知识积累的大学生来说，尚显简单浅显、陈旧乏味。同时，传统文化教学活动一般以赏析式、浅层次的学习了解为主，呈现为一种浅表化的教学状态，难以促进学生对传统文化知识内容的深层次理解。一些大学生对传统文化的兴趣更多停留在口头上，很少落实到实际行动中进行主动深入、专门系统的研究性学习，他们选修传统文化课程，多是出于获取易得学分的重要考量，对待学习的态度更是浅尝辄止、敷衍塞责，学习效果自然也不尽如人意。再加上传统文化教学过程枯燥单调、形式单一，难以激发学生的学习兴趣。久而久之，学生对传统文化的学习兴趣趋于淡薄、流于表面，学习与探究传统文化的学习热情也逐渐趋于平淡。

三、价值观取向的偏失掩蔽了传统文化的学习动机

大学生处于人生观、价值观发展不稳定的时期，他们知识储备有限、社会经验不足、思想较为单纯，辨别是非、识别真伪的理性批判和鉴别能力不足，防范意识和自我保护能力较差。当前社会发展日新月异，生活中一些不道德和不文明的现象，网络中一些"恶搞"和媚俗等消极言行，以各种碎片化、泛娱乐化倾向的刺激和诱惑，冲击着大学生对主流文化的正确认知。面对多元价值取向中各不相同甚至激烈冲突的价值选择，大学生面临前所未有的困惑与忧虑。许多学生缺乏深度思考和分辨力，难以做到独善其身而不为复杂乱象所迷惑、不因利益诱因而迷失，反而容易对良莠不齐、光怪陆离的社会文化趋之若鹜而沉迷其中，也极易被带偏方向而失去价值选择上的方向感，使得思想认知呈现多元化、复杂化发展趋势，这在某种程度上弱化了对传统文化的学习动机与学习需求。

理想指引人生方向，信念决定事业成败。我们如果没有理想信念，或是理想信念不坚定，精神上就会"缺钙"。大学生面对的核心问题是就业竞争激烈和自身能力不足的矛盾，这使得一些学生产生自我怀疑、自我否定

的失落情绪，甚至出现理想信念失调，人生定位模糊，价值追求迷茫的困惑心理。而现实中"利己、实用、享乐、拜金"等观念不断侵袭大学生的思想道德和价值领地，在其价值追求迷茫的心境下，很容易受到负面影响，从而导致其精神上的"缺钙"。如有些学生受拜金主义、享乐主义、功利主义等消极因素的影响，在理想与现实之间产生价值追求的失落感，出现文化认知困惑、道德认知失衡、道德行为失范甚至价值判断扭曲等现象；有些学生因网络引诱、消费主义思潮影响，淡化了对真知的渴望、迷失了对理想的追求，衍生出个人本位、价值失落、信念缺失、道德滑坡等价值观取向偏失的问题。而价值观取向的偏失，易使学生产生对主流文化的疏离感和否定感，更难以产生积极主动学习传统文化的学习动机。

四、文化认同的不足阻滞了传统文化的学习动力

文化认同是指个人在对所属文化学习、了解的基础上，受其文化影响进而对所属文化产生的认可和接纳心理。调查数据显示，"00 后"大学生对我国优秀传统文化的传承和保护怀有强烈的责任心和使命感，但对传统文化的认知程度较低，关注度不够，接受心态并不积极。在西方文化价值观的冲击下，一些大学生对传统文化的文化认同出现偏移，不同程度地存在着漠视优秀文化传统的问题，由此出现文化自信心和自豪感的减退。不少大学生尽管对西方文化了解肤浅，却盲目推崇、趋之若鹜，错误地认为科学技术先进就等同于文化先进，西方化就等于现代化，从而片面欣赏、追求西方的价值观念和生活方式，这在一定程度上折射出大学生缺乏清醒的文化自觉和明确的文化认同。就拿近两年广受欢迎的汉服马面裙来说，虽然其历史可以追溯到宋辽时期，但如果不是一场因 2022 年 7 月某国际品牌被指抄袭马面裙，一些华人和留学生身穿汉服在巴黎街头举牌抗议，呼吁其停止文化挪用的风波，可能马面裙难以"出圈"被国人广泛认知。

实际上，没有对传统文化的实质性学习和了解，是感受不到其高深内涵的，也是难以产生文化认同感并生发学习动力的。许多学生对传统文化的熟知程度，仅限于大学之前的学习所得，而对传统文化知识内容了解肤浅局限，是掌握不到传统文化的内涵和真谛的，更谈不上对其进行弘扬与传承了。反之，一旦了解到传统文化的魅力，则会对其大力弘扬并产生学

习动力。如"马面裙抄袭风波"后，不少汉服爱好者自发科普马面裙相关知识，创新出更多马面裙的日常搭配方案，让更多人骨子里的传统文化血脉觉醒，增强了马面裙的传承性和时尚性，推动"国潮热"的不断升温。2024 年春节"新春战袍"汉服马面裙成为热门产品，"曹县卖了 3 亿的马面裙依然供不应求"等话题登上网络搜索平台热门榜单，电商平台上"马面裙"搜索量暴增，各大春节晚会上也不乏穿着马面裙拜年的身影。这些充分展现了人们由于文化认同会自然产生传承与创新传统文化的热情，也折射出年青一代内心潜在具有传承与弘扬传统文化的爱国热情和学习动力，在适当的条件下会爆发。而文化认同的不够，直接导致大学生对传统文化发展动态缺乏关注热情与自觉思考，甚至有意逃避现实问题，最终使学生缺乏对优秀传统文化认知的主动性和践行的自觉性，自然也会在一定程度上阻滞了大学生对优秀传统文化的学习动力。

五、个人主义思想的凸显遮蔽了传统文化传承的文化主体性意识

文化主体性意识是指传承传统文化的文化自觉意识。当代大学生多为独生子女，父母的宠爱，生活条件的优越，让其"恃宠而骄"。西方个人主义、新自由主义等社会思潮的影响，滋长了学生的以自我为中心的心理和唯我独尊的心态。在市场经济条件下，个人的价值、利益和意愿得到了充分的尊重和认可，为个性的张扬提供了广阔的空间，但另一方面也导致个人利益的无限满足和个人欲求的无限膨胀。处于市场经济大潮中的大学生，难免受个人主义思想的影响，产生追求自身利益、以自我为中心的利己主义思想。有的大学生在观念上固守私欲，在道德上执念于私利，在行为上偏执于自我。有的大学生陷于网络信息中的不良诱惑，个人利益至上的价值观凸显出恶性膨胀的趋势。

狭隘的个人主义的价值追求和思维方式容易使大学生迷失方向，而缺乏与自己内心对话的自我觉察与反省。狭隘的个人主义思想观念和行为取向也容易使大学生在随波逐流中过度依赖他人的评价和认可，而缺失自己的独立认知和自我认同。高校教育者如果不能及时对大学生的个人主义思想加以正确引导，则很难避免大学生的人生观、价值观发生消极变化。一项有关高校大学生行为意向的调查表明，45% 的学生没有担任班干部的意

愿，55%的学生不愿意参加校内活动。这说明有不少大学生不信任和苛刻对待他人，与人交往困难，团队协作能力不足，这是大学生个人主义盛行和团队意识薄弱的结果。可见，个人主义思想的泛滥，很大程度上会使个体的思想认知沉迷于自我世界，行为品性专注于自我实现，而传承弘扬与创新发展中华优秀传统文化的责任担当感和历史使命感，则难以在思想认知和实质行为上得到强化和提升。由此，个人主义的凸显，遮蔽了传统文化传承的文化主体性意识。

现实中，快节奏的生活讯息和外部环境使大学生应接不暇，给其自我认同带来干扰。数字化媒体的普及和使用使得一些大学生过度沉浸在虚拟世界中，缺乏独立思考和自我反思的契机。社交媒体的表面化和虚假性使大学生追求外在形式和虚幻的认同，而忽视真实的内在自我。校园攀比现象的蔓延、现代文化消费观念的盛行、个人主义思想的凸显，使大学生难以在文化内生层面上产生自我认知、自我分析和文化自省。所以，从外力层面提升学生的传统文化素养，积极改进与不断完善传统文化教育举措，是中国式现代化建设背景下高校传统文化教育的必然选择。

总之，在新的历史环境下，中国传统文化的传承与弘扬经历着前所未有的挑战，当前高校传统文化教育内容的缺失、大学生传统文化素养的不足，都对高校的人文教育提出了重新审视、规划和落实的发展要求。张岂之教授曾明确指出："作为中国的大学生，要有一个立足点，即要对中国历史文化有一定的修养。惟其如此，才能有辨识世界文化的能力，才能有更高度的爱国情操和民族情感。没有自己传统历史文化的武装，是无法在现代社会生存的，因为越是国际化，越要民族化。"所以，对大学生进行传统文化教育刻不容缓。

第五章
高校中华优秀传统文化的教育路径探究

第一节　高校中华优秀传统文化的教育原则定位

解决当代人类问题，要从现实中寻找答案，也要从历史中汲取营养。在推进中国式现代化建设的时代背景下，传统文化教育所面临的诸多问题，启示我们必须重新审视和剖析传统文化的教育路径，使中华优秀传统文化成为推动国家强盛、民族发展、社会进步之动力。近年来，国家高度重视传统文化教育工作，在推进中华优秀传统文化的传播与传承方面颁发了一系列重要文件，采取了积极的举措。

2014 年 3 月，教育部印发《完善中华优秀传统文化教育指导纲要》，阐明加强中华优秀传统文化教育的重要性、紧迫性，阐释其指导思想、基本原则和主要内容，提出分学段有序推进中华优秀传统文化教育并系统融入课程和教材体系，全面提升师资队伍水平，加强中华优秀传统文化教育的多元支撑、组织实施和条件保障。

2017 年 1 月，中共中央办公厅、国务院办公厅印发《关于实施中华优秀传统文化传承发展工程的意见》，对加强中华优秀传统文化教育的重要性作了深刻阐述，指出要将中华优秀传统文化贯穿国民教育始终，把中华优秀传统文化全方位融入教育的各环节，明确了大中小学各学段传统文化教育的基本要求。

2018 年起，教育部支持清华大学等 106 所高校陆续建设中华优秀传统文化传承基地，依托线上线下课程，发挥课堂主渠道作用，围绕课程建设、社团建设、科学研究、展示交流等方面，激发大学生传承中华优秀传统文化内生动力。

2020年陈宝生接受采访，提出要大力推动中华优秀传统文化进校园，并提出要着力实施三个工程：一是固本工程，优秀传统文化覆盖从小学到大学教育各个阶段；二是铸魂工程，要将优秀传统文化融汇于教材体系之中；三是打底色的工程，要让优秀传统文化贯穿在人才培养的全过程。

2022年10月，党的二十大报告指出："增强中华文明传播力影响力。坚守中华文化立场，提炼展示中华文明的精神标识和文化精髓，加快构建中国话语和中国叙事体系，讲好中国故事、传播好中国声音，展现可信、可爱、可敬的中国形象。"

可见，高度重视、积极倡导并采取积极举措进行传承与弘扬中华优秀传统文化的指导性和引领性工作，一直是党中央的重要决策。所以，深刻理解并充分发挥中华优秀传统文化内蕴的现代教育价值，对中华优秀传统文化的传承与教育工作具有重要的指导意义。当前，中国高等教育处于全球文化与科技主义潮流的裹挟之中，党的二十大报告关于中国式现代化本质的阐述，为高校的人才培养规划创设了新的发展图景。立德树人、教育的高质量发展和丰富学生的精神世界成为新时代高等教育创新发展和人才培养的重要导向。"扎根中国大地办大学"的思想，要求高校传承与弘扬体现中国精神的优秀文化。

因此，践行党的二十大精神，引领当代大学生传承传统文化精华，坚守传统文化自信，培育传统文化传承的文化自觉，构筑具有丰厚传统文化底蕴的精神世界，成为促进高等教育高质量发展的必然要求。高校开展传统文化教育牵涉思想导向、教育方针、教育结构、教育内容和教育方法等诸多方面，教育者要着力思考如何将优秀传统文化内容转化为师生交往的具体行为、转化为学生身心成长的动力源泉。因此，高校传统文化教育首先要遵循基本的原则，依照基本的要求有序开展。

一、坚持正确导向，传统文化教育与现代思想政治教育相适应

党的二十大报告指出："实践没有止境，理论创新也没有止境。不断谱写马克思主义中国化时代化新篇章，是当代中国共产党人的庄严历史责任。

继续推进实践基础上的理论创新，首先要把握好新时代中国特色社会主义思想的世界观和方法论，坚持好、运用好贯穿其中的立场观点方法。"① 为此，进行传统文化教育，首先应坚持正确的思想导向，确立符合我国思想政治教育的指导思想。思想政治教育是把一定社会的思想观点、政治准则和道德规范转化为受教育者的思想品德的教育活动。我国的思想政治教育以马克思主义为指导，目的在于引领学生树立正确的世界观、人生观和价值观，成为社会主义的建设者和接班人。学者孙正林提出，要研究思想政治教育与优秀传统文化教育有效整合、共生双赢的教育新模式，以思想政治教育体系作为传承弘扬优秀传统文化的重要载体。高校思想政治教育创新应以深入挖掘社会主义核心价值观所承载的中国优秀传统文化底蕴为突破口，有意识地加大中国优秀传统文化教育在教育内容中的权重。②

在社会风气较为浮躁、价值取向较为功利的社会背景下，高校传统文化教育与思想政治教育相结合，应选择传统文化中优秀的思想理念、合理的政治准则和良好的道德规范，有效纳入学校立德树人教育全过程。如此，一方面丰富学校的思想政治教育内容，发挥高校的文化育人功能；另一方面提升大学生对中华优秀传统文化的认知，引领学生在思想观念、价值追求、文化认同和道德行为上的积极改变。落实到实践中，可以从以下两方面发力：

（一）传统文化教育应以马克思主义为指导

党的二十大报告指出："马克思主义是我们立党立国、兴党兴国的根本指导思想。"③ 所以，马克思主义基本原理应成为高校思想政治教育的核心内容。马克思主义基本原理的视野囊括整个世界历史的发展过程，与中国传统文化具有理论上的相似性和契合点，能够与我国优秀传统文化有效相融，能够对优秀传统文化的创造性转化和创新性发展给予科学的理论指导。

---

　　① 习近平. 高举中国特色社会主义伟大旗帜　为全面建设社会主义现代化国家而团结奋斗——在中国共产党第二十次全国代表大会上的报告（2022 年 10 月 16 日）［N］. 人民日报，2022 - 10 - 26（2）.

　　② 孙正林. 论高校传统文化教育自觉［J］. 国家教育行政学院学报，2014（8）：17.

　　③ 习近平. 高举中国特色社会主义伟大旗帜　为全面建设社会主义现代化国家而团结奋斗——在中国共产党第二十次全国代表大会上的报告（2022 年 10 月 16 日）［N］. 人民日报，2022 - 10 - 26（2）.

所以，传统文化教育以马克思主义为指导，应成为中国式现代化建设中高校开展传统文化传承教育的基本原则。

鉴于此，高校要与时俱进，不断解放思想，重视教育思路与教育观念的转变，革新立德树人的教育路径。为此，高校应积极引导大学生深刻理解马克思主义理论与中华优秀传统文化的关系，将马克思主义思想理论的学习与中华优秀传统文化的传承相结合，不断探索新时代大学生传承弘扬与创新发展中华优秀传统文化的新途径，不断探究符合时代特点、顺应大学生兴趣的方式方法，引领大学生传承与发展中华优秀传统文化。同时，高校的传统文化教育要时刻秉承与坚持以马克思主义思想为主导，充分运用马克思主义理论精髓丰富延伸、创新发展中华优秀传统文化。如在马克思主义思想的引领下，创新性地将"尊崇正义、诚实守信、爱岗敬业、仁爱之心、礼义廉耻"等理念，熔铸到对大学生的品行塑造中，促进学生良好个性品质的形成和发展，以有效实现对中华优秀传统文化的传承。

（二）传统文化教育应与社会主义核心价值观相吻合

西方国家利用大众传媒传播其文化理念和思想价值观，在不同程度上影响和作用着我国高校大学生的思想观念、价值取向和行为准则。现实生活复杂的逻辑性和不确定的挑战性警示我们，要想超越西方的文化主张和价值逻辑的掣肘，锻造和培育契合中华民族特性的价值关系秩序，就应培育和践行社会主义核心价值观，以中国特有的方式验证自己的现代性逻辑。在高校教育中，坚守中华优秀传统文化教育立场，提炼、展示中华文明的精神标识和文化精髓，将中华优秀传统文化内容融入教育教学中，有效发挥思政教育对培育社会主义核心价值观的作用，可充分增强中华文明的传播力和影响力。学者徐晶晶认为，对中华文化的自信之核在于对社会主义核心价值观的自信，而对社会主义核心价值观的自信离不开中华优秀传统文化的滋养。① 所以，在价值观取向日益受多元文化的冲击和影响下，把传统文化教育与培育和践行社会主义核心价值观紧密结合起来，把社会主义核心价值观贯穿于学校教育的方方面面，使社会主义核心价值观内化为学生的精神追求，外化为学生的自觉行动，可有效践行立德树人的教育宗旨，

---

① 徐晶晶. 中华优秀传统文化的时代观照 [J]. 中学政治教学参考，2021（15）：21.

培养适应时代发展需要的高素质、复合型人才。

因此，将传统文化教育贯穿于大学思想政治教育工作中，在学理和实践上深刻影响大学生的思想认知、价值取向、行为规范等，帮助大学生逐渐消除弥漫于内心的不确定感、无方位感和无意义感，建构社会主义核心价值信念，可有效促进大学生思想行为的完善发展。具体来说，弘扬社会主义核心价值观要以爱国主义为核心，以改革创新为发展力，深度挖掘我国优秀传统文化的时代价值，不断赋予优秀传统文化新的历史使命与时代内涵，帮助学生用优秀传统文化确立价值观念，从而有效实现由丰富的理论思想转化为生动的富有文化生命力的实践行动，夯实全面建成社会主义现代化强国的思想道德基础。

二、坚持守正创新，传统文化教育与时代精神相符合

党的二十大报告在"开辟马克思主义中国化时代化新境界"这一节内容中指出："必须坚持守正创新。我们从事的是前无古人的伟大事业，守正才能不迷失方向、不犯颠覆性错误，创新才能把握时代、引领时代。"同时指出，要"不断拓展认识的广度和深度"，"以新的理论指导新的实践"。①从文化传承和创新的层面来看，中华优秀传统文化蕴含并阐发着生生不息的创新精神，所谓"苟日新，日日新，又日新"（《大学》），所谓"穷则变，变则通，通则久"（《易经·系辞下》），正是依靠持续不断生成、创新与转化传统，创造新事物和新局面，中华文明才得以绵延数千年。我们今天自觉遵照并大力践行的改革创新的时代精神和改革开放的伟大实践、用以引导全社会发展进步的社会主义核心价值观，其内在的精神动力之一，便是"苟日新，日日新，又日新"的精神体现。革故鼎新、守正创新是中华民族及其文化发展的内在精神动力，所以，高校传统文化教育，应坚持守正创新，使传统文化教育与时代精神相符合，从而有力提升传统文化教育成效。

---

① 习近平. 高举中国特色社会主义伟大旗帜　为全面建设社会主义现代化国家而团结奋斗——在中国共产党第二十次全国代表大会上的报告（2022 年 10 月 16 日）［N］. 人民日报，2022 - 10 - 26（2）.

（一）传统文化教育与历史发展潮流相符合

党的二十大报告指出："我们要善于通过历史看现实、透过现象看本质，把握好全局和局部、当前和长远、宏观和微观、主要矛盾和次要矛盾、特殊和一般的关系，不断提高战略思维、历史思维、辩证思维、系统思维、创新思维、法治思维、底线思维能力，为前瞻性思考、全局性谋划、整体性推进党和国家各项事业提供科学思想方法。"同时指出，要"紧跟时代步伐，顺应实践发展，以满腔热忱对待一切新生事物"①。

中华优秀传统文化是历经几千年社会变迁，适应社会历史的发展而逐渐积淀而成的。在新的历史时期，高校开展传统文化教育应顺应历史潮流，适应时代发展，进行合理扬弃。为此，高校应努力解决传统文化精华与糟粕的矛盾、传统文化与现代文化的矛盾、中国传统与西方文化的矛盾，积极应对外来文化的冲击与影响，着力体现传统文化的现代教育价值，从根本上促进中国传统文化与历史发展潮流相适应，这是高校能否真正落实中华优秀传统文化教育的关键所在。

解决中国文化与历史潮流相适应的问题，首要的是坚持"古为今用，洋为中用，批判继承，综合创新"的方针，处理好取其精华与去其糟粕的关系。要以古鉴今、以史明今，把中华文化中跨越时空、超越国度，富有永恒魅力、具有当代价值的文化精神和思想理念弘扬起来，守住文化的根基。中国式现代化建设中，传统文化与现代文化的文化碰撞和文化冲突不可避免，如何弘扬精华、摒弃糟粕，使传统文化在新时代的滔滔浪潮中不被湮没而岿然屹立并熠熠发光，是传统文化传承与发展必须面对的时代挑战。

（二）传统文化教育与时代精神教育相结合

一代人有一代人的长征路，在中华民族的复兴过程中，始终需面对各种艰难困苦及复杂局面。几千年来，中华民族为什么能够生生不息、薪火相传？根本原因在于中华民族有一脉相承的精神追求、精神特质和精神脉

---

① 习近平. 高举中国特色社会主义伟大旗帜　为全面建设社会主义现代化国家而团结奋斗——在中国共产党第二十次全国代表大会上的报告（2022年10月16日）［N］. 人民日报，2022 - 10 - 26（2）.

络。2013 年，习近平在十二届全国人大一次会议闭幕会上讲道："实现中国梦必须弘扬中国精神。这就是以爱国主义为核心的民族精神，以改革创新为核心的时代精神。这种精神是凝心聚力的兴国之魂、强国之魄。"

时代精神是一个时代中占主导地位、具有普遍精神实质、代表社会进步和多数人意志趋势和精神意向的概括和反映。时代精神是超脱个人追求的共同的集体意识，是在文明创建活动中体现出来的精神风貌和优良品格，一般具有世界性和民族性、社会性和批判继承性相结合等特点。中国的时代精神，是以改革创新为核心的时代精神，展现了中国积极向上的良好社会风貌。

当前，时代使命赋予我们国家统一、民族复兴等艰巨任务。在现实生活中，弘扬爱国主义、集体主义精神，坚持与时俱进、开拓创新，克服惧怕困难、畏首畏尾、固步自封的思想，做到不自满、不僵化、不停滞，就是一种弘扬时代精神的体现。这些精神实质在中华优秀传统文化中具有深刻和广泛的内涵。所以，在高校开展传统文化教育，既可传承中华民族勇于担当、攻坚克难的传统美德，又可弘扬革故鼎新、改革创新等时代精神，持续推进中国精神的现代转化，做到"以科学的态度对待科学、以真理的精神追求真理"①。

大学生思维活跃、适应性强，乐于尝试和接受新鲜事物，喜欢追求新鲜刺激，容易受各种新生事物的影响，是传承优秀传统文化的重要力量，需要树立传承传统文化的责任意识和使命担当。高校传统文化教育应鼓励大学生将专业学习与传统文化传承相结合，以专业特色为基础，以传统文化为主题，实现"专业特色＋文化传承"的实践创新，促进传统文化在与自身专业的融合中得到继承和发展。为此，高校应去除功利化的教育观念，打破旧思维的束缚，深刻体悟并真正理解传统文化教育对青年一代健康成长的重要意义，保持对传统文化教育状况的密切关注，潜心研究传统文化中适应时代发展的文化精华，对其进行创新性发展和创造性转化，使其在

---

① 习近平. 高举中国特色社会主义伟大旗帜　为全面建设社会主义现代化国家而团结奋斗——在中国共产党第二十次全国代表大会上的报告（2022 年 10 月 16 日）［N］. 人民日报，2022 － 10 － 26（2）.

新时代仍然熠熠发光，发挥不朽的教育作用。

三、坚持问题引领，传统文化教育与问题解决相结合

（一）以现实问题为着力点，增强问题意识

先进的教育研究会引发自觉的教育实践，党的二十大报告指出："必须坚持问题导向。问题是时代的声音，回答并指导解决问题是理论的根本任务。我们要增强问题意识，聚焦实践遇到的新问题、改革发展稳定存在的深层次问题、人民群众急难愁盼问题、国际变局中的重大问题、党的建设面临的突出问题，不断提出真正解决问题的新理念新思路新办法。"①

针对高校教育中存在优秀传统文化教育缺失、传统文化传承与发展面临困境、高校对传统文化教育的研究缺乏一定的导向性、前瞻性和创新性等问题，现代高等教育必须思考：如何把中国传统文化中的精髓内化为学生应有的精神品质？如何用中华优秀传统文化来开启当代大学生的心智，克服其在发展过程中精神和修养贫乏的问题？如何不断创新传统文化教育的渠道、途径、方式和载体，进一步增强传统文化教育的吸引力和感染力、针对性和实效性？如何展开优秀传统文化教育的重点研究、深入研究和系统研究，加强中华优秀传统文化教育？如何通过传统文化教育促进高校教育的高质量发展？这些已成为中国高等教育在中国式现代化建设背景下理论创新、文化创新的重要课题。所以，提高认识，转变观念，增强问题意识，切实提高传统文化教育的实效性迫在眉睫、势在必行。

（二）思想引领与问题导向相结合

文化总是处于不断发展的动态体系中，对传统文化的传承并非原封不动地照搬，而应把传统文化思想精髓与时代发展诉求紧密结合，运用传统文化解决现实问题，实现传统文化的文化再生产。文化的再生产需要将文化的思想内容借助一定的媒介来实现理论与实践的结合与嫁接。传统文化只有在再生产的过程中，才会显示其在多元文化的冲击与影响下依然能焕

---

① 习近平．高举中国特色社会主义伟大旗帜　为全面建设社会主义现代化国家而团结奋斗——在中国共产党第二十次全国代表大会上的报告（2022年10月16日）［N］．人民日报，2022 – 10 – 26（2）．

发出独特文化魅力的不朽价值。中华优秀传统文化源于生活，并对生活实践具有较强的现实指导意义。所以，根据社会发展的新形势和大学生成长的实际需要，充分挖掘传统思想文化的生活指导意义，有效解决现实生活中学生存在的各种思想、心理及行为问题，树立"思想引领与问题导向相结合"的理念，对于在高校推进思想政治教育与解决实际问题的有机融合具有重要的现实价值。

由此，高校教育中要将中华优秀传统文化教育与解决实际问题相结合，积极关注大学生的心理变化，直面他们在成长过程中所遇到的困惑和烦恼，有针对性地将传统文化知识与学生发展问题对接，引导学生带着解决问题与困惑的动力去把握传统文化。如运用传统智慧、文化精髓破解伦理失范、信仰缺失、道德滑坡等困境，弘扬传统与现代发展的关系，让学生感受到中华优秀传统文化对国家建设、现代社会发展和个体发展的重要作用，从而增强学生对优秀传统文化的自主学习意识，培养其文化自觉和文化创新能力。

四、坚持文化多样性，传统文化教育与多元文化教育相协调

2001 年联合国教科文组织在《世界文化多样性宣言》中指出：文化多样性是交流、革新和创作的源泉，对人类来讲就像生物多样性对维持生物平衡那样必不可少，从这个意义上讲，文化多样性是人类的共同遗产，应当从当代人和子孙后代的利益考虑予以承认和肯定。可以说，保持文化多样性，满足人们对文化多样性的需求已成为全球化时代的重要特征。所以，倡导文化开放与交流，尊重文化多样性，妥善处理文化的民族性与世界性、全球化与本土化的关系，避免遵循"西方中心论"为基础的文化霸权和排斥外来文化的本土文化主义，借助学校教育助推青年一代确立科学的文化观重要且必要。高校开展传统文化教育，实质上是丰富高校的文化教育内容，体现高校文化多样性的特色。因此，我们应坚持文化多样性教育，推进高校传统文化教育与文化多元化教育相协调发展。

（一）以多元文化教育拓宽学生的文化视野

众所周知，全球化促进了不同文明之间的相互渗透、冲突和融合，使

文化的多元化和多层次性发展趋势增强。多元文化并存与发展，促进了不同文化的接触与对话，为我们借鉴世界各国、各民族所创造的一切文明优秀成果，丰富和发展中华民族文化提供了有利条件。不同思想文化的相互激荡，给高校大学生提供了审视、了解异质文明的机会，有利于其学习、借鉴世界各民族优秀文化传统，拓宽文化视野，以更全面的视角去审视、反思本土文明，以平和、宽容的心态对待不同民族的文化。所以，多元文化教育可培育大学生关注人类不同文明的世界意识和本民族文明的文化自觉意识。

中华优秀传统文化是多元文化中一抹亮丽的色彩，高校开展中华优秀传统文化教育，不仅是为了传承民族文化内容或乡土文化知识，保留一些文化符号，更重要的是通过认识各具特色的文化内容，帮助大学生开阔视野、拓展思维，引导大学生涵养一种兼容多元文化的襟怀，进而增强大学生对多元文化的理解，促进其获得不同文化智慧的滋养。所以，"海纳百川，有容乃大"，高校传统文化教育应立足本民族文化，本着拓宽文化视野、促进文化创新发展的原则，以积极的心态正视多元文化间的碰撞与融合，以宽广的胸襟对待其他国家和民族的先进文化，以包容的心态传承与弘扬中国各地区各民族的优秀乡土文化，用以丰富和发展中华民族文化。

（二）以多元文化教育改变高校文化保守的立场

在文化碰撞和冲突中，强势文化对弱势文化的影响更大，渗透更深。正如汉斯·摩根索在其著作中所言，强势文化对弱势文化影响的目的，不是征服国土，也不是控制经济生活，而是征服和控制人心。大学生处于思想认知的成长期，他们对复杂的事物和现象缺乏足够的甄别、选择能力，在多元文化环境中难免感到迷茫与困惑。西方文化的冲击在一定程度上导致的部分大学生价值取向的偏失、理想信念的偏移等，在某种程度上会引起大学生民族精神的失落和民族文化意识的淡化，甚至会促发学生滋生民族信仰危机和民族文化虚无思想。这对大学生传统文化教育提出了挑战，也容易使高校传统文化教育有走向保守立场的趋向，即出现固守本民族文化而排斥他文化的现象。

而兼收并蓄、包容多样的多元文化教育，以尊重不同民族文化的历史背景和发展特点为出发点，在平等相融的基础上传播各民族文化特色，促进中华优秀传统文化在博采众长中创新发展，可改变高校文化教育保守的立场。高校通过实施有目的、有计划的传统文化教育活动，引导大学生理解不同民族优秀文化，使大学生基于历史文化发展的客观基础，形成他们对生活世界的理性认识，从而更好地理解、适应和改造自己的生活世界。同时，有效的传统文化教育活动，可以在保持大学生对本民族文化认同的同时，发展他们对周围地区文化的了解和认识，促进他们获得充分参与社会生活的自信和机会，进而促进他们获得全面发展。

（三）加强中华优秀传统文化的导向力和教育作用力

在多元文化并行发展的时代环境中，各种思想文化相互激荡，不同意识形态之间的斗争日益复杂。高校教育只有采取积极举措，大力弘扬与传播中华优秀传统文化，加强中华优秀传统文化的导向力和教育作用力，才能提升大学生传承中华优秀传统的文化自觉意识。优秀文化是一种有着广泛社会基础和深厚内容的文化形态，代表着社会文化发展的方向。在我国，中华优秀传统文化是适应社会主义现代化需要的文化，具有巨大的感召力、凝聚力和导向力。新时代，中国式现代化建设需要牢牢把握中华优秀传统文化的前进方向，进一步解放文化生产力，有效加强对中华优秀传统文化的保护、利用、发展和创新。

大学生是中华优秀传统文化的传承者，高校要通过课程的合理设置、教学内容的充实和更新、教学方式方法的改革创新等，充分发挥和加强中华优秀传统文化对大学生文化选择的导向力和牵引作用，培养大学生对中华优秀传统文化的认同感和自觉传承意识。有效的传统文化教育，可以在多元文化碰撞和交融中，化解大学生的文化认知困惑和文化认同危机，增强大学生对传统文化进行正确鉴别、自主判断和理性选择的意识和能力。如内蒙古某大学在校园图书馆平台中专门设立"中华优秀传统文化百科知识库"，供学生参考学习、实践运用，每年主办"中华优秀传统文化我传承"的活动，以社团的形式，引导学生通过参与文艺演出创新传统文化的表达形式，也就是通过发挥中华优秀传统文化的导向力，促进大学生培育中华优秀传统文化传承意识。所以，高校教育应以海纳百川、兼收并蓄的宽广胸怀，正确认识和对待不同文化的特色、差异及价值，充分吸收和借鉴各民族所创造的一切优秀思想文化成果，引导大学生树立相互尊重、彼此包容、求同存异、和而不同的文化发展观。

五、坚持立德树人，传统文化教育与以文化人教育理念相契合

（一）树立"以文化人"的教育理念

《大学》中说，"大学之道，在明明德，在亲民，在止于至善"。所谓"以文化人"，即运用文化知识教化、感化学习者，使学习者感知、领悟、理解和内化相关文化知识，在思想、观念、行为、品性等方面发生质的变化。高校传统文化教育应坚持立德树人为根本，树立"以文化人"的教育理念，用优秀传统文化教育引导大学生，促进其深入理解、领悟传统文化知识，并将传统文化中的思想观点、精神内核等内化为自身的思想观点和行为规范等，使自身受到传统文化的感化和教化，使高校传统文化教育与"以文化人"教育理念相契合。

树立"以文化人"的教育理念应做到：一是准确把握"文"的内涵及知识与文化的辩证关系。文化是内在涵养的外在体现，在积累知识的过程中应不断提升文化内涵，树立知识与文化并重的理念，促进学生学习好专业知识的同时，不断提升文化素养，推进真正意义上的素质教育。二是突出"化人"理念。"以文化人"的教育理念应以文化的内在本质作用于学习个体，以文化自身的感染力和教育作用力，滋养学习者的精神世界，涵养学习者的品格修养，促进学习者对文化知识的吸收和内化。为此，应准确把握中华传统文化的内在本质、内涵特点，坚持落实立德树人根本任务，用传统文化感化和教化学习者，强化其家国情怀、社会关爱情怀和人格修养等个人素质。

（二）立足"个性发展"的群体性特点

当前，我国正处于百年未有之大变革的历史时期，在社会变革、科技进步、文化交融等复杂的国际政治经济形势影响下，当代大学生的思想意识、价值追求和个性特点等的差异性、多变性、独立性、选择性和多元性日益增强，在其身上所体现出了传统文化素养的不足和传统文化践行理念

的缺失，亟待高校采取强有力的教育措施来对其进行补正。坚持"立德树人"，促进个体人格的完善和品德的优化发展是传统文化教育的终极目标。赵景欣、彭耀光、张文新认为我国学生核心素养框架需要"植根"于中华优秀传统文化，体现中华民族之"魂"，需要体现中华民族的核心精神追求，传承中华民族的根本精神基因。①

"00 后"大学生群体具有鲜明的个性特点，对一些优秀传统文化的现状敢于表达自己的观点，在多元文化的冲突交融中能够坚持对传统文化的热爱。因此，高校应坚持以人为导向，立足学生"个性发展"的群体性特点，在充分考量当代大学生的时代特征、认知经验、思维方式、兴趣爱好和发展需要等群体特点的基础上，针对学生学习需求的个性化差异，制定符合学校特点和特色的传统文化教育方案，以促进学生形成蕴含中华民族独特精神标识和中华传统美德的核心素养。高校应通过文化教育的力量，使中华优秀传统文化浸润式地滋养大学生的心灵，助力大学生抵御社会不良信息和负面现象的影响，促进其形成良好的道德品质和行为规范，引导其思想认知和价值取向在动态的发展中进行积极转变，进而促进其个性品质的完善发展。所以，立足"个性发展"的群体性特点，是着力开展中华优秀传统文化教育应遵循的基本原则。

（三）注重"内化外表"的实践传承

教育的发展与改革需要以传统文化为根基，传统文化是教育的底色和根魂。高等教育现代化的核心在于大学生群体"人的现代化"，中华优秀传统文化中蕴含丰富的塑造人的品质、促进人的发展的文化内容，其中不乏对"诚信友善、礼仪道德、仁爱忠厚"等富含优秀个性品质的宣扬，其价值追求和育人理念与高校人才培养中"立德树人"的教育旨归相辅相成。从本研究的调查结果来看，当代大学生对优秀传统文化的传承持肯定态度，对传承和创新传统文化教育形式有自己的兴趣倾向和独到见解。但传统文化的传承与弘扬不只是在思想理念上的认知，更是在生活上的践行，最终衡量教育成效的是传统文化教育内容对大学生的内化程度和外在干预水平。

---

① 赵景欣，彭耀光，张文新. 中华优秀传统文化传承与学生发展核心素养研究［J］. 中国教育学刊，2016（6）：23.

所以，传承优秀传统文化不能只停留于思想认知和理论说教的层面，而要将具体方案落实在实践活动中，注重"内化外表"的实践传承。

因此，高校要坚持落实立德树人根本任务，树立"以文化人"的教育理念，确立以优秀文化教育人、感染人、塑造人的教育目标，以中华优秀传统文化融入课程教学为切入点，采取积极措施引导大学生学习与传承中华优秀传统文化，以优秀传统文化内容涵养品性、修养身心，促进学生在学习领悟优秀传统文化的不朽魅力中，将优秀传统文化的思想理念和精神品质等逐步内化，并在实践中转化为行为规范和道德品行，达到"内化于心，外化于行"。如儒家文化中"修身、齐家、治国、平天下"的思想主张，与高校教育中"四有"新人的培养理念，具有高度的内在统一性，通过学习这一主张并将其"内化外表"，可有效涵养学生的个性品质，使传统文化教育充分契合"以文化人"的教育理念。

第二节　高校中华优秀传统文化的教育内容选择

如前所述，由于受成长环境、教育内容等限制，当代大学生对传统文化的认知和了解不够系统和全面，更难于把握中华优秀传统文化的核心思想和精神特质。同时，现代教育背景下对大学生进行传统文化教育，不可能也不必做到包罗万象、面面俱到，而应结合时代特征和当代大学生的精神需求，既要注重普及和传授传统文化知识的整体风貌，又要促进学生理解和把握优秀传统文化的精髓内容。中国式现代化背景下，根据新时代对大学生文化素质教育的要求，教育者应精心选择传统文化教育内容，尝试创设形成新的"大学之道"，以便能动地、有机地进行大学生传统文化教育，促进大学生人文素养的提升。

一、加强中华优秀传统文化与学科教学内容的有机融合

中华优秀传统文化积淀着中华民族最深层的精神追求，蕴含着丰富的教育资源，为高校教育"以文化人、以文育人"提供了丰厚滋养。从学科知识产生发展的渊源来说，一般学科的知识内容体系中，大都能找到与传

统文化内容相契合的关联点。因此，在学科教学中融入中华优秀传统文化
知识，可增强高校传统文化教育的实际成效。具体可根据课程内容的内涵
表达，在学科知识内容中挖掘与传统文化有关联的知识渊源，也可将传统
文化内容融入学科教学内容中进行融入式学习，把中华人文精神、中华传统
美德等贯穿于教育教学全过程，构建从感性到知性再到理性的学习路径，从
而实现"学科知识认知——文化渊源理解——现实价值认同"的理性认知
过程。

（一）在人文教育课程中植入中华优秀传统文化元素

2017 年，中共中央办公厅、国务院办公厅印发的《关于实施中华优秀
传统文化传承发展工程的意见》，在关于大学阶段传统文化教育的基本要求
中提出"在哲学社会科学及相关学科专业和课程中增加中华优秀传统文化
的内容"。习近平曾说，要系统梳理传统文化资源，让收藏在禁宫里的文
物、陈列在广阔大地上的遗产、书写在古籍里的文字都活起来。许多研究
者也对高校教育中的传统文化教育内容进行了相关探索研究，普遍认为在
学校教育课程体系中融入中华优秀传统文化内容，可有效提升传统文化教
育成效。

中华优秀传统文化包含着广博丰厚的人文知识和自然科学知识，涵盖
人与自我、人与社会、人与自然的关系上的价值考量，从中凝练出具有时
代感和亲和力、贴近大学生成长需要的一系列教育主题，兼顾大学生的心
理、交往、人格发展等内容，有效融入人文教育课程教学中，一方面可拓
展和丰富课程资源，另一方面可切实加强大学生的文化修为和人格品质。
如将中华优秀传统文化的核心思想"讲仁爱、重民本、守诚信、崇正义、
尚和合、求大同"等融入哲学社会科学专业课程中，引导大学生深入理解
学科内容的文化渊源和学术关联；或将诸子百家的思想如儒家的仁德主张，
道家的辩证法，墨家的科学思想，法家的唯物思想等融入通识教育的人文
社会课程体系，促进大学生清晰把握中华优秀传统思想文化的发展脉络和
思想内涵，也可将中华传统美德、中华人文精神等融入人文教育课程中，
引导学生深刻把握社会发展的道德规范，深层理解个体成长的价值遵循。

同时，在人文社会教育课程中，拓展与延伸对传统典籍诗文的阅读，
有助于大学生对中华优秀传统文化进行深刻认知和深层理解。大学生至少

应阅读两本传统典籍，即《道德经》与《论语》。阅读《道德经》，可以体味"道"清净无欲、宁静淡泊的真谛；阅读《论语》，可以领悟"仁义礼智信忠厚"的"仁爱"思想，并体悟"半部《论语》治天下"的智慧。同样，读《史记》可鉴往知来，读《资治通鉴》可明晰持政治国之道，读《三国演义》可领悟用人的谋略，读《西游记》可懂得坚持不懈与持之以恒的重要性。总之，在诵读经典诗文中，可以潜移默化地实现对大学生的启智立德。

（二）在专业课程中融入中华优秀传统文化内容

针对当前专业课程中，一般以西方学术话语占多，而中国的学术主张偏少的现象，可在专业课程体系中融入中华优秀传统文化，增强学科教学中中国文化的学术分量和话语叙事。因为有五千多年文明史的中国传统文化内容繁多，涉及诸多领域，在不同学科中都有一定建树，只是因为缺乏知识体系构建，有许多内容都隐蔽在历史的角落有待学术界的开发和利用。为此，深入挖掘传统文化中与学科知识相契合的知识内容，让学生明白在某些知识领域，我国传统文化是领先世界的，其传统思想文化的博大精深和不朽价值是源远流长的，从而增强学习者的文化自信和文化自豪感。如此，不仅可丰富学科知识体系，还可将优秀传统文化内容进行传承弘扬与创新发展。

如在高校的教育学、心理学类专业课程的学习中，在学习教育学课程中"教育学思想的萌芽"时，可引入我国先秦诸子百家的思想观点，借以说明我国先贤哲人早在西方学者之前已经阐述了相关思想观点，或进行了某些方面的研究论证；在探究"学校教育起源"时，可引入我国夏商周时期的学校教育内容和教育方式等，借以说明我国早在西汉时期已有领先西方世界的、相对完备的学校教育制度。在学习"教育与社会发展"时，融入"人与社会和谐共生"的内容，引导学生明白和合文化的思维方式和价值取向。在学习"教师的职业信念"时，可融入传统文化中关于"敬业精神"的知识、名言警句及相关事迹；在学习"教师追求教育理想"时，引领学生追忆我国苦难的百年屈辱史，促进他们真正理解"努力学习就是最大的爱国""掌握本领才能更好地报效祖国"的谆谆教诲。

再有，在讲授"美育"时，引导学生了解传统艺术文化的精美绝伦，促使他们真正懂得支持民族经济发展要从消费民族产品、弘扬民族文化做起，为此要改变盲从消费国外大牌的虚荣心理和攀比心态，更客观理性地审视自身的审美观和消费观，形成自觉自愿消费民族产品的爱国心理。在讲授"学生发展的个性"内容时，融入"爱国敬业、诚信友善"的社会主义核心价值观等，可促进学生进行律己修身、自省自觉的教育。在讲解"师生关系"时，可融入传统文化中有关"尊师重教、尊道贵德""以人为本、与人为善"的理论和故事；在心理学课程中讲述情感内容时，融入一些励志故事、爱国忧民思想等，可培育学生的理智感、爱国主义情感等。

所以，将传统文化思想观点引入专业课程的学习中，超越学科化的视野局限，可使中华优秀传统文化有效发挥其在学科教学中的重要作用。比如在对某些知识点的中西方学术思想的对比学习中，融入优秀传统文化思想理念、传统经典故事等，能加强学生的家国情怀、民族气节等，激发学生对中华优秀传统文化的学习兴趣和求知欲，引发学生的文化认同和文化自信。

二、编写高质量的中华优秀传统文化教材

开展传统文化教育，应避免学校教育中自上而下盲目推行过于理想化的教育内容，从而避免导致非理想化的教育效果。也就是说，教育者不能以一种理想主义的浪漫情怀，把自己认为的优秀文化当作圣典，把记忆中的"乡土知识"编入校本教材，硬塞强灌给学生，而不管这些知识是否适合学生的需要。因此，教育者要深入了解学生的认知经验、学习心理和发展需要，切实分析中国式现代化建设背景下高校传统文化教育的时代需求，精心选择适宜的传统文化教育内容，认真编写高质量的中国传统文化教材或读本，以恰当的方式和方法使中华优秀传统文化进入课堂。

20世纪90年代以来，一些中国传统文化方面的教材先后出版，教材体系大多是对中国传统文化的概要说明，知识性较强而实操性偏弱，对学生的学习吸引力不足，实际的推广效果和影响不强。传统文化教材内容整体上存在规划不足、数量偏少、更新较慢、质量参差不齐等问题。2014年教育部印发的《完善中华优秀传统文化教育指导纲要》，要求"把中华优秀传统文化教育系统融入课程和教材体系"，"创新教学方法和手段，提升教学效果"。因此，高校应充分挖掘、梳理和优选传统文化教育资源，着重剖析

有深度、有厚度的传统文化精髓，编写从内容深度到知识广度有所创新、凸显中国传统文化特色和精髓的传统文化教材或读本，以促进传统文化教育内容体系的有效构建。

传统文化教材或读本的具体内容可以按照"专题内容"或"问题序列"为主进行编写，如学界已有的《道德论》《儒学思想》《孟子的智慧》《唐宋诗词赏析》《剪纸艺术》等书本，可以作为高校传统文化教育书本编写的重要借鉴。还可以编写一些普及性阅读读本，如学界编写的《论语与社会主义核心价值观》《老子的人生智慧》《中华文化精髓概论：大学中庸启示录》《陶艺入门》等，可作为高校传统文化教材或读本编写的重要参考。也可以主动联合相关领域知名专家，围绕地域文化特色展开深入分析研究，将散在的传统文化内容进行系统化和序列化整理，编写出反映地方特色的传统文化教材或读本，以体现中华优秀传统文化的现代教育价值、应用价值和审美价值。有了适宜的教材蓝本，再引领学生自觉去接近、走进、了解并深入学习中华优秀传统文化，则可有效推动当代大学生对中华优秀传统文化的理解、思考和把握。

事实上，大学生一般乐于接受颇具趣味性和生活化的文化内容。教育者在设计教育内容，选择教材、读物和编写教育读本时，应注重采用符合大学生认知特点的教育内容和叙事方式，立足于身边的传统文化现象，以小见大，逐步深入地学习、领悟古人高深的哲理智慧，跨越时空探究、接近距离遥远的远古生活。同时，兼顾地域与全国、人文与自然、历史与现实，把传统文化内容与生活情境结合理解，将展现现实场景的图片、相关的文史资料、专家名人的笔谈评论等多种内容元素组合到一起，使高深的内容以声情并茂的方式、浅显鲜活的语言通俗地呈现出来，帮助学生在精神和学识上获得"双丰收"。

三、精选优秀的传统思想文化内容

当前高校传统文化教育的重点应该放在传统文化基本精神的教育上。"传统文化的基本精神，即中华民族生存发展的精神支柱，具有历久弥新的生命力；能够感染和熏陶大多数人，并为他们所认同和接受，成为他们的基本人生信念和自觉的追求价值；具有维系民族生存发展、促进社会进步的积极作用。"① 2014 年教育部印发的《完善中华优秀传统文化教育指导纲要》，对加强大学生中华优秀传统文化教育的目标诉求及教育重点作出了宏观指导和整体规划，在这一框架下，高校应以弘扬爱国主义精神为核心，以家国情怀教育、社会关爱教育和人格修养教育为重点来开展中华优秀传统文化教育。

（一）家国情怀教育

家国情怀是个体基于对家对国的认同而产生的包含爱恋情感的心境，是一种持续不断、积极、稳定作用于个体的心理反应，可表现为爱家爱国、爱国如家和家国一体的情感追求与精神力量。家国情怀倡导家庭伦理和国家担当，表现为个人对家乡、对国家民族的情感眷恋、文化认同和自觉担当的意愿，凝聚了中华民族的精神追求和情感寄托。学者徐文秀认为："家国情怀是个体对自己国家和人民所表现出来的深情大爱，是对国家富强、人民幸福所展现出来的理想追求。"② 我们也熟知，家国情怀包含如"精忠报国""舍生取义""鞠躬尽瘁，死而后已"等思想情感和精神品质，是对学生进行责任感、使命感和爱国主义教育的重要内容。在当今时代，世界仍处于复杂的发展形势中，在中国式现代化时代号角的引领下，对大学生进行家国情怀教育，对于国家发展和学生成长具有重要的战略价值和时代意义。

针对一些学生出现的家庭责任心不强、社会责任感缺失、民族意识淡薄、国家使命感不强等家国情怀淡薄的问题，杨萌提出可以通过挖掘优秀传统文化元素，进行文化传承来触发学生的家国情怀。李宗桂认为："在拥抱世界文明而又高扬民族特质，坚持改革创新而又立足本国历史文化传统的时代需求中，以爱国主义为核心的中华民族精神无疑是培育和弘扬社会主义核心价值观的立足点。"③ 笔者认为，高校教育的内容特点和教学模式，决定了对大学生进行家国情怀教育便捷而有效的方式，是在课程教学中融入蕴含爱国主义思想的古诗词、民族英雄事迹、与生活实际密切相关的传

---

① 刘晓春. 对当前高校传统文化教育的调研与思考［J］. 学校党建与思想教育，2004（10）：63.
② 徐文秀. 领导干部应多一些"家国情怀"［J］. 今日浙江，2012（3）：62.
③ 李宗桂. 关于中华优秀传统文化当代价值的两点思考［J］. 文化软实力，2019，4（2）：41.

统节日文化等。因为这些内容是中华优秀传统文化的高度凝练和智慧结晶，通俗易懂却内涵丰富，便于结合课程思政理念灵活融入知识教学中，易于被学生接受、理解和领悟，也易于转化和运用到实践生活中。

1. 再品经典诗词作品的爱国主义思想

中华优秀传统文化中饱含丰富的爱国主义题材作品、经典古诗词等，包含羁旅怀乡、矢志报国、忧国忧民、歌颂祖国等内容，表达着作者思乡恋家之怀、爱国忧民之情、寄情山河之爱、心系天下之忧、为国效力之志等，是融入课程教学对学生进行爱国主义教育的重要资源。如前文所述，爱国主义精神的内涵品质，几乎都能在相关的古诗词作品中显现出来。如曹植的"闲居非吾志，甘心赴国忧"，唐朝张为的"向北望星提剑立，一生长为国家忧"，陆游的"位卑未敢忘忧国"等蕴含忧国忧民的爱国意识；《礼记》中"苟利国家，不求富贵"，顾炎武的"天下兴亡，匹夫有责"等蕴含深厚浓重的社会责任感；诸葛亮的"鞠躬尽瘁，死而后已"，司马迁的"常思奋不顾身，以殉国家之急"，林则徐的"苟利国家生死以，岂因祸福避趋之"等蕴含视死如归的爱国精神。这些充分体现了古代仁人志士矢志不渝的爱国主义精神品质，新时代的爱国主义教育，应再忆这些经典的爱国诗词，将其作为培育大学生家国情怀内容的永恒主题。

2. 再忆中华民族英雄的爱国主义精神

在和平年代，人们满足于休闲娱乐的舒适生活，很容易淡化甚至忘却民族英雄在开疆扩土、守家卫国中做出的无私奉献和丰功伟绩，许多英雄伟人可歌可泣的光辉业绩被埋没在历史的尘埃中乏人问津。当代大学生普遍有忧国、忧民、忧天下的忧患意识，但潜意识却更存有"忧贫不忧道"的追求自我利益满足的忧己心理，内心深处对民族英雄崇拜的爱国心往往会屈位于对明星"网红"的羡慕情。高校应充分发挥其文化传承功能，在其教育领地给予中华民族英雄人物重要的时空位置，让英雄的光辉永不褪色、英雄的精神永不磨灭，以英雄的事迹不断警醒陷于偶像崇拜的大学生，促其形成崇尚英雄而非仰慕明星的精神气节。

中华民族历史上涌现出的壮志未酬的爱国志士、可歌可泣的民族英雄、流传久远的爱国典故等不胜枚举，如中华民族历史上出使西域、开辟丝绸之路的张骞，忍辱负重在草原牧羊的苏武，克服艰难险阻七下西洋的郑和，坚持不懈抗击倭寇的戚继光，不畏艰难收复台湾的郑成功等，无不表现出甘于奉献的英雄气概、英勇无畏的爱国气节、至死不渝的豪情壮志、精忠报国的高风亮节，视死如归的爱国精神，这些民族英雄的爱国事迹具有巨大的精神感召力，对于新时代大学生激发强烈深沉的忧患意识、心系天下的爱国情感、舍我其谁的责任担当、丹心满腔的报国志向，将爱国情、强国志转化为实质性的报国行，仍具有重要的教育意义。因此，再忆中华民族英雄的爱国主义精神，将其不朽的精神品质不断发扬与传承，应是培育大学生家国情怀的重要选择。

3. 再思中华传统节日文化的家国情怀

以爱国主义为核心的家国情怀教育不仅要培养学生荣辱与共、勇于担当的精神气概，还要培养学生爱中华传统节日的家国情怀。我国传承千年的传统节日，作为中华传统文化的缩影和标志性文化现象，保留着中华民族独特的文化记忆，凝结着中华民族特有的心理特征、民族性格、价值取向、思维方式等深层文化内涵。其所传递出的孝亲爱国、团结和谐、仁爱诚信、谦敬礼让等思想，富含浓烈的爱国主义情感，体现了我国的传统节日文化注重家国情怀和乡土情感的浓重特色。尽管学生对传统节日文化比较熟悉，但超越对传统节日文化一般性的理解而深刻体悟其中的家国情怀意味，才能真正理解传统节日设立的价值和意义。所以，引领学生感念与思怀我国优秀传统节日文化的家国志、乡土情，激发学生对中华传统节日的关注、热爱和向往之情，应是加强大学生爱国主义教育的重要内容。

（二）社会关爱教育

关爱是对他人的理解、欣赏、尊重、关心和爱护。社会关爱是指社会个体对其所属群体、社会和国家的高度关注与价值认同，体现了深刻的人文关怀。从本质特征看，社会关爱倡导和谐、合作理念，是处理人与自然，人与人、人与社会、民族与国家等关系的行为规范和道德标准。在物欲横流的现实社会，缺失社会关爱的道德滑坡现象时常可见，人与人之间情感淡漠、诚信缺失、矛盾冲突等问题频繁发生。人们在观念上对于"助人为乐、敬老爱幼、见义勇为、扶危济困"等社会关爱精神持正面态度，而在行为上却"多一事不如少一事""各扫自家门前雪"，对"扶老人"畏首畏尾。这种知行不一的错位，造成了社会关爱出现"放在嘴上、收在心里、难以落地"的现象。

受社会环境的影响，大学生社会关爱品质缺失、责任意识淡化的现象也屡见不鲜。所以，引导大学生树立社会关爱思想，培养他们爱他人、爱社会、爱国家的人文情怀，传承推己及人、和谐互助等中华优秀传统文化，可促进大学生成为和谐思想的践行者。作为中国传统道德文化的主流，儒家思想蕴含着丰富的社会关爱思想，在今天仍有历久弥新的教育价值。

1. 弘扬仁爱道德思想

儒家文化非常强调人的社会性的发展，而高度的社会性则要求人去践履人类的正义，承担关爱社会的责任。儒家思想以"仁"为核心，弘扬"仁爱道德"，倡导"仁者爱人"，主张"贵和持中""扶危济困""仁爱共济，立己达人""出入相友，守望相助"等，其基本精神与价值取向在于为他人奉献自我，具有强烈的社会关爱情怀，对个体的社会情怀、社会心理、社会行为养成具有重要意义。儒家的社会关爱精神遵循推己及人，从关爱自己、关爱他人、关爱社会与国家，再到心系天下的路线。包括"仁民爱物""泛爱众""克己复礼""己所不欲，勿施于人"等内容。

（1）"仁民爱物"的博爱思想

儒家把"孝悌"作为"仁之本"，由爱父母兄弟扩展为博爱大众。"弟子入则孝，出则悌，谨而信，泛爱众而亲仁，行有余力，则以学文。"（《论语·学而》）孟子提出："亲亲而仁民，仁民而爱物。"（《孟子·尽心章句上》）他认为对于兄长儿子的关爱之情，自然会厚于对邻人儿子的关爱，但人们应当"善推其所为"（《孟子·梁惠王章句上》），推广关爱精神，使之惠及更广泛的社会成员。"仁者以其所爱，及其所不爱"，"老吾老，以及人之老；幼吾幼，以及人之幼"（《孟子·梁惠王章句上》），强调"一事之仁，也是仁；全体之仁，也是仁；仁及一家，也是仁；仁及一国，也是仁；仁及天下，也是仁"（《朱子语类》），人皆有"善端"，从而"在'推己及人'的感性体验和'天人一体'的理性论证的辩证统一基础上，形成了中华民族传统博爱思想的完美形态"[①]。

---

① 王克奇. "民胞物与"思想的性质及其文化溯源——兼论"仁爱"发展的历史进程 [J].
东岳论丛，2006（6）：209.

儒家的"泛爱众""仁民爱物"思想，内在蕴涵着"爱人如己""立己达人""心怀天下""开放包容""社会责任感""物我和谐""宽恕"等社会关怀的价值取向，所要实现的最高境界，就是自身与他人及世界万物各尽其性，体现了我国古人处理人与人之间关系的基本准则。这些思想的价值追求，在促进学生对他人"尊重、友爱、宽容、兼爱"，与他人建立良好人际关系，积极投身创造"仁爱和谐"的社会氛围，培育"仁爱道德"的社会关爱情怀等方面，具有重要的指导意义。

（2）"克己复礼"的宽容思想

儒家推崇克己复礼，以"恕"来对待他人，提出"夫子之道，忠恕而已矣"（《论语·里仁》），"躬自厚而薄责于人，则远怨矣"（《论语·卫灵公》），"己所不欲，勿施于人"（《论语·颜渊》），"夫仁者，己欲立而立人，己欲达而达人"（《论语·雍也》），体现了为他人着想、宽容待人的可贵精神。在人的社会实践中明确提出要以"正心、诚意、格物、致知，修身、齐家、治国、平天下"为顺序，由爱"己"发展为"无不爱"，通过"成己"而"成人"；由内圣而外王，"为天地立心，为生民立命，为往圣继绝学，为万世开太平"（《张子全书·十四》），并转化成为一种社会责任，形成社会关爱"尽其在我"的理念。因此，儒家社会关爱思想的发扬不仅具有真实的社会基础，而且可以随着社会的发展而不断增强其应用性。在仁民爱物和心怀天下的意识支配下，会产生强烈的关心他人和奉献自我的动力，从而形成社会关爱精神和责任担当意识。所以，在传统文化教育内容选择中，引导大学生深入学习和领会"仁爱"思想中的伦理原则、价值标准、修养方法以及理想人格塑造方法等，可以促进其加强思想道德修养、弥补仁爱精神匮乏、维护良好的人际关系。

2. 倡导"和合"思想理念

在中华文明五千多年的社会变迁中，"和合"思想贯穿了中国思想文化发展的始终，渗透到社会生活的方方面面，深深植根于中国人的精神理念、思维方法与处世观念中，体现在中国人的言行举止上，是中华传统文化中最完善、最富生命力的体现形式。和合文化作为中国传统文化根基的一种普遍认同的价值文化，是中华民族智慧的结晶、思想的源泉和精神的财富，是中华传统文化的首要价值和人文精神的精髓。传统"和合文化"经由现代科学精神的洗礼，焕发出强盛的生命力。将"和合文化"倡导的思想理念运用于培育学生的社会关爱教育中，对培育学生的社会关爱情怀，具有非凡的意义和价值。在教育实践中，基于对大学生道德修养和人格品质培育的需要，结合专业知识理论的学习，应对传统"和合文化"进行合理利用、重新解读和现代诠释，建构符合时代精神的话语表达方式，如"人和"理念、"和处"意识、"和合而生"思想等，使其在促进人际和合与社会和谐的社会关爱教育中显示出重要的应用价值。

（1）"人和"理念的价值观引领

"和合"文化以"人的发展"为终极关怀，关注人的精神世界，强调修身养性；注重人际和谐，强调包容意识，在人际交往中形成以"人和"为基调的"和处"意识。古往今来，"人和"理念一直都被有识之士奉为圭臬。"人和"蕴含着"以和为贵、和以处众、和衷共济、和谐相处、合则两利"等深刻的处世哲学和人生理念，追求人际关系的和睦、和谐与和平，把"以和为贵"作为待人处世的基本原则。在教育教学中，给学生适时地传输和合理念，让其深刻理解"诚信、宽厚、仁爱"是为了"和"，"各守本分互不干涉""己所不欲，勿施于人"也是为了"和"，"和而不同、求同存异"还是一种"和"。人生常有不如意，以"和"对待人生，以"和"与人相处，谋求对立面的和睦共处，则会宁静致远，善待他人，真正达到真善美的境界。所以，"以和为贵"能体现人际交往的一般特点，反映人际关系的一般规律，是处理人际关系基本原则的价值观，可有效地避免人际对抗，减少人际摩擦，促进人际关系和谐发展。

（2）人与社会和谐共生的价值旨归

人与人的和谐，推而广之就是人与社会的和谐，即由个体和睦推及社会关系的和谐。和合文化在人与社会关系方面倡导忠恕之道，强调责任意识，关心社会发展，推崇奉献精神，提出"天下兴亡，匹夫有责""大道之行，天下为公""天下大同，家国一体""家和万事兴"等家国情怀的思想，其价值旨归是强调"贵和持中、和平共处、和谐和美、合则两利"，这些思想已成为中华民族的基因，植根于中国人的内心，潜移默化地影响着国人的思维方式、价值取向和行为方式，成为良好社会风尚的思想引领与和谐社会关系的缔造之源。

社会思想主张和舆论导向深刻影响人们的思想观念和价值取向，进而深刻影响社会的和谐发展。"和合"虽然具有哲学上的意味，但立足点仍在于引领与促进社会的稳定与协调发展。当前社会存在着各种各样的矛盾、竞争和差异，不同国家和民族的文明在制度体系、价值取向、思想观念和宗教信仰等方面各有不同，不同社会和地域在历史文化、风俗习惯、人际交往等方面各有差异，可谓"道"不同。但为了人类社会的共同发展、共同福祉，虽"道不同"但可以"相与谋"。运用"和合"思维分析差异、协调竞争、化解矛盾，借鉴"政通人和""兼相爱""和为贵"的理念，可有效化解社会矛盾、平衡社会关系，进而推动构建人类命运共同体，创建人类文明新形态。

（三）人格修养教育

大学生核心素养框架的建构需重点关注中国传统文化中关于人的理想人格及修身成德之学。[①] 儒家思想关注的核心主题是理想人格、为人之本，并提出理想人格及个人修身成德的达成表现。其中孔子以"仁"这一概念表征其格之理想。[②] 李景林，郑万耕认为孔子倡导的"仁"是对人的本质的把握，是儒家理想人格的内涵，是道德修养达到的至高境界。[③] 赵景欣、彭耀光、张文新认为儒家文化的修身成德之学，不但在有效引导人如何调节自我和正确对待他人与社会等方面发挥了重要作用，而且其"仁""义"等核心价值观念，也成为传统社会各种思想潮流相互融通的基础，成为主导中国传统社会的主流价值观。[④]

可见，以儒家文化为代表的中华优秀传统文化倡导塑造人的精神，蕴含诸多对人格培养和塑造的思考，包含系统的人格修养内容，对于建构具有中国特色的学生核心素养具有重要启示，是对当代大学生进行为学、做人、处世教育的重要内容。具体来说，人格修养的传统思想包括"独善其

---

① 赵景欣，彭耀光，张文新. 中华优秀传统文化传承与学生发展核心素养研究 [J]. 中国教育学刊，2016（6）：23.

② 李景林. 教化的哲学：儒学思想的一种新诠释 [M]. 哈尔滨：黑龙江人民出版社，2006：323 - 324.

③ 李景林，郑万耕. 中国哲学概论 [M]. 北京：北京师范大学出版社，2010：3 - 6.

④ 赵景欣，彭耀光，张文新. 中华优秀传统文化传承与学生发展核心素养研究 [J]. 中国教育学刊，2016（6）：25.

身""慎独自省""正心笃志,崇德弘毅""厚德载物""崇德向善""重义轻利""诚信自律"等内容,理应成为对当代大学生进行传统文化教育的重要选择。

1. 注重礼义廉耻的人格修养教育

如前所述,"礼义廉耻,国之四维",是指"守礼、取义、尚廉、知耻",这正是当代大学生"行远自迩"的能量所在。"四维不张,国乃灭亡",只有让"礼义廉耻"作为古代道德标准和行为规范的基础元素,将其如春风化雨般内化到个体的日常行为中,国家才能本固邦宁,社会才能长治久安。孔子有言:"君子义以为质,礼以行之,孙以出之,信以成之。君子哉!"(《论语·卫灵公》)这句话指君子把义作为本质,依照礼来实行,用谦逊的语言来表述,用诚信的态度来完成它。因此,高校可通过开展"礼义廉耻"专题教育活动,教育大学生在实践行为中深刻理解"礼义廉耻"的内涵和价值,并将"礼义廉耻"与日常生活实践结合起来,从自身做起,接受道德文明等文化精神的滋养和熏陶,做一个明礼守礼、崇廉戒奢、知耻知止的文明践行者。

(1)习礼修身的礼仪道德教育

礼仪教育倡导礼敬谦和、遵守规范、举止文明,是一个人在社会化过程中必不可少的道德和人格的行为养成教育。在传统社会中,"礼"代表一整套的道德规范和社会制度,内在蕴含了恭顺尊敬、自我节制、谦和礼让、友爱和谐的精神。在社会主义精神文明建设中,"礼"的人格素质养成日显重要。如果礼仪规范只是墙上的标语,会议上的口号,而不能践行于社会生活中,那么社会就难有秩序可言。针对当前大学生"礼"的意识淡薄的问题,高校应加强以"礼"为核心的人格素质教育,使大学生真正做到"习礼修身",成为谦敬礼让、彬彬有礼的谦谦君子。具体可通过开展学礼、懂礼、讲礼的教育而进行。

"学礼"是指学习和掌握传统文化中关于"礼"的知识和理论、思想和精神,了解礼的内涵意义、价值作用。如学习历史典籍、文化名著、经典名句中关于礼的经典论述,理解仁爱、忠诚、孝顺、恭敬、谦虚等。孔子所言"不学礼,无以立",认为一个人通过礼义修身才能成就君子人格。教师引领学生学习孔子"躬自厚而薄责于人"、孟子"恭敬之心,礼也"等以礼待人的主张，力争做到"克骄防矜""事思敬""不居功"；学习中华民族知书达礼、以礼相待的传统美德故事，如"虚席以待""曾子避席""程门立雪""三顾茅庐"等，了解古代先贤的礼仪风范；学习《诗经·小雅·鹿鸣》中"我有嘉宾，鼓瑟吹笙"的待友方式，《送东阳马生序》中"或遇其叱咄，色愈恭，礼愈至，不敢出一言以复"对待批评的正确态度，感受"以礼相待""礼贤下士"的礼仪道德，理解礼敬谦和内在蕴含的"自我节制，举止文明"等基本取向，强化大学生遵守公德和规则的礼仪意识。

"懂礼"古代是指理解和领悟礼节的使用范围，把握礼节的原则方法，运用礼来处理各种复杂的人际关系。现今指对人做事有礼貌，懂得尊重别人，不损害别人利益。《论语》曰："君子博学于文，约之以礼，亦可以弗畔矣夫！"意指君子要用礼来约束自己的言行举止，就可以避免偏离正道。孟子说"非仁无为也，非礼无行也"，孔子说"非礼勿视，非礼勿听，非礼勿言"，教育人们不合礼的事情不做。可见，懂礼不仅是为了适应社会的要求，更是为了强化礼仪意识，习得礼仪修养，形成自己的人格魅力和影响力。

"讲礼"是指遵守和实践传统文化中关于"礼"的规范和制度，如遵守仪式、法度、习俗、风尚等，以体现礼的精神和风度，展现礼的风采和效应。《汉书》中说："《乐》以治内而为同，《礼》以修外而为异。同则和亲，异则畏敬也。"这是指乐是用来调节内心的情感的，礼是用来规范外在的行为的。通过二者的结合，可使人们既相互和睦相亲，又相互尊重敬畏。《礼记》所言"礼尚往来，往而不来，非礼也；来而不往，亦非礼也"，强调用礼来与别人相处和交往，才能建立真正的亲密关系。所以，讲礼不仅可以表现个人的修养，更能赢得他人的尊重和信任。

当然，礼在传统社会中也出现了僵化、形式化和强制化的倾向，产生了种种流弊，受到学者们的猛烈批判，如魏晋玄学家对汉代名教的批判，清代戴震对宋明礼教的批判等。《道德经》曾言"夫礼者，忠信之薄而乱之首也"，指出"礼"是忠信不足的产物，也是祸乱的开端。如果过滤掉其中的糟粕，中国传统文化中的礼敬谦和教育对提升人的道德品质，形成文明礼让、举止优雅、行为端方的文明素养具有重要意义。学校进行卓有成效的礼仪教育，有助于扭转当前学校教育中礼仪缺失、道德失范的现象。所以，高校应高度重视并努力践行"礼"的教育，大力挖掘和继承传统文化中礼仪修身的优秀传统，将其作为大学生发展核心素养的重要精神资源。

（2）重义轻利的道德品质教育

如前所述，中国传统文化历来崇尚重义轻利、义以为上的价值理念。孔子提出的"君子喻于义，小人喻于利""君子义以为上""君子义以为质""不义而富且贵，于我如浮云"的义利观，主张为人处世应"以义为重"，强调"见利思义""见得思义"，不能以利害义，做事要遵守义的准则，不该做的不能做，不该得的不能要。孟子强调的"义利之辨"，提出的"舍生而取义"，主张重义轻利；荀子倡导的"先义而后利者荣，先利而后义者辱"，主张以义利区分荣辱；墨家主张的"万事莫贵于义"，董仲舒提出的"正其谊，不谋其利"，提倡人生应以行义为价值指针；宋明理学家强调的"天理之所宜"，凸显了"义利之辨"在道德修养中的重要性。这些主张均倡导超越私利而维护公义的精神维度，并以此为实现理想人格和提升精神境界的方式。在当前功利主义、个人主义的时风影响下，高校应着力加强对大学生重义轻利的道德品质教育，并将其作为促进大学生提升个性修养的重要教育内容。

特别需要强调的是，加强重义轻利的道德品质教育，需要着重引领学生明晰"义利之辨"，以促进学生形成正确的义利观。"义利之辨"中的"义"指的是社会公义，"利"指的是个人的利害得失。人们一般把"义"规定为行为之所宜、行之所当然，以"为义""行义"为价值的评价标准，并将义与利对举，推崇"义利相兼、以义制利、义利并举"的价值内容，倡导"以义让利、以义为上、以义为先、取义舍利"的价值理想。"义利之辨"原则下形成的"见利思义、重义轻利"的精神传统，主张"利以养其体，义以养其心"的义利观，核心在于对公利、大利的重视，在于"公义战胜私欲"的道德要求，千百年来成为中华民族一贯主张的价值原则。在教育实践中，向学生传输这种超功利的价值取向，可为当代大学生提供高位的价值目标，助其产生重义轻利的道德品质和义利相兼的道德行为。

（3）勤劳俭朴的廉洁作风教育

"勤劳节俭、艰苦奋斗、廉正奉公"是中华民族的传统美德。古人云"节俭朴素，人之美德；奢侈华丽，人之大恶""历览前贤国与家，成由勤俭破由奢""奉公以勤，律身以俭"，表明中华民族对勤俭与奢侈鲜明的善恶态度。我国劳动人民坚持天道酬勤，《尚书》云"功崇惟志，业广惟勤"，《农书》言"勤劳乃逸乐之基"，《盐铁论》言"春夏耕耘，秋冬收藏，昏晨力作，夜以继日"，韩愈诫语"业精于勤荒于嬉"，都反映了我国劳动人民艰苦劳作的优秀品质。纵观历史，大到国家、小到家庭，无不是兴于勤俭，亡于奢靡。只有每个人都意识到"民生在勤，勤则不匮"（《左传》），才能共同续写中华民族繁荣兴盛的新篇章。

儒家大力提倡节俭，孔子说"奢则不孙，俭则固""节用爱人，使民以时"，荀子说"强本而节用，则天不能贫"，均告诫人们要保持节俭廉洁的精神。《尚书》云"克勤于邦，克俭于家"，《左传》称"俭，德之共也；侈，恶之大也"，《资治通鉴》言"取之有度，用之有节，则常足"，《弟子箴言》曰"一粥一饭，当思来处不易；半丝半缕，恒念物力维艰"，均说明了勤于业、俭于家的重要性。教师可引导学生深刻领悟其中蕴含的以严守道、自警自省、防微杜渐、踏实有为的廉洁精神，切实感悟先辈们为民族、为国家不计个人得失而严于操守的"清白"之心、廉正不苟的"清白"之风，进而深切理解俭朴廉洁作为中华民族的基本精神在中国式现代化建设中应大力传承与弘扬的现实意义。

（4）厚德载物的精神品质教育

厚德载物的高尚道德精神是中华优秀传统文化道德理念的精髓所在，其出自《周易》中的"地势坤，君子以厚德载物"，意思是指君子要学习大地的宽厚品性，以博大的胸怀容纳、承载万物，从而修养自己的德行。厚德载物展现出"海纳百川，和而不同"的包容开放的精神，君子之度量，应如同大海一般宽广，心包天地，德无不容。梁启超1914年在清华大学堂的演讲中解读厚德载物时曾说："坤象言，君子接物度量，宽厚犹大地之博，无所不载。君子责己甚厚，责人甚轻……当其名高任重，气度雍容，望之俨然，即之温然，此其所以为厚也，此其所以为君子也。"

厚德载物还含有"贵柔守雌，上善若水"的谦和品质，"含德之厚，比于赤子"。老子认为，只有道德深厚的人才能拥有柔和的品质，提出"上善若水，水善利万物而不争，处众人之所恶，故几于道"，认为一个人最美好的品德就像水一样。厚德载物还表现为"宽以待人，反求诸己"的宽恕自省心态，倡导忠恕之道，要以宽宏大度的心态去宽恕别人，同时也要多责备反省自己的问题，遇到问题不是向外求全责备，而是反向自身寻找原因，做到"行己有耻"（《论语·子路》），"有耻且格"（《论语·为政》），"耻其言而过其行"（《论语·宪问》），即对自己的意识与言行要有知耻之心，做事要依照道德标准进行自我检点而归于正道，认为可耻的事就不要去做。这是圣贤君子对心性修养和道德准则的实践，也应成为当代大学生塑造"知耻而不为"品质的重要道德戒律。所以，引导学生深入领会并践行厚德载物，具有非凡的教育意义。

2. 强化自律自强的人格修养教育

（1）诚实守信的人格品质教育

处在市场经济大潮中的当代大学生，面对诸多诱惑和冲击，之所以会产生诚信道德问题，归根到底是没有形成坚定的诚信道德信仰。习近平曾说："信仰、信念、信心，任何时候都至关重要。"诚信是传统社会中保持人际正常交往和维持社会正常运转的一种基础德行准则，"信"与"诚"体现了诚实不欺、恪守信用、自省自律的诚信精神。在大力发展市场经济、利益交往日益频繁的现代社会，诚信精神越发可贵与必要。因此，高校教育要着力加强对大学生"诚实守信"的道德品质教育，引导他们维护真善美、警惕假丑恶，恪守道德底线，珍惜名誉地位，树立"言必信，行必果"的理念，塑造诚实守信的优秀品格，教育他们明白"诚实守信"是一种社会永远不会过时的美德，在学习和生活中做诚信的倡导者和践行者，做到讲求信誉、遵守诺言，言行一致、表里如一。

为了促进大学生坚守诚信道德，高校应注重道德教育内容的外化实践和内化吸收，即引导学生把诚信道德内容不断践行在实际行为中，使其成为一种习惯，同时又不断地将诚信道德行为反馈内化，在潜移默化中形成坚定的诚信道德信仰。传统文化中曾子杀彘、宋濂抄书、季布一诺千金、尾生抱柱以守信的历史典故，可有力促进大学生对新时代诚信道德观念的内容、要求和意义等形成自觉认同，并在实践生活中努力践行，逐步形成对诚信道德内容的内化，促进学生诚信道德品质的良好发展。

（2）自强不息的立志弘毅教育

中华传统文化中有许多立志警句，是对中国人积极人生态度的最集中的理论概括和价值提炼，有利于对大学生开展立志教育。《周易》曰"天行健，君子以自强不息"，指出君子应积极向上，奋发有为。《周易》中"其德刚健而文明，应乎天而时行"，把刚健作为立身行事的必备品质。孔子提出"刚、毅、木、讷，近仁"（《论语·子路》），其中"刚"是实现"仁"的必备条件。屈原《离骚》中"路漫漫其修远兮，吾将上下而求索"，体现了坚持不懈、不畏艰险、不屈不挠的精神品质。

孔子提出的"三军可夺帅也，匹夫不可夺志也"（《论语·子罕》），强调人要有坚定的志向；墨子所言"志不强者智不达"，强调志向不坚定的人，智慧得不到充分的发挥；南朝文学家丘迟所言"弃燕雀之小志，慕鸿鹄以高翔"（《与陈伯之书》）；诸葛亮所言"志当存高远"；曾子所言"士不可以不弘毅，任重而道远"（《论语·泰伯》）；人无志而不立，王守仁所言"诚以学不立志，如植木无根，生意将无从发端矣。自古及今，有志而无成者则有之，未有无志而能成者也"（《寄张世文》），都强调人要有宽广、坚韧的品质，高远的理想信念和自强不息奋斗的精神。《中庸》提倡博学、审问、慎思、明辨、笃行的治学之道，主张刻苦学习、不甘人后，是刚毅自强、积极有为思想的表现。在这些价值观的引导下，产生了一批又一批的具有浩然正气的义士君子，他们明辨是非、见义勇为、舍生取义的精神，为维护社会正义和伦理道义发挥了重要作用。

实践证明，有理想信念、有道德情操、有健全人格、有崇高精神，成才之道才有正确的价值导航，人生之路才能越走越宽广。党的二十大报告指出："坚持发扬斗争精神。增强全党全国各族人民的志气、骨气、底气，不信邪、不怕鬼、不怕压，知难而进、迎难而上，统筹发展和安全，全力战胜前进道路上各种困难和挑战，依靠顽强斗争打开事业发展新天地。"所以，将传统文化中自强不息的高远志向和刚健有为的奋斗精神，融入学生的意志品质教育中，引导大学生积极应对困境和磨难、挫折和厄运，保持不屈不挠、奋发向上的精神状态，坚持自强不息、坚韧豁达的人生态度，可唤起大学生敢于担当、不畏艰难的责任意识，培养大学生践行理想目标顶风翱翔，不舍追求的精神品质。

（3）自省自律的律己修身教育

人们都有一种追求道德人格自我完善的内在心理需求，这必然要求道德主体要有关爱自己、反省自身的意识和能力。如前所述，自省或内省是人对自己的行为进行检查或察看，实质上是一种体现良好人格品质的律己修身行为。从现代心理学的视角来看，自省或内省是一种心理活动或行为的自我调节，有效的自省或内省可促进个体改进缺失、完善自我，谐和内心、提升道德。中华优秀传统文化中含有的"内省""中庸""自我意识""反躬自省""慎独"等内容，体现了对个体的心理活动或行为进行自我调节的心理健康观，是对个体进行律己修身教育的重要内容。大学生要想形成优良的思想品德并达到知行合一，应潜心学习和传承中华优秀传统文化中律己修身的传统美德，不断汲取丰富道德修养的内省方法，并虚心进行自我反省，常常反思自问"应该成为什么样的人"，努力提升自身的律己修身意识。

如果说自省是一种律己修身的自觉意识，那么自律相对来说体现的就是一种律己修身的自觉行为。马克思曾说："道德的基础是人类精神的自律。"自律是人通过对自己情绪和思维的控制，来获得主动行动的能力。自律的最高层次是慎独，慎独是一种情操和修养，是一种良知和坦荡，是自律最坚定的内心信念。古代先贤在人格修养方面十分讲究"慎独"，并以"君子慎独"作为自律修养的高尚境界。因为在古人看来，"君子慎独"就是达到良好道德修养的人，他们在任何时候都能够严以自律，反躬自省，不做违背道德、违纪违法的事。事实上，个体只有在独处时才会表现出真实的道德修养水平，在自律行为中才能真正促进自我的成长和进步。高校要着力加强对学生的自律修身教育，引领学生努力学习和体验优秀传统文化中的人格修养内容和方法，助力学生不断完善自身的道德品行，加强自我修养。

（4）自知自觉的自我认知教育

当前，大学生群体中许多学生没有形成正确的自我认知和自我评价，自负和自卑心理矛盾交织，自律和自省意识不足。有的盲目放大自己的优点，好高骛远、眼高手低；有的特别在意自己的不足，斤斤计较、时时在意；有的不能客观公正地进行成就归因，总是怨天尤人、自怜自叹。凡此种种，说明大学生的自知能力和自我评价能力发展不健全。亚里士多德说过，"不知自己的过失是最大的病痛"。习近平强调："青少年阶段是人生的'拔节孕穗期'，最需要精心引导和栽培。"① 所以，面对新时代的挑战，引

---

① 习近平. 习近平谈治国理政：第三卷［M］. 北京：外文出版社，2020：329.

导大学生通过自知、自省、自觉，形成正确的三观，对于强化学生的主体意识、个性意识、独立意识和自主意识具有重要意义。

《孟子·尽心章句上》有言"达不离道"，"达"即"成功"，意思指一个人的成功并非一蹴而就，而是建立在"道"的基础之上。"道"就是"穷则独善其身，达则兼善天下"。在自我成功的道路上，首先要洁身自好、修养自身，加强自我认知、自我评价教育，使个人的行为、认知达到一定的境界，更好地兼善天下，服务社会，发挥个人价值，实现真正意义上的成功。正如《人物志》所言"圣贤之所美，莫美乎聪明；聪明之所贵，莫贵乎知人"，意思为圣人贤者美好的地方就在于明察事理，明察事理可贵的地方就在于知晓他人所长所短、所忧所虑。这些在中国古代所信守的基本价值理念，经过今天创造性的阐释，仍然可以为我们所用。

当代大学生多数在充满关爱的家庭滋润中成长，面临升学、就业和人际关系压力时，心理承受能力和情感驾驭能力都明显不足，在激烈的竞争中往往容易迷失方向，也缺少纾解压力的方法。而进行客观的自我认知和理性的自我评价，内塑合理的成就动机，协调好心理期望与客观现实的平衡关系，对于维护个体身心健康、构建和谐社会和促进社会主义精神文明建设具有积极的推动作用。学习优秀传统文化中的人格修养内容，可引导大学生汲取丰富的道德修养和内省方法，树立高尚的价值追求和道德行为，养成良好的行为习惯和道德品性。

综上所述，中华优秀传统思想文化对于提升人的文明素养和维护正常的社会秩序发挥了积极作用，可作为培育大学生道德品质、精神涵养、价值追求的重要教育资源。其中忧国忧民、治国平天下及精忠报国的思想，可促进个体涵养内在的中国精神。仁与礼的结合，可促进个体内在的道德情感与外在行为规范相统一；重义轻利、诚信自律，可作为修身成德和实现完满人格的途径；廉洁自律、艰苦奋斗可推进个体秉承中华民族的传统美德；厚德载物、修身自省可拓展为应时守势、德性修持内圣之道，以及为己之学等人生观与价值观；自强不息、刚健有为可促进个体内塑勤劳勇敢、坚韧不拔的精神品格及意志品质。从某种意义上说，把握了这些教育内容，也就把握住了中华优秀传统文化的核心和精髓。

第三节　高校中华优秀传统文化的教育路径突破

新时代新征程，中国传统文化的传承与弘扬迎来了巨大的发展契机。只有在保留自身发展特色的同时，不断探究与寻求中国传统文化的发展之路，中华优秀传统文化的传承发展才会真正做到一脉相承。高校肩负着保护国家文化安全、促进社会和谐发展和传承民族文化血脉的重要使命。因此，高校教育必须体现自己国家和民族的文化特色，推动传统文化教育走向普及化和规范化，对学生进行系统、深入的传统文化教育，将优秀传统文化思想与现代思想相融合，引领大学生的思想行为，培育大学生的人格品质，促进大学生人才素质的健全发展，最终实现对大学生立德树人的教育和核心素养的培育。

实践证明，在知识学习中经过不断的强化教育，在一定程度上会在学习者身上产生明显的教育转化效应。大部分学生在思想意识中都认可和明白良好人格品质应具有的内涵，只是受周围环境的感染和影响，有时难抵诱惑，难以自控而偏离本心，以致产生盲从行为。教师如能及时给予学生合理的教育引导和警示提醒，多数学生会自我反省而回归本心，并会在行为取向中体现出正能量。所以，突破传统文化教育方法的桎梏，构建卓有成效的传统文化教育路径，可有效发挥中华优秀传统文化的教育作用力，有力塑造大学生的理想人格。

一、开设合理化的传统文化教育课程

在中国式现代化背景下，为促进社会主义精神文明建设，展现人类社会文明新形态的高校教育风采，就要努力创新办学思维，促进人才培育的高质量发展。当前大学生传统文化底蕴不足的现状客观存在，如何将中华优秀传统文化资源以恰当方式融入高校教育中是困扰高等教育界的重大挑战。因此，高校应克服倾向专业教育的短视和不足，创新中华优秀传统文化教育路径，完整阐释并大力弘扬中华优秀传统文化的价值观念、思维方式以及智慧主张，引导大学生学思并重，努力拓展和深化精神价值向度，

形成良好的文化意识和价值认知，成为具有人文情怀的高素质的"人"。而内容丰富的课程设置不仅可丰富学生的知识体系，而且可促进学生在学习了解、深入理解知识内容的基础上，不断反思和判断中国传统文化中的优秀因子、与西方文化相比较的独特优势、应用于现代文明和文化视野下的存在价值和教育意义等问题。因此，高校传统文化教育工作首先要客观考量、精心设置传统文化课程结构。

（一）增设中华优秀传统文化通识教育课程

2017 年中共中央办公厅、国务院办公厅印发的《关于实施中华优秀传统文化传承发展工程的意见》，明确了大学阶段传统文化教育的基本要求，提出"推动高校开设中华优秀传统文化必修课，在哲学社会科学及相关学科专业和课程中增加中华优秀传统文化的内容"。在本研究调研"大学生期望通过怎样的途径学习了解中华优秀传统文化"时，62.56％的学生"希望学习相关传统文化课程"。为此，在高校通识教育课程体系中，根据学科专业已有课程设置情况和人才培养特色，调整现有的课程结构，适当提高传统文化课程的比例，体现学科课程体系的文化底蕴，增加学生获得学习中华优秀传统文化知识内容的选课机会，是重要且必要的。中华优秀传统文化课程的设置可以包括理论课和实践技能课。

理论课可以开设一些经典哲学、历史文化、民族风俗、文学欣赏、艺术赏析等内容的课程，按每学期两到三门滚动开设。具体课程名称一方面可设置一些传统文化概论类课程（含导论、引论等），如"中国传统文化概论""国学概论""传统艺术概论"等，引导学生对中国传统文化的总体概要进行了解性的学习；另一方面可设置一些专论类课程（含专题、专书、专人等），如"儒学与中国传统文化""《诗经》导读""《老子》导读"等，让学生对某一专题或某一学派有更为深入的理解和把握。

实践技能课可在第二课堂或创新创业课程中开设一些民族音乐赏析、民族舞蹈、书法、工艺制作（剪纸、泥塑、面塑、版画）等课程，课时可根据实际情况灵活变动。实践技能授课教师应接受专门的技能培训，或外聘非物质文化遗产代表性项目传承人、民间传统文化手艺人等，以保证学生优质掌握传统技艺，为学生能在动手操作中获得审美体验和情感陶冶创设条件。还可开设一些实践体验类课程，如戏剧戏曲表演、服饰制作、茶道学习、陶艺制作等，为学生创设将传统知识转化为实践体验的机会和氛围，促进学生深度感受中国传统文化的独特魅力和内在意蕴。

目前，部分高校开始在素质教育试点、通识教育实验和公选课实验的基础上探索通识教育课程，目的在于将传统文化教育通过通识教育付诸实践。在授课内容方面，一些高校在开设的中国传统文化课中讲授中华经典，揭示中国传统文化的现代价值；一些课程视频被选入"学习强国"学习平台，发挥了良好的文化宣传效应。如吉林师范大学的《中华文化选讲》、四川大学的《走近苏东坡》、中国海洋大学的《中华传统文化趣味谈》、上海外国语大学的《中国传统音韵学》、四川大学的《中华传统文化与人生修养》等，更有用英语讲述传统文化的课程视频，如四川外国语大学的《中国文化导论及经典文本选读》、华南理工大学的《庄子寓言及其智慧》等。这些课程的开设，在不同程度上满足了大学生对中华优秀传统文化学习和了解的需求。

（二）开设地方化的本土优秀文化课程

我们熟知，民族的就是世界的，能够充分体现传统文化特色的往往是最具地方特色的本土文化内容。本土文化是"以地域为单位，以景物、历史故事为载体，以现实为表象，在社会进程中发挥积极效用的所有人文活动的总称"①。本土文化类型多样，以不同的方式演绎着特定的文化形式，囊括了该地区人民所创造出的优秀的精神文化和物质文化，如音乐、舞蹈、戏曲、文学作品，风土人情、民俗文化、名胜古迹等。② 本土优秀文化蕴含着丰富的精神内核，彰显着一定地域的民族特色，是经过当地人民在与客观世界长期相处过程中不断积淀出的具有本地区特色和色彩的文化，对塑造人们积极的世界观、人生观、价值观，对实现民族认同起着不可估量的促进作用。③

---

① 赵红云. 文化自信视阈下地方高校美术专业特色课程群的构建与实践 ［J］. 四川戏剧，2021（4）：197.

② 袁紫荆. 本土优秀文化融入大学生思想政治教育研究 ［D］. 南京：南京航空航天大学，2022：9.

③ 李清华. 渝东南本土文化校本课程发展的现状及策略研究 ［D］. 重庆：西南大学，2013：6－7.

本土优秀文化有着精神纽带的作用，深刻影响着个人成长中的思维模式和价值观，对本土文化的魅力感受越多，就越容易认同本土文化。① 在多元文化环境中本土优秀文化体现出更大的价值与意义，因为学生只有明确自身的文化归属和认同自身的文化身份，才能扎根于厚实的文化土壤，建构起个性化的文化体系，才能在跨文化语境下发出自己的声音。②

进入 21 世纪以来，民间自发掀起了弘扬民族精神、挖掘传统文化、保护文化遗产的热潮，反映出社会对本土文化资源的热切渴望。将这种自发的情感和行为上升到国家政策层面，并反过来对这种现象进行政策上的引导和规范，学校教育起着不可替代的重要作用。然而，我国学校的课程设置普遍重视国家课程，而本土文化课程逐渐被简单化和边缘化，高校教育也忽视了对人学生乡土情怀的培养，由此也削弱了大学生扎根乡土、回乡工作的内驱力。这种课程文化"在地性"的缺失制约了"接地气"的人才培养。③ 生活中学生与本土文化渐行渐远，缺乏对本土文化的体验、认识，本土文化的文化自觉和文化自信逐渐式微。

在现实社会中，不可能使所有的本土文化都原汁原味地回到生活当中，但学生对于本土文化的价值肯定和文化认同可以在校本课程中得到加强，本土优秀文化资源的运用为高校校本课程建设打开了新的思路与视野。《中国教育现代化 2035》指出，高校要"科学定位、特色发展"。从文化适宜性的视角来看，学校教育应构建具有本民族、本地区特色的课程文化。因此，我国高校应积极响应国家战略，结合自身历史积淀、学科优势、办学特色，在课程建设上从区域实际出发，因地制宜设置具有地域特色的本土文化课程，担负起传承与发展地域文化的使命。特别是地方高校有着独特的历史文化与地域优势，应积极打造地方文化品牌，构建以德为先、具有地域特色的高质量人才培养体系，为地方发展输送具有浓厚本土文化知识的人才。

─────────────

① 高长青. 本土文化的认同教育：校本课程实施的重要任务 [J]. 教育理论与实践，2022，42（2）：50.

② 高长青. 本土文化的认同教育：校本课程实施的重要任务 [J]. 教育理论与实践，2022，42（2）：49.

③ 阮红环，刘佳. 地方高师院校课程文化的"在地性"追求 [J]. 黑龙江高教研究，2023，41（4）：34–35.

　　高校应强化本土文化传承意识，树立"与一方水土联结"的教育理念，遵循适宜性、本土化的原则，着眼于本地区丰富多样的优秀传统文化资源，提炼本土文化优势，挖掘、吸纳具有鲜明地域特色和精神特质的文化资源，实现向学生生活世界的回归。具体来说，高校可适当增加本土文化课程，建设具有地域特色的科研平台，研发本土文化教材，将地方的特色资源、历史文化、著名人物、风俗民情等引入课堂，重建更具乡土性、在地化的课程文化，以"热土教育"培养学生的地方归属感，以"有根教育"培养学生的文化认同感；① 可灵活开展具有地域特色的实践活动，以各种隐性价值的相对显性表现使学生感受本土优秀文化的价值意义，培植学生的乡土观念与故乡情怀，促进其树立自觉服务地方社会的意识，锻造甘于奉献地方发展的精神品质。

　　如网络平台上播放的浙江师范大学的《江南古镇与水乡文化》、西安交通大学的《唐诗话长安》课程视频和贵州某高校开设的"贵州经济地理""贵州酒文化概论""贵州少数民族文化精粹"，内蒙古某高校开设的"草原文化""蒙古马精神"等以讲授本土知识为主的选修课，以及内蒙古教材委员会编制的地方教材《蒙古族风俗文化》，可有力促进学生对本土知识文化的了解和掌握。某高校在国家政策支持下，重新培植以爱国主义为核心的岭南文化的精神气质，开发岭南书法、岭南画派、岭南诗歌、岭南建筑、岭南工艺、岭南民俗等以岭南艺术文化为主要载体的本土文化课程，发挥学校课程对本土文化保护、传承与传播的功能，增强学生的文化归属感与认同感。有的高校将当地特有的客家文化、妈祖文化、红色文化、阳明文化、闽南文化、甘南藏区文化、新疆文化等融入思想政治教育课程以及其他专业课程教学中，引领学生了解、熟悉和弘扬地域本土文化，使学生充分感受本土文化中所蕴含的爱国主义精神等，为地方社会培养了解地方文化、熟悉地方资源、怀有乡土情怀的学生。

　　在实践中，还可通过"请进来"的方式，邀请当地民间艺人和非物质遗产代表性项目文化传承人等作为兼职教师进校园、进课堂，对学生进行

---

① 高淮微，樊美筠. 建设性后现代生态教育：问题与路向［J］. 自然辩证法研究，2015，31（5）：112.

剪纸、面塑、布烟袋、版刻画等乡土文化方面的技艺培训，引导学生主动参与中华优秀传统文化的传承与创新活动。所以，高校应引导学生提高对中华优秀传统文化的理解力，增强对传统文化内涵与精髓的把握，提高文化创新意识，并通过本土课程加快传统文化教育资源的开发与利用，提升学生的传统文化修养与文化创新意识。这是传承和发扬优秀地域文化的必然要求，也是培养有乡土情怀人才的自觉追求。

（三）开设生活化的审美文化课程

张岱年在《中国古典哲学中的优良传统》一文中指出："中国文化的优秀传统的核心是关于人生意义、人生价值、人生理想的基本观点，可以称为人本观点。所谓的'人本'，是指人是社会生活之本。"中国传统文化提倡"天人合一"，强调人与世界的关系，关注人如何生存于世。这使得中国文学、中国艺术、中国哲学都没有脱离人生，都与具体生活相结合。如聆听中国古典音乐，感受天籁的美妙；欣赏中国古典绘画，感受如在境中游的情境；临摹中国古代书法，感受"一气运化"的生机与生命力等，这些都是源于生活的审美文化。

文化之美在于呈现，也在于感悟，如果学生缺乏审美素养，就会对美视而不见、听而不闻。如果对学生进行审美引导，传授审美方法，学生就会善于发现美并提高审美能力。因此，高校应重视经典艺术的教育和熏陶，建设生活化的审美文化课程，引导学生进行文化审美。生活化的审美文化课程是一种精神与气质上的感染与教育引导，可以起到愉悦情感、焕发激情、提升气质的作用。生活化的审美文化课程应包括反映人们思想生活和艺术生活的内容，如"学习强国"平台上的《中华传统文化与人生修养》《诗歌欣赏与诗歌疗法》《走进吟诵》《唐诗话长安》《中国传统文化趣味谈》《中国传统饮食文化赏析与制作》《学成语　知中国》《灯谜文化》《江南古镇与水乡文化》《民俗文化鉴赏》等经典诵读、民俗文化、艺术鉴赏、社交礼仪之类的人文素养课程视频。

学习生活化的审美文化课程，促进学生不是停留在对文化事实的感性直观的了解中，而是透过艺术形象和思想体系，反思中华民族所特有的精神气质和文化追求，领悟生命生活中凸显出来的对"人"的关注。如通过人文通识课程，引发学生体悟人文思想，领悟人生智慧，培育自信自尊、理性谦和、奋发向上的积极心态，收获人生的幸福感和美好感；通过经典诵读活动，引导学生领悟经典名句、名篇之美，体悟生活意义和生命价值的真谛，提高审美趣味；通过艺术文化赏析课程，引领学生学会用不同的审美视角，发现、感悟、理解中华传统文化艺术的审美特征，提升艺术审美力、艺术鉴别力和审美素养。如某高校引入当地民俗艺术（树雕、剪纸、乡村民间画、根须画、偶人、树皮画、泥塑、刺绣、泥玩具等）元素，将充满美育特色的民俗文化引入审美文化课程中，从技法、成果展现上直观清晰地传达出地域文化特色，开拓了审美文化课程实践的教育路径。

在实践中，基于高校办学理念和育人目标等教育实际情况，可着力打造传承中华优秀传统文化的"美育体验活动室"，借助多重举措形成教育合力，更好地提升中华优秀传统文化教育的时效性与实效性。活动室可以从认知区、体验区和传承创新区三个方面进行构建。

认知区主要以学习了解中华优秀传统文化美育资源为主，旨在促进学生拓展认知，开阔视野。活动可以采用"传统文化美育资源＋"的方式进行，围绕"传统文化美育资源"，自由组合创设多种学习方式，可通过"小组合作、轮流主讲""聘请老师、主题讲解""网络学习、自主认知"等多种方式进行。活动也可开发网络数字化学习平台，设置"自主体验，人机互动"互感体验机，将静态的美育资源动态化呈现，促进学生在感性认知中的理性思考。如将中华山水文化、仁爱诚信文化、孝道文化、传统礼仪文化、传统节日文化、传统戏曲以及书法绘画等文化内容，以知识图景、视频动画等形式精彩展现，学生可根据自己的审美需求和情趣爱好，自主选择满足个性化需求的内容，感悟中华优秀传统文化的哲理之美、人文之美、自然之美和艺术之美。

体验区主要以学生实践参与、深度体验，获得快乐的积极情感为主，旨在激发学生在参与体验中，深层次感受中华优秀传统文化的多彩魅力。活动可创设"主题＋审美体验"为主的内容，促使学生围绕不同审美主题，灵活运用多种方式参与体验。如设置茶艺、经典吟诵、礼仪、泥塑等主题体验室，营造浓郁的文化传承和美育氛围，学生按照自己的兴趣爱好，深度参与穿汉服、习汉礼、观茶艺、诵经典等活动，潜移默化地感受传统文化魅力，涵养自身的情感、趣味、心灵和人格，激发自身对高雅艺术的由衷热爱和审美追求。

传承创新区主要以学生动手操作、自由发挥，对传统文化进行美学意义上的创造性转化和创新性发展为主，旨在激励学生在自主学习、自发创新中华优秀传统文化中，真正感受和自觉传承中华优秀传统文化的美学价值。活动可创设"项目＋文化传承"为主的内容，引导学生创新颇具地方民族特色的艺术文化，如设置剪纸、木雕、面塑、书法、篆刻、戏曲等美育项目，激发学生在认知、体验的基础上自觉传承、大胆创新，增强学生的自主学习和文化创新能力。

所以，高校应深入挖掘并优化整合中华优秀传统文化资源，以学生为本开设中华优秀传统文化课程，在课程实施中要注重同时培育学生的人文素养和科学精神。在推进学生拓宽视野、开拓认知的过程中，更要强调感性直观和理性反思的密切结合，促进学生成为具有广泛人文视野、深厚文化底蕴、创新审美追求的高素质人才。

二、发展多样化的传统文化教育方式

众所周知，呆板的教育教学方式，不仅难以吸引学生的学习兴趣，还会使教育成效大打折扣。而新颖、趣味性的教育教学方式很容易激发学生的学习动机。针对现实教育中存在教育方式单一化、枯燥化等问题，高校应在遵循教育规律的基础上，时刻谨记要以学生为中心，以育人为目标，根据教育变革的需要与学生发展变化的需求，积极探索富有吸引力、创新性的教育教学手段和方式，从而优化高校传统文化教育体系，培育学生的自主探究能力和文化自觉传承意识。

（一）立足课堂主渠道，创设多样融合的教学方式

当前高校传统文化课程一般以"概论"式内容居多，多是涵盖方方面面的宏观、笼统、浅层面、表象的知识介绍，很少有微观、具体、详实、深入和专项的内容解读；课程讲授以理论说明、讲解灌输居多，缺乏对理论精髓、技艺精华的深层价值剖析；方法指导侧重于引领学生从总体上宏观把握、广博涉猎，而实践演练、操作演示却很少；教学形式以学生们习以为常的"班级上课＋作业测试"为主，缺少满足学生学习需求应有的契合度和吸引力。

事实上，在对传统思想文化的讲授中，如果只是引领学生泛泛了解一些先贤圣人的主要观点，而缺乏引导学生深入触碰其作品内涵，那先贤哲人的思想观点就难以深刻触动学习者的思想灵魂，无法调动学生的学习热情。同样，在对传统文化技艺的传授中，如果只是引导学生简单欣赏其外在形态，而缺乏实际的操作、打磨，那技艺作品所包含的创作技巧和其内在蕴含的价值意义就难以被学习者真正领会。所以课堂教学中，可充分发挥课堂教学主渠道作用，精心设计精讲与精练紧密结合、经典阅读与讨论交流相结合等多样融合的常态化教学方式。

1. 构建精讲与精练紧密结合的常态化教学方式

为了克服学习内容的无限性与学习时间的有限性之间的矛盾，教学中可将面面俱到的灌输式授课方式，改为精讲与精练相结合的教学方式。精讲可针对某个核心思想，如孔子的"仁"、墨子的"兼爱非攻"、老子的"上善若水"等；也可着重讲授某项特色技艺，如泥塑、剪纸等；还可围绕某项主题内容，如"和合文化""爱国情怀"等。精练是学生在教师精要的讲解中，抓住核心精髓内容和关键要点，围点拓学，精心练习。精讲与精练紧密结合的目的在于以点带面，融会拓展；以引带学，激发自主；点面结合，教学相长。精讲内容的选择至关重要，教师要加深与学生之间的沟通交流，准确掌握学生的思想动态和知识脉络，强化教育素材的生活化与时代性，提高精讲内容的吸引力和实效性，促进学生在静态解读和动态练习中，深刻领悟、深切感受中华优秀传统文化的博大精深和不朽魅力。精练的内容要设计好主题，选择好内容，以确保练习活动的实效性。具体可在拓展学习和知识运用中，引导学生进行"传统文化知识运用的教学设计"练习，以加强学生对优秀传统文化的学习迁移、知识转化和实践应用能力，并检验学生学习中华优秀传统文化的实际效果。

对师范院校的大学生来说，查看其在专业实践中对所学传统文化知识的迁移应用能力，主要是看其在处理中小学教材内容时如何进行教学设计。在对教育学课程中"教学设计"内容进行学习时，可利用小学教材内容注重家国情怀、传统节日文化教育的取向，引导学生在对阅读、词汇、诗词等语言学习进行教学设计时，充分借助教学内容的主题语境，巧妙设计话题性情境，创设与中华优秀传统文化相关的教学情境，以图片、视频、节目等方式呈现中华优秀传统文化内容，以强化学习者对教材内容的理解，并拓展学习者的文化认知和学识素养。

如在英语教学设计中可精心设计"中华优秀传统节日文化的融入方式"。具体可在教学设计中明确文化融入目标、拓展节日文化内容、丰富节日文化资源、创新文化融入方法等，在"教—学—评"中随文磨练中华传统节日文化有效融入的教学方式，破解英语教学中西方文化独占鳌头和中华文化失语的教学现象，帮助学习者在对比学习中西方节日文化过程中，客观认识和理解中西方文化的异同，从而建构合理的知识结构，形成正确的价值观，最大程度提升学习者中西跨文化交流与沟通的意识和能力。

又如在语文教学设计中可精心设计"古诗词教学中的家国情怀教育策略"，具体可通过深挖古诗词中家国情怀的内在意蕴，引导学生体悟与践行家国情怀，加强古诗词中家国情怀的激发力度，落实古诗词中家国情怀的教育评价等，加强对学生的家国情怀教育。也可在古诗词教学中加入审美教育的策略，通过创建情境引领学生体会山水诗的深邃哲思，培养学生敏锐的审美意识、正确的审美认知、高尚的审美情趣和活跃的审美创造力。

2. 创设经典阅读与主题研学相结合的学习方式

（1）经典阅读中拓展认知传统文化思想精髓

在课堂教学中，可运用经典阅读与讨论交流相结合的学习方式，促进学生在经典阅读中拓展认知传统文化思想，深度理解、深刻掌握传统文化精髓。具体可通过读书活动、阅读指导等拓展性学习活动，为学生指定少而精的经典阅读书目，引导学生以丰富生动的感性材料为基础，进行有深度的理性思考和讨论交流，促进学生在感性直观和理性反思中深入理解和把握经典内容，将"多知"和"多思"相结合。

为激发学生的阅读兴趣和讨论激情，教师可提炼一些与现实生活相关联的问题，要求学生以现代视角解读古代思想，挖掘其教育智慧并进行现代阐释，用以解决现实中的问题；也可要求学生与古代圣贤"做朋友"，体验他们的思想感情、家国情怀等，实现穿越时空的古与今的对话。如引领学生潜心阅读《道德经》《论语》《中庸》等，领悟圣贤智慧，品味经典思想，并进行讨论交流，探究古圣先贤的思想精髓对于人生智慧、个体发展的启示意义和引导价值。讨论交流可活跃思维，迸发思想火花，容易引起思想共鸣和情感升华，更易将抽象概括的主张多维理解，多层面应用，从而利于将精髓思想入脑入心，入心入行。引导学生通过讨论交流，提炼研究性学习的主题，使经典阅读和主题研学密切结合起来，二者相辅相成，促进学生对中华优秀传统文化的学习和理解。

（2）主题研学中深入理解传统文化教育价值

在潜心阅读相关传统文化知识内容中提炼相关主题进行研究性学习，可促进学生深入理解传统文化的内涵与价值。如小学教育专业学生对小学古诗词的学习，可在对诗词内容的反复品读中，提炼出爱国主义、礼仪道德、审美教育等主题，以探究中华传统文化的教育价值。在具体的研究性学习中，有学生围绕家国情怀、审美教育等主题，进行了专门的研究性学习。

有学生深入阅读研究小学古诗词后，将小学语文统编教材中蕴含家国情怀主题的古诗词作品分为领悟思乡之情的家乡情主题诗、感受美好生活的家乡景主题诗、培养居安思危意识的爱国情主题诗、歌颂大好河山的爱国景主题诗和激发保家卫国的家国一体观主题诗，提出在小学语文古诗词中有意识地对小学生进行家国情怀教育，可涵养小学生爱家爱国的道德感和自豪感、家国一体的价值观和认同感，促进小学生树立为国为家、为民族为社会建功立业的坚定理想信念。研究学习中发现当前在小学语文古诗词教学中存在家国情怀教育目标缺失，家国情怀内容挖掘与阐释不深，家国情怀策略激发与培育力度不够等问题。

有学生高度关注"小学语文山水诗教学中的审美教育"问题，认为山水诗是指描写自然界山川河流等真实景物，表现山水秀美壮丽的景色，抒发个人审美感受和心灵感悟的诗，提出当前小学山水诗审美教育教学中存在审美意识的敏锐性迟缓、审美认知浅显偏颇、审美情感体验启发性不足、审美创新能力培养方式循规蹈矩等问题，并分析其原因在于学校长期忽视对审美意识的挖掘，教师审美理论基础薄弱、审美教育知识储备不足、审美教育创作的自由与空间受到束缚等。他们认为山水诗内容呈现出自然景观和个人内心世界的完美结合，在古诗中强化审美教育不仅是古诗学习的重要组成部分，更是提升学生人文素养的重要路径。

通过经典阅读和主题研学相结合的方式，学生们在拓展性学习中可进一步增强对中华优秀传统文化的认知和理解，真正明白中华优秀传统文化的博大精深，并深刻认识到吸收传统文化智慧对于个体提高文化品位、培育家国情怀、陶冶审美情趣、丰富精神世界、完善个性品质等的重要作用；深刻意识到传统文化的内容和意蕴如果被分解，学习者对传统文化的感悟就只能停留在浅表化的词句理解上，传统文化中蕴涵的教育价值就无法被生动感知，传统文化与学习者之间的距离就会在无形中被拉大。教师只有在教学中唤醒学生对传统文化的情感体验和审美认知，学生对传统文化的学习热情才能渐入佳境，优秀传统文化的教育意义也才能生成和实现。

（二）拓展延伸，课堂教学与课外活动有机渗透

中华优秀传统文化教育具有实践性，若学生只在学校内学习传统文化知识，未能走出学校亲身体验或实践操作，就会产生与知识的疏离感和断裂感，不利于对传统文化的真切理解和深刻认同。开展中华优秀传统文化教育活动，应践行"以人为本"的发展理念，创新教育方式方法，开发针对性强、吸引力大、参与度广的活动内容，使中华优秀传统文化教育活动发挥真正作用，取得应然实效。

在课内外活动的有机相融中，应充分发挥学科专业的特点与优势，以主题式内容学习为主线，与教育实践相结合，牵引课内外活动内容，链接课内外活动场域，发挥课内外知识内容学习一体化的联动教育效果。具体来说，教师应以课内内容为主题，引领学生从课堂时空中走出来，在课外进行深入拓展和广泛延伸性学习。课内教学方式以知识解读、内容串讲为主，课外以实践应用、知识迁移为主，让学生在学习迁移和实践应用中通过体验式、参与式活动，深刻体悟中华优秀传统文化的魅力所在。如鼓励学生针对课堂教学内容开展课后辩论和情景剧表演等活动，使静态的知识动态呈现。如此，立足课内，辐射课外，开展形式多样、内容丰富的教育活动，可充分体现传统文化知识内容的专业化学习特色，以及专业性知识内容的传统文化风格品位，实现课堂教学与课外活动的有效结合。学生也可做一些课外的实践调查研究工作，以增进对课内知识的理解和内化。

（三）迁移升华，知识阐发与"课程思政"动态融合

为了升华传统文化的思想教育作用，高校还应在学科专业的课程教学中，与"课程思政"理念相结合，有机融入中华优秀传统文化内容。"课程思政"是一种基于"立德树人"根本任务，依托全员、全过程、全课程育人格局，将各类课程与思想政治教育相结合，形成协同育人效应的教育理念。在此理念下，应该把加强中华优秀传统文化教育作为思想政治理论教育目标的应有之义，注重对各类课程中蕴含的中华优秀传统文化思想观念、人文精神、道德规范进行挖掘、发展，将之有机融入课程教学的知识阐发、拓展学习及迁移应用中，实现专业教育、思想政治教育、中华优秀传统文化教育同向同行。在人文社会科学类的课程教学中，可通过有机嵌入中华优秀传统文化元素，探究专业知识的文化渊源，拓展和深化对相关知识内容的理解；在自然科学类课程教学中，可通过专业史的教育，挖掘科学家身上体现的爱国情怀、民族精神、奉献精神、诚信品质等，彰显中华优秀传统文化的核心理念、人文精神和道德规范等。

同时，传统文化教育要注重两个结合：一是将加强传统文化教育与提高大学生的道德水准有机结合；二是将加强传统文化教育与对大学生的日常教育管理有机结合。这样，可以使传统文化教育既有明确的目的，又有可依托的教育内容，从而加强大学生对中华优秀传统文化的践行，让优秀传统文化"内化"为学生的精神品质，成为自我建构的生活态度和自我养成的生活习惯。

三、拓展多渠道的传统文化教育途径

传统文化教育活动中，教师要特别重视增强教学的实践性，引导学生将所学内容落实到实践生活中，做到知行合一。从教育途径上来说，传统文化传承应拓展多渠道共通相融的教育途径，形成一个多元立体的教育传承体系。具体来说，可构筑从课堂教学中的内容解读，到校园网络媒体的传播展示，再到社会实践活动的践行等多位一体的教育格局。可"综合运用大众传播、群体传播、人际传播等多种方式展示中华文化魅力"①，通过多渠道宽领域的普及和深化，整合资源、形成合力，组织内容丰富、形式多样的中华优秀传统文化体验、教育和实践活动，构建多维共进的教育模式。如此，可将传统文化教育渗透到教育活动各环节、纳入人才培养全过

---

① 习近平．习近平谈治国理政：第一卷［M］．北京：外文出版社，2018：161－162.

程，使学生不自觉地在生活与学习中理解与践行传统文化的价值意蕴。

（一）加强校园文化建设，创设传统文化教育氛围

文化立校是学校管理的最高境界，大学校园的文化品位和风格特色作为环境育人的底色，会潜移默化地熏陶和影响学生的思维方式、行为模式，润物无声地浸润和塑造学生的道德情操、人格品质。校园文化建设应与主流文化价值观相符合，也要善于利用非主流文化，形成一个以社会主义先进文化为导向的有机整体，以提升校园文化品位，丰富大学生的文化选择。

中华优秀传统文化内蕴着先进的社会主义核心价值观内容，包含着主流文化的思想主张和价值观取向，也包蕴着非主流文化的特色和风采，从中华优秀传统文化中选择积极、健康和高品位的内容，从各方面折射、补充、丰富校园文化，构成丰富多彩的校园文化格局，可以积极健康地作用于大学生的价值观念、群体意识、行为规范等。因此，高校应根据自身实际，深入挖掘传统文化内涵，着力将中华优秀传统文化融入校园文化建设中，开展丰富多彩的校园文化活动，营造传统文化教育氛围，深化大学生对于中华优秀传统文化传承的认同感。

校园文化建设可开展的活动内容较多，可拓展的时空范围较广。作为带有学校独特标识的校园文化，是弘扬和传承中华优秀传统文化的重要载体。在实践中，可根据学校实际，结合学生的兴趣和爱好，指导学生成立国学社、书法社等社团组织，引导学生自主创新地学习传统文化内容；可通过入学教育、班团会和爱心公益活动等，开展以"传承弘扬中华优秀传统文化"为主题的宣传教育活动，表达"感恩、励志、诚信、互助"等优秀传统美德；可举办情景短剧比赛、演讲比赛、辩论赛、书法绘画摄影比赛、汉字听写大赛、古诗文朗诵、读书汇报会或微电影创作比赛等活动，营造文明守纪、明礼诚信、团结友爱，勤俭自强的高雅氛围；也可举办书法、绘画、花灯节文创、舞蹈等文化活动，引导学生在欣赏和创造美的过程中，感受文化艺术的美和魅力，习得礼仪修养、治学态度、审美品位和伦理道德等。

校园文化中的许多精神文化，如校训、校规都是源于优秀传统文化，通过对校训的文字表达的了解，可增进学生对优秀传统文化崇敬之情。如一般校训中表述的"厚德载物、博学笃志，虚怀若谷、砥砺明志，自律正

己、谦逊善学，戒骄戒躁、知行合一，诚信笃实、格物致知，明德笃志、中正至善，勤学笃思、勤思修身，励精图治、锲而不舍""孝、信、雅、达""明德厚学，上善若水""博观约取、厚积薄发""静以修身、俭以养德"等几乎都出自中华优秀传统文化。然而，有相当比例的大学生只是从字面上理解校训含义，对其思想渊源和引文出处并不了解。教师如果引导学生在相关文献中找到这些校训的出处，深入了解其文化渊源，就会容易激发学生对古代先贤的崇敬之情，也会进一步激励学生对学习优秀传统文化的热爱之情。可见，传统文化的影响力是深厚且长远的，新时代教师应以积极的姿态接受精神文化的熏陶，真正根据大学生的精神状态和现实需要开展传统文化教育，进一步激发大学生对古代先贤的崇敬之情，增加对优秀传统文化的热爱之情，从而更加明确新时代应以积极的姿态接受精神文化熏陶的信念。

高校还可加强校园物质文化建设，以优秀传统文化事件、传统文化节日等为节点，将传统文化中的优秀因子渗透到校园宣传栏、教室围墙、壁画、标语和广告牌中，充实校园文化建设的内涵底蕴，营造浓郁的传统文化教育氛围，使其在耳濡目染中潜移默化地受到传统文化思想观念与价值追求的引导，深化对优秀传统文化的理解与认知，激活其最深层的学习热情。需要特别注意的是，教师与学生是学校的主体，代表着学校的精神面貌和文化修为。学校师生应努力践行传统文化中的人格修养，在"慎独修身"中增强文化涵养和品质修为，增强校园文化的内涵和教育作用力。

（二）加强社会实践活动，利用地域文化教育资源

社会实践活动是加深学生对中华优秀传统文化了解的重要途径，通过社会实践活动，可将中华优秀传统文化内蕴的精神道德等落实在现实生活中，开展寓教于乐、潜移默化的教育活动。社会实践活动的教育内容往往更加生动、新颖并充满吸引力，便于引导学生在参与活动中生动地感受、体验传统文化的魅力所在，积极地体悟、践行传统文化思想内容，利于深化传统文化教育的"文化植根""文化塑形""文化育人"等文化实践，促进优秀传统文化思想真正深植于心，切实发挥高校"实践育人、文化育人"的教育功能。

教师应根据实际情况，利用地域文化教育资源，因地制宜组织学生通过参观、访问、采风、专题调研等社会实践活动，充分发掘身边的优秀传统文化内容。具体可对方言、地名、历史人物、民间习俗、文物遗址等进行文献考证或实地调研，通过采访手记、访谈录、调查报告等，总结概括具有地域特色的优秀传统文化内容，做到知行合一。如调研参观当地民俗饮食文化，记录、参与实习学校富有地域特色的传统文化活动，参与一些学校常态化组织的礼仪学习、传统体育游戏（如踢毛毽、扔沙包等）、传统手工技艺制作（如针织水杯套、制作布烟袋）等活动，在动态学习中增长见识、拓展见闻。学生们在实践参与中触摸到了生动活泼的传统文化内容，体验到"通古今之变"的深厚文化意蕴，会对优秀传统文化自然产生喜爱之情和探究兴趣。

因此，高校应改变单纯讲授的教学模式，精心设计传统文化社会实践活动，促进知识讲授与实践学习相结合，课堂教学与课后实践相结合，校内教育与校外实践相结合，不断丰富和拓展传统文化教育途径，增强教育的互动性，引导学生在活动体验、情感感受和价值辨析中增强对优秀传统文化的理解力和接受力，并进一步增强传统文化教育的实践教育成效。

（三）创新多媒体教学手段，动静结合呈现文化内容

文化输送具有实时化与多元化的特点，处于网络信息化时代，现代高校传统文化传承教育应当具有信息化的意识，强调运用信息化的方式构建有效的主题人文教育空间，发挥网络文化的导向作用。同时，相对于传统的文化传播媒介，大学生更喜欢接受并认可新兴媒体传播方式。微博、博客、微信公众号、短视频等新兴媒介的推广应用，为中华优秀传统文化的传承与创新提供了有力的技术支持和发展空间。因此，高校要在新时空语境下顺应时代与科技的发展变化，改变传统教育的方式，创新利用网络媒介的优势，将传统文化教育辅以现代新兴多媒体教育媒介，构建符合学生文化需求的传统文化教育平台，以破除网络文化的快餐化、碎片化、娱乐化等局限，扩大中华优秀传统文化教育的受众面。具体来说，可运用模拟仿真互动、微课程展示、微视频展播、微信公众号传播、网站平台传输等形式，用人们喜闻乐见、广泛参与的方式全方位、多角度体现优秀传统文化内容，充分发挥教育载体的作用。

模拟仿真互动方面，可运用现代传媒技术传播速度快、交互性强的优势，将静态的文化内容以动态的形式形象逼真地显现，创设出使学习者身临其境、穿越时空的动画效果，使课堂教学变得更有活力、更具魅力。如在创设的虚拟世界中模拟特定历史时代的生活情景，将人物、服饰、场景等以动画真人的效果动态呈现，模拟进行面对面的思想交流。在交流中或感受古人悲欢离合的真实场景，或体验学士们吟诗诵赋的浪漫情怀，或观赏歌谣舞乐的动感表演，或观看技艺制作的操作过程等，动态可视的仿真效果，会有力地吸引学生的学习兴趣。

"微课程展示"与"微视频"展播方面，可在视觉呈现形式、内容传播载体等层面实现课程设计的创新，把优秀传统文化通过通俗易懂的语言、文字、图片、歌舞、电视节目、网络视频等观赏性较强的内容呈现给学生，以大学生喜闻乐见的方式提高传统文化教育的适应性与针对性。可将诗词歌赋、书法绘画、戏曲雕塑等通过动态的音频、短视频的形式展示出来，可把古典人物、事件、作品用活泼的说唱形式表现出来。例如，将"凿壁偷光""工匠鲁班"等典故和名人经历制作成动画、动漫作品，通过配音配乐实现历史穿越和心灵对话。

在中华优秀传统文化网站建设方面，可借助网络文化专栏、校园专题新闻、征文等形式，定期推送有关中华优秀传统文化的精品佳作，包括经典诗文、各种非物质文化遗产等，或将平时阅读浏览的优秀传统文化文艺作品、影音视频等分类整理、及时上传，让学生利用零散时间随时学习，与传统文化近距离接触。网络学习应设计互动和评价环节，设置讨论、评论以及投票等板块，强化学生在学习过程中的参与感，提升文化的传播效果。

四、采取实效性的传统文化教育举措

在实践教育教学中，通过卓有成效的传统文化教育举措，可有力提升传统文化教育成效，拓展传统文化教育路径。本研究将精选的中华传统思想文化内容，与教育学课程中相关的专业知识相链接，引领学生进行融入式的学习活动，一方面，助力学生在掌握专业知识的同时，探究其文化渊源，增强课程学习的文化品位；另一方面，基于家国情怀、社会关爱和人格修养的传统文化教育内容，结合课程思政理念，对学生进行道德品行、人格品质的教育，促进学生在掌握专业知识的同时，链接相关的优秀传统文化内容，增强课程内容的文化内涵。最终从整体上促进学生在掌握专业知识的同时，拓展思维认知，涵养人文素质，坚定价值追求，完善个性品质。

（一）以爱国主义精神培育学生的家国情怀

全球化时代的今天，家国情怀教育的最佳效果应是大学生通过学习后主动将爱国思想转化为具有强烈表现的实实在在的行为。所以，高校应采取多样化的积极措施，结合专业学习和课程思政理念，着力强化爱国主义思想，重视以爱国情操培育大学生担当有为的民族精神，引导大学生自觉自愿地将个人的理想与国家的需要联系起来，正确处理国家、集体、个人利益的关系，把所学知识转化为实现中华民族伟大复兴的正能量。具休来说，在高校教育实践中，利用课堂教学主渠道的作用，结合课程思政理念，在专业教学中适时融入鲜活的爱国主义思想和爱国主义精神，引领学生重悟古诗词作品中的爱国主义精神品质，重塑民族英雄的中华民族精神品质，重温中华传统节日文化中的家国情怀。

1. 重悟古诗词作品中的爱国主义情感

在非文学类课程教学中适当融入中华优秀传统经典诗词，引导大学生结合专业知识的学习，重悟古诗词作品中饱含的爱国主义精神品质，可有效激发大学生家国一体的爱国情、经邦济世的报国志、荣辱与共的兴国心。如在学习心理学课程"情感"章节中的"爱国主义情感"的内容时，将充分体现古人热爱祖国大好河山的优秀诗句，如杜甫的"会当凌绝顶，一览众山小"，韩愈的"江作青罗带，山如碧玉簪"，王维的"江流天地外，山色有无中"等融入教学中，引领学生在品味诗词中触景生情，深切感悟祖国大好河山的雄伟壮观、清秀灵动，触发学生热爱美好河山的情感共鸣，激发其砥砺自我灵魂，扛起时代重任、热爱祖国美好河山的爱国主义情感。同时，基于爱国主义情感进一步激发学生积极主动地关注国家发展和民族利益，增强国家认同感和民族自豪感，坚定为中华民族追求美好生活而努力学习的理想信念，进而促动其积极投身于建设美好家园实践活动，真正做到理性爱国。

2. 重塑民族英雄的中华民族精神品质

在教育教学中融入民族英雄事迹，引领大学生在知人论世中，重温并深刻体悟他们"居安思危、鞠躬尽瘁、丹心满腔"的报国志向，"舍生取义、赴汤蹈火、视死如归"的爱国精神，"捍卫民族尊严、维护国家利益"的爱国情怀，唤醒其国家荣辱的历史记忆和民族复兴的远大理想，强化其满怀"以天下为己任"的民族大义和国家担当，激发其"苍茫大地，我主沉浮"的胸怀与气概，在心理和行为中重塑民族英雄的精神品质。如在学习教育学课程中关于"教师追求教育理想""教师的职业信念"的内容时，可引导学生再认民族英雄事迹，在深刻领悟民族英雄人物精忠报国的高风亮节、英勇无畏的爱国气节中，重塑民族英雄的中华民族精神品质，发自内心地将个人的成长与社会的发展进步、国家的兴盛繁荣紧密结合起来，坚定专业信念，积极投身于中华民族伟大复兴的事业中。

3. 重温中华传统节日文化中的家国情怀

当前，许多人批驳年轻人注重过"洋节"，而不重视过我国的传统节日，有些学校甚至发起拒绝过"洋节"活动，就是为了告知年青一代要珍视我国的传统节日。当然，要想让年青一代真正重视过传统节日，就要向其普及节日文化知识，让其明白不同节日所承载的家国情怀的重要意义。针对一些大学生不能清晰地说明传统节日文化的历史渊源和教育意义等情况，教师通过家国情怀教育进一步强化其对传统节日文化的深刻认知非常之必要。因为学生只有深入学习、了解传统文化节日的历史渊源，才能自觉自愿地传承和弘扬节日文化，并在不断地体验和感受中将节日文化情结内化为自觉传承意识。如此，才能使中华优秀传统节日文化代代相传，长盛不衰。

在教育实践中，教师将中华优秀传统节日文化有效融入课堂教学，引领学生重温中华传统节日文化中的家国情怀，会进一步激发学生由喜欢节日而生发的爱家爱国情。在学习教育学课程中的"课外活动内容"时，激发学生感怀端午节赛龙舟、吃粽子里蕴含千年的对爱国诗人屈原的深情感念；追忆清明节扫墓祭祖、哀悼先辈的哀思和缅怀之情；感悟中秋节赏月、元宵节吃汤圆包裹着的浓郁的思乡之情。在强化学生对传统节日内涵特点和发展历史的再认识过程中，大学生能进一步增进对中华优秀传统文化的深切认同感，增强对中华民族共同体意识的深刻理解，培育其坚定而稳固的爱国情感。因此，教师在教育实践中应充分利用宝贵的传统文化节日教育资源，将其作为增强大学生爱国主义教育的生动教材，开展以爱国主义精神为核心的优秀传统文化教育。

（二）以"和合文化"培育学生社会关爱情怀

1. 以"人和"理念塑造大学生真善美的道德人格

"人和"理念不仅为大学生提供正确的价值观引领，也给予其塑造道德人格、丰富道德修养的方法论指导。培育道德人格就是基于"人是什么"的认知基础上，立足培养人正确的、科学的思想观念，探索"人应该怎样为人"，从而实现个体外在行为和内在精神的全面、和谐发展。"和合"文化蕴含丰富的道德修养哲理，对道德人格的培育具有重要作用。

教师在讲授教育学课程中"师生关系""个性发展"的内容时，将"和合"文化中崇尚"和衷共济、仁爱友善"等思想结合现实问题重新解读与阐释，通过营造"和合"的道德环境、"和善"的道德氛围、"和谐"的人际关系等，促进大学生形成"贵和尚中、善解能容、厚德载物、和而不同"的宽容品格和道德人格，并在一定程度上唤醒其"见贤思齐""和衷共济""见善如不及，见不善如探汤"的道德意识，给予其推行善行义举的精神洗涤和行为指引，使处于道德困境中的大学生真正找到破解人际关系难题的出路，促其个性品质在道德实践中达至真、形成善、实现美。

在学习教育学课程中"教育与社会发展"的内容时，教师可引领学生深刻理解人与社会的"和处"意识，深层体悟宽容、理解、谦让、恭敬的和平共处理念，形成"道并行而不相悖"以及"和而不同"的和谐社会观，为促成社会民众团结一致、齐心协力，增强国家和民族的向心力、凝聚力，避免社会各阶层离心离德、各自为政，相互攻击、矛盾不断而努力，为打造如费孝通所言"各美其美，美人之美，美美与共，天下大同"的美好社会而奋斗。

2. 以"和处"意识培育大学生友善乐群的社会情怀

面对当代大学生在人际交往中存在的诸多问题，为帮助其化解人际矛盾，走出人际交往的困境，在讲授"德育"内容时，教师可利用"和合文化"中的"立己达人""推己及人"等名言和典故，引领大学生深入理解

"和处"理念,践行社会关爱思想,培育友善乐群、宽容仁爱的社会情怀,促进其思想境界、价值观取向、气质心态和行为举止等发生改变。运用"君子和而不同"的理念,引领大学生承认事物发展的相对独立性,接受现实世界的多样性,以宽广的胸怀容人之短、容人之言、容人之行,以开放的心态接纳他人、他物的生存发展方式,学会求同存异、相融共生。运用"和则双赢、合则两利""和为贵"的思想,引导大学生克服孤傲、自卑、唯我独尊、斤斤计较等偏执心理和功利心态,强化善解宽容、谦和忍让、推己及人、和睦相处的移情心理和友爱心态,养成克己宽容、文雅温和、理性睿智的性格特征。

在学习教育学课程中"教育的社会功能"的相关内容时,教师可引导学生认识当今社会一些国家出现的民族问题、社会问题,在很大程度上是由于缺乏"和谐相处、以和为贵"的民族团结精神。而我国五千年文化绵延不断,国家社会日益兴旺,与我国一直传承的体现中华民族精神灵魂的"和合文化"密切相关,正是"和合文化"所内蕴的和衷共济、求同存异,协调矛盾、化解危机的理念,使我国各民族始终能以大局为重,在尊重差异的基础上理解相融,勠力同心,维护国家统一和民族团结,助力国家集中力量谋大局、办大事,促进我国社会繁荣发展。由此,学子们会深刻感悟和理解文化、教育对社会发展的进步作用。

3. 以"和合而生"的理念促进师生和谐共处

和谐的师生关系、生生关系,是促进学生良性发展的重要条件。师生在交往中,秉持和谐相处的交往理念,达成民主宽容、互相尊重、平等谦让、和睦和融的师生关系,引领课堂成为和谐相生的过程,可以有效促进师生和谐共处、教学相长。和合文化观照下的课堂教学,应有民主、和谐、宽松的氛围,更有思想自由、思维畅达的表达与交流。通过倡导"以和为贵,克己达人""和实生物,和合而生"等思想,促进师生间在尊重差异、平等和谐的氛围中进行思想交融和观点碰撞。学生能以和衷共济的心态,正视彼此间客观存在的差异性,在保持各自思想独立的同时,又吸收、接纳、消化其他不同的观点,从而生成新的思想和观点,建构新的思维认知,同时也可有效落实小组合作学习、主动探究性学习的教育理念,真正践行"和实生物,和合而生"的发展理念。因此,和谐相处、和睦相容应当成为师生自觉遵守的规范。

在拓展性学习中，将习近平阐发的"人和"理念对于协和人我、创造和谐人际关系的意义和价值讲授给学生，也可起到良好的教育效果。如习近平认为"祈盼和顺、崇尚和美、追求和谐"是中华民族的优良传统和高贵品德。他用"多种声音和一首乐曲"的譬喻，来形容每个人的阅历和知识结构不一样，认识事物的能力和角度不同，面对同一问题会有不同的看法。多种声音最终是成为"杂音"，还是成为一首优美的乐曲，关键在于人与人之间是否会运用协调、团结的方法。领导班子的"一把手"应该善于把"多种声音"协调为"一首乐曲"，体现出"拳头合力"效应。人和才能政通，才能增进了解、加强合作，形成整体合力。人和不是不讲原则，而是既讲原则又讲风格，协商配合共同面对，只有同舟共济，目标一致，才能形成合力，往预定的目标快速前进。由此，学生自然会理解当处于同一个共同体的个体之间出现矛盾、冲突和竞争时，应以和谐、协调、融突为价值导向，实现共生共荣，共富共贵。

在学习"教育的经济功能"的内容时，教师可引领学生深刻体悟"崇尚和谐，企盼稳定，追求政通人和、安居乐业的和谐社会，是中华民族文化的重要组成部分"；引导学生理解中国式现代化建设中，我国处于改革攻坚的社会转型期，人们的利益需求多样化、价值观念多元化，内部矛盾复杂化，劳动就业、社会保障、收入分配特别是公共卫生安全等一系列社会问题，是影响社会发展和稳定的主要因素，而秉持和合理念，构建和谐社会，会化解诸多矛盾，促进人与社会和谐共生，由此进一步引领学生理解习近平对于如何建构和谐社会提出的系列论断，如"和谐社会本质上是法治社会""社会发展是构建和谐社会的关键"等，有助于学生真正理解和谐观念对于社会发展的重要作用。

所以，教师通过课堂教学中对"和合文化"的融入式学习和理解，促进学生在理解专业知识的同时，链接到"和为贵""和而不同""和合共生""和谐相融"等传统文化知识内容，并将仁爱教育应用于人格发展的教育实践，在增强学生的社会关爱情怀的同时，深化对专业知识的理解，从而有力促进学生专业认知和人文素养的提升，使专业教育与传统文化教育同向而行、共同发力，促进学生的良好发展。

（三）以"礼义廉耻、励志修身"教育涵养学生的人格素养

1. 涵养人格品质，践行礼义廉耻教育

（1）落实"谦和礼让、习礼修身"的礼仪道德教育

中华文化是以礼化人的过程，通过"齐之以礼""约之以礼"，体现"礼敬"文化的导向。加强"礼"的教育，让学生在现实中生活中感知礼仪、领悟礼仪、践行礼仪，学会"以礼融德，以礼导行"，推动文明礼仪内化于心、外化于行，可促进学生合作交往，热心参与活动，增强乐观、豁达、健康的心理素质，并帮助学生形成正确的道德观念和行为准则，完善良好的道德品质和人格特征。

在实践活动中，高校可开展以"礼仪教育"为主题的校园文化和社团活动，营造尊重、理解、包容、合作的礼仪氛围，引导学生在参与体验和互动交流中领悟礼的精神和意义；可发起"学礼、讲礼、懂礼"的话题或活动，倡导"讲礼"的习惯或风气，约束学生失敬少礼的散漫行为，规范学生的文明礼仪和行为规范；还可组织学生参与社区服务或志愿活动，践行礼貌待人、谦虚平和、谦让包容的人格品质。

教师应切实传播"礼"的精神理念和道德规范，积极宣传和推广礼仪的文化意义和教育价值，引导学生系统掌握礼仪知识和礼仪规则。具体可充分收集整理有关礼仪规范、礼仪行为的知识内容，或开设礼仪课程、开展礼仪讲座、开辟礼仪专栏，利用公众号、视频、广播、校刊等多种媒体和平台，生动有趣地展示礼的风貌和魅力，科学客观地解读礼的内涵和意义。学生应注重礼仪内化与实践运用，将礼仪道德故事应用于人际交往中，学会与师生和谐相处。

（2）践履"重义轻利、义以为上"的利益观教育

义利相兼意味着维持公共利益与个人利益的平衡，义利并举是对物质价值与道德价值的兼顾，具有很强的现实针对性。针对大学生群体中出现的"重利轻义""利己主义"的倾向，以及对利益的简单化和片面化理解的情况，教师可将"义利并举、义利相兼"思想融入大学生的价值观教育中，既鼓励和尊重大学生追求正当利益，又用"以义制利、舍利取义"的道德理想规约引导大学生的价值追求，引导其树立理性正确的义利观。同时，引导大学生以长远利益和根本利益为重，弘扬"先义后利""义以为上"的

价值取向，避免只关注当前利益而陷入狭隘的功利主义。

在学习教育学课程中有关"人的全面发展""个人本位与社会本位"的内容时，可运用"见利思义、重义轻利"等思想理念，教育大学生减少功利主义，摒弃拜金主义，反对极端个人主义，把个人前途与国家命运联系起来，把个人价值与国家需要联系起来，在承担社会使命的过程中实现个人价值。如学习晏婴尚俭拒新车、司马迁大义退玉璧、张衡拒收金错刀、狄仁杰铁面断大案、陶渊明不为五斗米折腰、明朝于谦"要留清白在人间"等故事，引导学生深刻体悟古人不为金钱物质所诱惑，不为权势利益所撼动的精神和气节。同时，可组织专题讨论，促进学生在积极思辨中理解"克己奉公、顾全大局、重义轻利、义以为上"等内容，在实践中正确处理个人与国家、个人与集体、个人与他人的利益关系，并努力践行集体利益高于个人利益的观念，积极参与小组合作学习，提升合作意识和协作能力。

在拓展学习中，教师还可引导学生学习《诗经》中"夙夜在公"的道德要求，《尚书》中"以公灭私，民其允怀"的道义思想，《汉书》中强调的"国而忘家，公而忘私"的奉献精神，从而深刻理解以"公义灭私欲"的价值追求。教师还应引导学生明白，强调重义轻利并非否定人们正当的利益追求，而是强调人们不能置社会公义于不顾，惟求一己私利，而要把国家社会的整体利益作为道义规范，避免在涉及自身利益的问题上发生争名夺利的利益冲突。

（3）强化"勤俭节约、吃苦耐劳"的精神品质

生活在太平盛世，国民经济相对富裕的条件下，许多家庭经济条件优越，满足了学生生活消费的各种需求，多数学生居而无忧、食而无愁、行而无惧。安逸的生活环境使一些大学生饱食终日，沉溺于舒适的生活圈，醉心于网络购物和高品质消费，养成了居安不思危的享乐心理，失却了勤俭质朴、吃苦耐劳的精神品质。他们要想走出舒适圈，需要拥有甘于吃苦的精神品质和勤俭节约的美德品行。教育实践证明，通过他律的外部强化激发学生的内部动机，可以促进其摒弃沉溺舒适圈的懒散心态，强化"勤俭节约、吃苦耐劳"的精神品质。

在课堂教学中通过经典故事讲解等方式，不断融入传统文化中"勤俭

节约、艰苦奋斗"的典故案例,如季文子节俭立身、晏子节俭济人、傅玄劝谏节约、任伯年废纸作画、范仲淹俭用信纸、司马光著《训俭示康》、苏轼精打细算、朱熹安守清贫、朱元璋节俭饮食、齐白石挂角读书等,引领学生感悟古代圣贤节俭、廉洁、清正的道德节操,从而反躬自身,努力传承勤劳俭朴、廉洁自律的传统美德。同时在日常生活中通过班集体润物无声中的行为约束,帮助学生减少懒惰散漫、不思进取的行为,收敛奢侈浪费、攀比炫耀的风气,增强抵御诱惑、克服困难的自律意识,强化勤劳节俭、吃苦耐劳的行为品质,激发学生立志通过勤学苦练获得自我实现。

(4) 恪守"崇德向善、谦虚谨慎"的品格修养

"崇德向善、尊道贵德"强调修身向善,追求高尚的品德和行为,是一种精神上的自我追求。《论语·里仁》言"德不孤,必有邻",教师可在心理学课程中讲解"超我"的知识迁移应用时,教育学生崇尚道德、一心向善,以高尚的品德充盈内心,学会站在别人的视角考虑问题,培养利他精神和助人行为,达到"共赢"的目的;可将"仁民爱物"的价值追求渗透于学生核心道德素养的培育中,引导学生具备"仁爱"美德,拥有"孝悌"之心,奉行"忠恕"之道,树立"仁人"之志,践行"成己成人成物"之德,促进学生在关心他人、尊老爱幼、与人为善中做高素养、讲文明、有爱心的时代青年。

道家智慧"自伐者无功,自矜者不长"(《道德经》),意思为自我夸耀的人建立不起功勋,自高自大的人不能做众人之长。所以,恪守谦虚谨慎的道德品质,向优秀人物学习,浸润榜样的力量,可有效提升学生的品格修养。大学是人才济济的殿堂,身边不乏具有良好文化底蕴和个性特点的优秀同学,每个人身上都有值得他人学习的闪光点。在学习心理学课程中"自我评价"的内容时,教师教育学生勤于、善于从优秀的同伴身上吸取优点,谨记"三人行,必有我师焉。择其善者而从之,其不善者而改之","劳谦虚己,则附之者众;骄慢倨傲,则去之者多"(《抱朴子·外篇·刺骄》),秉持谦虚谨慎、不骄不躁的心态,努力做到"见贤思齐焉,见不贤而内自省也"(《论语·里仁》),不断进行自我反思、自我改进,铸就谦虚谨慎、知耻且格的优良品质。

2. 缓释心理症结，强化励志修身教育

（1）缓解畏难怕苦的心理症结，锤炼持之以恒的心理品质

学习和实践是个体成长进步的重要途径，有效的知识文化学习，在一定程度上可影响学生的实践行为取向，教师应采取强有力的举措，助推学生自觉将思想认识迁移转化为实践行动，在实践中努力培育自身坚强不屈、坚持不懈的精神品质。在现实生活中，一些大学生会害怕困难和失败，很大程度上是由于缺乏足够的能力和过硬的本领而选择放弃努力和逃避奋斗。

在学习心理学课程中"意志品质"的内容时，教师可引导学生学习《吕氏春秋》提出的"石可破也，而不可夺坚；丹可磨也，而不可夺赤"，了解司马迁在《报任安书》中写的"盖文王拘而演《周易》；仲尼厄而作《春秋》；屈原放逐，乃赋《离骚》；左丘失明，厥有《国语》；孙子膑脚，《兵法》修列……大底圣贤发愤之所为作也"，学生有感于他们这种自强奋斗、死而后已的精神，会产生艰苦奋斗、拼搏进取，坚贞不屈、积极有为的精神信念；教师也可引导学生了解曾国藩教育其子曾纪泽提到的"尔之短处，在言语欠钝讷，举止欠端重，看书不能深入，而作文不能峥嵘。若能从此三事上下一番苦功，进之以猛，持之以恒，不过一二年，自尔精进而不觉"，学习持之以恒、知难而进的不拔之志；教师还可引导学生重温荀子《劝学》中的"锲而舍之，朽木不折；锲而不舍，金石可镂"，以及"不积跬步，无以至千里；不积小流，无以成江海"等，以激发学生持之以恒、锲而不舍的拼搏心志。

在拓展学习中，教师可引领学生学习精卫填海，大禹治水，愚公移山，铁杵成针，勾践卧薪尝胆，百里奚大器晚成，徐霞客登险峰、涉危洞等励志故事，学习司马迁十年如一日著书《史记》、曹雪芹毕生著写《红楼梦》的执着精神，杨时程门立雪持之以恒的拜学态度，王羲之染墨七口大缸和一池水持之以恒练习书法的执着精神，齐白石化石为泥练习篆刻，屈原三年于洞中读《诗经》305 篇，蒲松龄屡考不中、落魄之际仍坚信"有志者事竟成，破釜沉舟，百二秦关终属楚；苦心人天不负，卧薪尝胆，三千越甲可吞吴"的坚持不懈的求学精神，锤炼其"板凳甘坐十年冷"的专注力。

通过学习这些内容，学生明白了古代先贤的奋斗之路从来不是一帆风顺的康庄大道，而是一个呈现螺旋式上升和波浪式前进的曲折过程，不可

避免地存在"弯路""暗礁",只要坚定信心、迎难而上,持之以恒地努力追求理想目标,坚持不懈地钻研学问、掌握本领,终究会攻坚克难,获得个人的最佳发展。由此,教师可进一步鼓励懒散的学生在不懈努力中夯实学业、增强能力;激励缺乏自信的学生,缓解畏难怕苦的心理症结,坚定持之以恒、不言放弃的信念;劝慰后悔选择本专业的学生坚定专业自信,安心于专业选择而潜心学习、长学增智。

(2)克服消极懈怠的惰性心理,激发积极进取的个性品质

升入大学后一些大学生缺乏自我约束和自律精神,沉溺于虚拟世界中的快乐游戏,被动地应付学习任务和生活压力,在面对升学和就业的激烈竞争和发展困境时,在矛盾心理和两难处境下,失却了奋发向上的奋斗精神,出现了消极懈怠的"摆烂"心理和"佛系"心态,这种心态引发了一些学生不同程度的价值迷失和精神危机。

因此,高校应高度关注大学生的所思所忧,将有关积极进取的传统文化内容融入教育教学中,在课堂教学中不断强化"天行健,君子以自强不息"的思想信念,引领学生学习匡衡凿壁偷光、司马光警枕催读、孙康映雪、车胤囊萤的苦学精神;学习李白在逆境中仍以"天生我材必有用"的自信保持乐观向上的人生态度;学习朱熹《观书有感》中"问渠那得清如许,为有源头活水来"的不故步自封的学习心态;学习先贤们无畏困苦,"逢山开路,遇水搭桥"的勇毅姿态和睿智谋略,激发学生只争朝夕、时不我待的学习紧迫感。

富有感染力和教育作用力的知识教育,将使学生深入学习领会中华民族自强不息、勇于进取、坚定不移的精神品质,激发其坚韧不拔、刚健有为、自强不息的奋斗精神,客观树立奋斗幸福观,辩证认识奋斗过程中的压力和挫折,理性正视自身的不足,勇于接纳一时的不顺,坚定迎难而上的信念与勇气;使学生经过强化学习,进一步将理论学习运用于实践行为中。笔者发现有些学生在作业陈述中表明要把勤奋学习作为一种责任、一种精神追求、一种生活方式、一种前行动力;有学生在社交网络平台中写出"未来的我会感谢今天勤奋的我"座右铭,立志用真才实学、勤学苦练缓解"本领恐慌感";有的学生敢于攻克学习难题,由游移不定到敢于克服心理障碍,积极参与大学生创新创业比赛等活动。这些说明强化励志教育,

能够促进学生敢于深入实践、正视困难、直面问题，从而破除"摆烂"心理、克服"佛系"心态，在奋斗中实现自我突破与飞跃，激发积极进取的个性品质。

3. 强化律己修身教育，铸就理性的成功观

（1）强化自省自觉的修身品质，培育自我驱动的行为习惯

面对现实生活中的诸多诱惑，大学生能否战胜内心欲望，把握好行为尺度，可以考验其内在修养和品行道德水平。在现实教育中，教育者一般从高屋建瓴的角度向学生提出各种道德规范要求，并借助他律的方法引导学生遵守和践行道德要求。而如何引导学生自觉自律地进行道德内化，提高道德能力等具体可操作的教育方法鲜少见到。所以，帮助学生增强自重自爱的意识，强化自省自觉的修身品质，在防微杜渐中建立自我驱动的道德行为习惯，重要且必要。

林崇德认为传统文化中所蕴含的修身成德思想对今天人的培养及人的素养的提升具有借鉴意义。① 在教育实践中，教师可引导学生学习刘备"勿以恶小而为之，勿以善小而不为"的律己警言，学习许衡"梨虽无主，我心有主"的不食无主之梨的律己人格，学习林则徐"海纳百川，有容乃大；壁立千仞，无欲则刚"的律己品德，学习曾国藩"慎独、主敬、求仁、习劳"的自律慎独的品格，学习柳下惠坐怀不乱、吴隐之不惧饮贪泉、公孙仪拒收鱼、孙叔敖虔敬请教的典故等。同时，教师可引导学生将所学的知识迁移应用，通过日记、写作、讨论、反思等，表达个人意见和情感，增强自省能力。引导学生真正做到"吾日三省吾身"：一省道德思想是否发生改变，道德行为有没有真正践行；二省每日是否认真学习，是否努力实践；三省每日是否放纵自己，是否虚度光阴。

通过有效的自省自觉教育，教师要引导学生逐步认识到做人做事要有清醒的头脑和明确的目标，不断思考自己能做什么，不能做什么，不越雷池半步；要引导学生严格自律，经常反省自己，扪心自问怎样才能更好地坚守自己、把握自己，达到"慎独"的境界；要引导学生将所学理论迁移

---

① 林崇德. 21 世纪学生发展核心素养研究 ［M］. 北京：北京师范大学出版社，2016：114 - 122.

应用于实践，通过社会实践、志愿服务等，认识自己对社会的价值和影响力，强化自我认同感；也可引导学生通过参与问题解决和决策制定等，认识事物的多样性和复杂性，培养自主思考、独立判断和批判性思维的能力；还可引导学生通过制定切实可行的目标规划和行动步骤，建立自我驱动的习惯和行为，增强自信心和自尊心。可以说，所学理论只有经过实践检验，才能取得良好的教育效应。教育者引领学生不断强化自省自觉的修身品质，才能助力其建立自我驱动的良好行为习惯，促进自身人格素质、个性品质等获得良好的发展。

（2）建构合理的成就归因方式，铸就客观理性的成功观

学习心理学课程中的"成就归因"时，教师要引导大学生放宽心态，享受追求进步的过程，不要一味注重结果，更不能为了达到期望的结果而不择手段；要引导学生将个人的成功与他人和社会等联系起来，客观公正地分析自我失败或成功的原因，以豁达大度的包容之心对待一切，理解老子"顺其自然"的理念、"无为而无不为"的思想，明白"己欲立而立人，己欲达而达人""昆鹏奋云霄，尺鹦栖野草。物各适其天，夫岂论大小"的哲理，不必纠结眼前的得失，要以发展的眼光真正领略成功的意义所在；还要引导学生将理论认识逐步内化并应用于实践，做到取长补短、引以为戒，释缓压力、协和内心，建构合理的成就归因方式。

儒学强调学问是"为己之学"，是自身的修为。教师引导学生通过学习，明白在通往成功的道路上应从中华优秀传统文化中汲取营养，吸取前人的经验和教训，从而反躬自省、反求诸己，友善待人、大度容人，铸就理性的成功观。所以，自我认知、自我评价是个性品德结构中具有动力性的美德。而中华优秀传统文化中蕴含丰富的自我认知、自我评价的教育资源，将其融入教育教学活动中，对促进学生形成正确的自我认知具有重要的引导作用。

五、推动自主性的传统文化教育研究

将理论知识的学习与对知识内容的迁移应用相结合，是增强学习成效的有效教育方式。传统文化的学习成效，需要从学生的学习能力和学习效果上来验证。所以，推动学生进行自主性的传统文化教育研究，引领学生

在自主探究的学习中深入研究传统文化内容，会使学生学习获得真正意义上的进步。自主性的研究学习，可充分发挥学生学习传统文化的主动性和积极性，促进学生在学习中研究，在研究中学习，在知识和方法上获得个人认知的成长和能力的提升。同时，这也是新时代培养大学生求学精神的教育要求。因此，在专业性和拓展性学习中，教师应发挥引领和推动作用，积极支持与热心鼓励学生的学研行为，促其实现对传统文化的研究性学习和研究成果的获得。

（一）专业学习中的理论性研究

教师可在专业理论教学中积极鼓励学生探究传统文化选题和研究内容，引领学生不断参与中华优秀传统文化教育活动，促进学生在思想认知、道德品质、人格修养等方面获得发展的同时，进一步激发学生对中华优秀传统文化的学习兴趣和研究动机。为了推进学生进行富有成效的传统文化教育研究，本研究聚焦核心素养的培育，指导学生进行了"小学浅易文言文教学对策的研究"，旨在激发小学生学习文言文的兴趣，增强小学生学习文言文的能力，并推动小学语文教师文言文教学理念的转变、教学策略的优化和教学能力的增强，最大程度地发掘文言文在小学语文教学中的育人功能和教育成效。该理论研究为小学浅易文言文的教学提供新的研究视角，取得的研究成果有：

1. 发现小学浅易文言文教学中传统文化教育的不足

该研究提出学习文言文对于传承优秀传统文化的重要性，认识到以文言文为载体对学生进行文化熏陶，有助于学生感受古代汉语的魅力、领悟古人独特的思维方式，有利于学生提高传统文化审美鉴赏力，有效传承和发扬优秀民族精神。研究运用调查研究法，发现小学浅易文言文教学存在文言知识的文化内涵挖掘浅显，文化知识梳理整合欠缺，文化自信培育力度不足；语言表达重诵读轻能力训练，语词运用浅层次和单一化，思维能力发展受限制；审美鉴赏能力和审美创造能力缺失等问题。深入剖析其原因主要在于教师自身文言文素养薄弱，核心素养培育的实践经验缺乏，对文言文教学理念的认识失之偏颇，以及小学生对于学习文言文存在生疏感与畏难情绪等。

2. 发现小学浅易文言文中的文化元素丰富多元

该研究整理概括出部编版小学语文教材共 14 篇文言文，其内容选编的文化丰富多元，包括民族精神、社会理想、伦理道德等精神文化。如《少年中国说》中的家国情怀、励志劝勉思想，《司马光》中乐于助人的传统美德，《铁杵成针》中持之以恒、锲而不舍的顽强毅力，《囊萤夜读》中自强不息、坚持不懈的进取精神，都是我国民族精神以及优秀道德品质的表现。该研究发现文言文中还拓展体现了民风民俗、文化技艺、礼仪、称谓、方位等文化。如《伯牙鼓琴》中的音乐文化，伯牙和子期鼓琴、赏琴的知音文化；《杨氏之子》中杨氏子对孔君平表示敬重的称谓文化、待客之道的礼仪文化；《两小儿辩日》中蕴含方位地理知识的常识文化。还有脍炙人口、寓意深刻的成语文化，如《囊萤夜读》中的"以夜继日"，《古人谈读书》中的"敏而好学""不耻下问"，《王戎不取道旁李》中的"道旁苦李"，《伯牙鼓琴》中的"高山流水"，以及《守株待兔》和《自相矛盾》的题目本身即是成语。

3. 整理出小学浅易文言文蕴含丰富的人文教育主题

该研究梳理了 14 篇浅易文言文的单元人文主题，主要集中在美好品质、读书、思辨、爱国情怀、科学精神、艺术之美几个方面，体现出了鲜明的"立德树人"的育人导向。如《守株待兔》中以"托物喻理"的方式表达勤学善问，不能坐享其成的道理；《囊萤夜读》和《铁杵成针》以车胤和李白两个典型事例传达坚持不懈、不畏艰难取得人生成就的道理。该研究认为每一篇选文无不展现着古人高尚的人格品质和道德素养，与社会主义核心价值观有很强的契合性，能够为学生形成正确的世界观、人生观和价值观奠定坚实基础，体现出"古文不古，文心永恒"的理念。该研究也发现 14 篇浅易文言文蕴含着语言美、意境美、音乐美和艺术美的价值。如《伯牙鼓琴》中"巍巍乎若太山"和"汤汤乎若流水"所表达的琴声之美和"高远"的意境之美。《书戴嵩画牛》分别从音乐和绘画的角度带给学生愉悦的精神体验和审美熏陶，说明了实践出真知的真理，深入浅出，耐人寻味。

4. 构建小学浅易文言文多样的文化教育策略

该研究基于《义务教育语文课程标准（2022 版）》要求的培育学生

"文化自信、语言运用、思维能力和审美创造"的核心素养要求，探究通过聚焦优秀文化传承、增强文化自信，研习积累文言词句、夯实语言运用，多元解读文本内容、提升思维能力，品析文言意境、强化审美创造等实操性举措，提升学生在语文课程学习中的核心素养对策。主要包括：第一，以培养学生对中华优秀传统文化的亲切感和感受力为侧重点，立足教材中的文言篇目挖掘文化内涵。如立足《司马光》《囊萤夜读》《铁杵成针》中人物的美好品质，厚植中华文化认同。第二，补充背景知识，拓宽文化视野，沉淀文化素养。如学习《少年中国说》，让学生着重体会梁启超对中国少年寄予的深切希望和唤醒民众自尊心、自信心的强烈决心；学习《古人谈读书》，身体力行文章中的行为礼仪。第三，随文拓展文言常识，增进文化底蕴，挖掘文化常识。如将《司马光》中的"瓮"字以汉字演变的方式展示给小学生，引导小学生了解到瓮的外形特征是口小腹大的特殊外观，从而容易理解司马光为什么搬起石头砸瓮的肚子，而不是跳上去直接拉同伴出来了。同时可进行汉字成语的扩充学习，如请君入瓮、瓮中之鳖、瓮牖绳枢等，更好地理解瓮的形态。

其实，以上内容学生们在小学时期基本学习过，对有些故事内容也有记忆，并在成长中也受到过这些文言知识的教育影响，但是只有经过专门研究之后，才更为真切和深入地领悟、理解这些文言文的文化内涵和教育价值；经过文本梳理和分析，才能在宏观上理解教材选文的意义所在，在微观上明白小学文言文知识所蕴涵的教育意蕴所在。可见，对传统文化知识内容的研究重要且必要，其不仅有助于提升研究者的文化素养，更有助于研究者从文化视角重构课程思维，重建专业理解。

(二) 拓展学习中的实践性研究

学生在自主性的拓展学习中，往往会产生强烈的学习和研究兴趣。教师应善于发现学生的兴趣点和研究激情，推动和激励学生开展专门性的学习研究，以取得良好的教育效果。本研究基于一些学生对中华优秀传统文化的实践应用情况的了解兴趣，指导学生开展了"小学课外活动中中华优秀传统文化教育的现状调查研究"，以课外活动为切入点，从师生对传统文化的认知与态度、教师的传统文化素养、学校开展传统文化教育活动的实施状况等方面，调查内蒙古地区部分小学在课外活动中进行中华优秀传统文化的教育现状与教育成效，梳理其在课外活动中的优秀经验与存在的问题，查找其形成原因并提出建设性建议。该研究拓展了中华优秀传统文化教育的研究视角，丰富了中华优秀传统文化教育的研究内容，发现的问题、提出的建议、得出的结论及相关研究数据，为内蒙古地区小学开展适宜学生发展、符合学生兴趣的中华优秀传统文化教育活动提供了一定的研究借鉴和学术参考，取得的研究成果有：

1. 总结出小学课外活动中优秀传统文化教育的特色

研究发现当前内蒙古地区小学的传统文化教育基本以"以人为本"为教育目标，教育内容各具特色，教育过程注重"寓教于乐"，教育结果基本提升了学生的学习热情，拓展了学生的文化认知，增强了学生的文化自信。研究发现2022年开展了中国古典诗词诵读、腰鼓、石头画、民族民间舞蹈、皮影戏、软硬笔书法、传统手工技艺和民族传统体育游戏等与文学艺术相关的教育活动的内蒙古地区的15所小学入选全国中小学中华优秀传统文化传承学校名单。

该研究在整理分析学界对中华优秀传统文化内容分类的基础之上，将中华优秀传统文化分为传统文学类、传统艺术类、传统体育类、传统民俗类和传统科学技术类，整理出各学校的特色活动内容，主要有：

在传统文学类方面，各学校主要以经典诵读、开笔礼、诗词大会、古诗词吟诵、传统文化知识竞赛等形式开展。多数小学推广课外活动阅读书目，如《三字经》《唐诗三百首》《弟子规》《论语》《孟子》《诗经》等经典著作。有的学校在班级文化活动中，开展以"孝道""师道"等为主题的经典阅读和诵读活动。有的学校开展"读圣贤书，修君子品"特色建设项目已经十个年头，校园已经成为浇灌中华优秀传统文化的沃土，学校传统文化教育建设已经结出累累硕果。

在传统艺术类方面，多数学校在课外活动中进行了蒙古舞、古筝、扬琴、笛子、葫芦丝、马头琴、书法、国画、粘贴画、扎染等项目的学习，少数学校或很少有学校进行顶碗舞、秧歌、京剧、琵琶、呼麦、版画、脸谱画、石头画等活动学习。当小学生主动参与到古筝社团、书法社团、武术等多样化的活动中时，大大提升了其对中华优秀传统文化的学习热情。

在传统体育类方面，多数学校进行踢毽子、武术、空竹、蹴鞠、围棋、五子棋、象棋等体育项目，而舞狮、搏克、军棋、蒙古象棋等具有民族特色的体育项目很少进行。

在传统民俗类方面，一些学校在社团活动中主要进行了剪纸、陶艺、团扇等手工制作，而制作刺绣、木雕、银制品、丝网花等的相对较少。有的学校在民俗节日组织学生进行做风筝、刺绣、包粽子、包饺子、做汤圆、剪纸、糊灯笼等活动，让小学生认识并感悟"劳动"，促进小学生道德品格和劳动习惯的养成。有的学校在端午节举办包粽子比赛、"端午节的由来"知识普及活动等。有的学校把非物质文化遗产代表性项目"面塑"加入社团活动中，聘请面塑技艺传承人引领学生学习面塑的发展史，掌握制作面塑的方法。

该研究还对三所小学在课外活动中开设的传统艺术活动、传统体育活动、经典诵读活动、汉服巡游活动等进行了现场观察，并总结概括了观察结果。

乌海市某小学组织开展"庆六一"暨"我们的节日之端午"系列活动，包括四项主题活动：一是各朝代的端午变迁展示会；二是"弘扬传统文化，体验汉服之美"的汉服巡游主题游园会；三是巡游宝典"忆"端午活动；四是情暖"六一"爱心捐赠活动。教师引导学生通过看、巡、游、展、思等多种方式，感受中华传统文化的独特魅力，在认识汉服美、欣赏古风美、学习文化美中，增进文化自信和民族自豪感。

呼和浩特市某小学成立了书法、篆刻、扎染、科技制作、武术队等传统文化兴趣活动小组，经常开展"小小石榴籽，殷殷中华情"等与中华民族相关的主题校会。特别以"培养武术特长，增强学生体质，提高学生道德品质"为特色，在各年级开设武术课，推广普及以武术基本动作为基础的武术操，布置武术文化墙，在大课间组织学生练习"三字经武术操"以及"五禽戏"等，着力打造学校的武术特色。

呼和浩特市武川县某小学制定了"优秀传统文化进校园"活动实施方案，教育内容以中国书法艺术、传统绘画艺术（国画）、民族服饰文化、传统文学艺术（唐诗、宋词经典诵读）、民族音乐、器乐、地方特色戏剧为主，开展国学经典诵读活动，利用传统节日推行"孝、信、雅、行"教育活动，开展校园品位创建工程，营造学习传统文化的氛围。

2. 提出小学课外活动中中华传统文化传承教育的建议

研究发现内蒙古地区小学课外活动中存在一些问题，主要有中华优秀传统文化教育存在理念上重视、行动上忽视的不一致现象；各小学的传统文化教育内容参差不齐，差异性明显；本土资源挖掘不到位，利用不充分，推广具有民族特色的文化内容较少；城乡小学的传统文化教育保障条件差距较大，城市学校在硬件设备、场地、资金、师资方面优于乡镇小学；小学生参与传统文化活动的主动性不足；教师的传统文化素养有待提升；传统文化教育活动的评价机制不完善；等等。针对存在的问题，提出了一些策略性建议，主要有学校要加强对传统文化教育的重视程度，落实实施条件，整合文化资源，丰富教育内容，拓宽学习渠道，完善评价体系，加强教师修养，推进传统文化"1＋N"教育工程（"1"是在"素质操"中普及一种传统艺术或体育项目，"N"是指各种不同的艺术与体育项目）等。

可见，经过实践调研，学生对实践教育中的优秀传统文化内容有了系统、深入的了解，并对活动内容、优势与问题、对策与建议进行了总结与概括，在调研中，增长了见识，增进了对中华传统文化的理解与热爱之情。如果对中华优秀传统文化的学习只是停留在理论认知层面，没有进行深入的实践调查研究，是不会有深层次的学习收获和理解感悟的。所以，深入的实践研究，是取得学习与传承中华优秀传统文化良好教育效应的重要方式。

六、建构适宜性的传统文化教育机制

（一）建构发展性的联动教育平台

传统文化的传承与教育，受教育目的、社会需要、政策保障和师资力量等多种因素的制约，所以整体性的教育氛围对学生学习传统文化的影响很大。因此，政府部门、专家学者、老师和学生需要密切配合，融合社会、学校、家庭的优质资源，搭建良好的教育载体与平台，加强彼此之间的联动，携手共进，持续有效促进传统文化教育工作的健康发展。

高校可加强与文化管理部门、社会文化团体的联系，推进高雅艺术进校园，或建立校外实践基地，推动师资互聘、文化共建、资源共享等全方位合作；邀请传统文化研究专家参与传统文化教育师资的培训，定期开展各种主题的传统文化活动，使传统文化教育深度融入日常生活中；突出传统文化教育的乡土性、民族性、实践性，将"书斋教学"与"田野教学"结合，充分挖掘地域文化元素，共同开发地方课程和校本课程，运用传统文化资源丰富各类教育活动的形式与内容，优化各类教育活动，激发学生的学习兴趣。

近几年，我国主流媒体审时度势，加强了传统文化的传播和弘扬，在社会上掀起了传统文化热，特别是以古诗文为主的电视节目成为中央传媒的热点节目，《中国汉字听写大会》（2014 年首播）、《中国成语大会》（2014 年首播）、《中国诗词大会》（2016 年首播）、《经典咏流传》（2018 年首播）、《典籍里的中国》（2021 年首播）以及《简牍探中华》（2023 年首播）等受到观众的热捧．社会上一时兴起了对古诗词文化的崇拜现象，如在一些城市的车站、公园、社区宣传栏，总会看到关于传统诗词、传统礼仪、传统艺术的展示内容。一些非物质文化遗产、艺术文化、乡土文化、少数民族传统文化等也频繁出现于电视、报刊、广播媒体中，得到社会各界的认可。可见，建构发展性的联动教育平台，是引领学生学习传统文化内容的重要举措。

（二）确立制度层面的评价保障机制

完善评价和督导机制在一定程度上能够促进学习、引导教学，进而保障教育活动的成效。学者李凯等认为当前亟须研究制定有关中华优秀传统文化教育的评价标准，将中华优秀传统文化教育作为教育现代化监测评价指标体系的重要内容，可从三个层面着力构建制度保障体系：一是在人才培养方案编制层面，在培养目标和毕业要求中明确中华优秀传统文化的人文素养要求，从人才培养规划方面定位传统文化教育的目标。二是在课程教学层面，在课程设置、教学大纲、教学方案、考试评价中体现中华优秀传统内容，切实把优秀传统文化教育贯穿到人才培养的各个环节。三是在实践育人层面，在第二课堂活动中将传统文化教育活动的开展纳入创新教育活动的考评机制中，给予学生学分保障和荣誉奖励。如此，通过宏观方向的指引以及微观层面的具体操作，可建构一个以规范、激励等方式保障传统文化有效传承的立体的教育体系，从而在制度层面确立传统文化传承教育的评价保障机制。

（三）构建围绕主题的群体式团队教学模式

以点带面、融会贯通式的主题学习，需要教师具有广博深厚的传统文化知识底蕴。而在现实的高校师资队伍中，集深厚的传统文化思想积淀和精深的传统文化操作技艺于一身的教师屈指可数。因此，高校可改变教师独自讲授单一课程的教学模式，尝试围绕"主题教学、项目式学习、专题讲座"构建群体式团队教学模式。具体来说，可通过构建主题教育内容、项目式学习专题，打破学科教学限制，组合具有不同学科背景、拥有不同传统文化知识和技艺的教师团队，尝试进行群体式团队教学，即一门课中的某些主题内容由多名教师共同讲授完成。这样既可以避免因教师知识结构不完整而产生的难以把课讲透讲好的缺憾，又可以促进学生在多样化的知识内容学习中，在多学科的混合式学习中，围绕主线找到传统文化内容的精髓和灵魂，从而深刻领会中华优秀传统文化的精妙之处。

总之，当代大学生处于信息多元的网络时代，对知识的获取有着多样化的选择途径。仅仅通过传统的课堂教学途径，是难以满足大学生的发展需求的。所以，高校要打破局限于课堂教学的方式，根据课程的具体内容特征及教学目标，运用课内教学和课外教学相结合的方式为学生传授传统文化知识内容。一方面，应发挥课堂教学主渠道作用，精心设计教学内容，严密组织教学过程，利用课堂对学生进行系统化、理论化的知识传授，有意识引导学生自主思考传统文化问题；另一方面，应创新课堂之外的教育途径，有序推进优秀传统文化教育活动，促进学生在探究中深入了解和认同传统文化。这样通过有力发挥课堂教学的主渠道功能、课外活动的实践育人功能，使课内外活动有机相融，形成系统完整的传统文化教育体系。同时，借助教育形式与载体的创新，科学审视和鉴赏优秀传统文化，可有力展现传统文化自信，促进传统文化教育高质量发展。

第六章

高校中华优秀传统文化教育的反思与展望

国学大师南怀瑾曾经说过："一个国家和民族，亡国都不怕，最可怕的是自己的根本文化亡掉了，这就会沦为万劫不复，永远不会翻身。"中国式现代化建设中，在学习党的二十大精神的时代号召下，应深刻体悟传承中华优秀传统文化的内涵、价值，深入剖析高校传统文化教育存在的问题和当代大学生在传统文化素养方面的不足，深层次探究卓有成效的高校传统文化传承的教育路径。本文尽管作了一定的探索和研究，但由于笔者的思维、见识和能力有限，所解析的内涵、论证的价值、发现的问题、探究的路径和实施的成效还远远不够，而对传统文化教育的反思和展望，应该是展开深入研究的真正起步。因此，本研究从传统文化的现代传承与现实转化、文化传承与文化认同、文化传承与文化创新方面，进行了高校中华优秀传统文化传承教育的反思与展望，以期为后续研究提供一定的借鉴和启示。

第一节　对高校传统文化的现代传承与现实转化的思考

一、保持民族性与体现时代性

在文化多元化的时代背景下，中华文化在与世界文化的交流中不断碰撞出新的火花，呈现出多元化的发展态势，为中国式现代化建设注入了新的活力。中华优秀传统文化的生命力体现在其民族特色、民族个性及时代性上，其发展变化面临着传统的保持与现代化转变的矛盾，高校教育中如何促进中华优秀传统文化在保持传统特色的同时，又符合现代社会的时代性需要，是高校传统文化教育亟待解决的重要问题。

同时，在高校传统文化教育中需要特别关注的是，保持传统文化的民族性，就是遵循"科学梳理、深入挖掘、取其精华、去其糟粕"的态度，以批判性继承为原则，让受教育者从浩瀚的传统文化中审视、发掘、转化并汲取精华，让优秀文化成为净化思想、美化环境、激励进步的动力。体现传统文化的时代性，是以时代发展中体现出来的文化特征，反映不同国家、不同民族在相同的社会发展阶段上对文化的共同要求。随着时代的发展，高校教育应促进传统文化在与时俱进中不断吸纳社会发展所赋予的特征，摒弃不合时宜的文化因子，分化、整合并升华自身的文化内涵，以体现时代性的文化特征为时代发展服务。如此，高校不仅促进了传统文化适应所处时代的需要，也充分体现了自身传统文化教育的时代性特征。

二、挖掘与时代需求相契合的教育内容

在高校传统文化教育过程中，在对待传统文化与现代文化特别是社会主义先进文化的关系上，不能片面地厚古薄今，也不能片面地厚今薄古，而是要将传统与现代辩证地融合起来，纠正对待传统文化全盘否定拒斥、全盘肯定泥古、混淆与现代文化的区别（过度趋时，牵强附会，致使传统文化庸俗化、商业化）的三种错误态度，认清传统文化和现代文化的对立统一关系，不能切断、分割两者的血脉联系，更不能抹杀两者的差异性而强求同质性。

针对当前高校大学生的发展特征，单纯的复古式教育和严肃呆板的"填鸭式"教育是难以产生教育效果的。理性的做法是在高校教育中让传统文化传承从"自在"走向"自觉"，引导学生自觉参与现代社会发展实践，自主成为社会实践中的主体因素和精神支撑，从而促进优秀传统文化的发展实现真正的现代转化。为此，在高校传统文化教育中，一方面，要加强对传统文化精髓的深入挖掘，将其置于新时空语境下进行现代阐释，用活传统文化的思想素材，吸引学生的学习兴趣。但要避免完全用现代思维或现代语言过度阐释经典，避免在盲目通俗中歪曲或误读"原生态"的传统

文化；另一方面，要理性定位传统文化的思想引导作用及其文化重塑功能，注重将优秀传统文化教育与对现实社会问题的破解结合起来，善于运用传统智慧解答大学生伦理失范、信仰缺失、道德滑坡等现实问题，启发学生用优秀传统文化中的思想智慧、思维方式思考社会热点、难点问题，思考自我发展中的人生选择及价值判断问题。避免无视传统文化的特殊时代背景及其时代局限性，而全盘接受或过度夸大传统文化的现代价值。所以，引导大学生辩证地看待中华优秀传统文化的现代价值，挖掘与时代需求相契合的教育内容，是高校中华优秀传统文化教育的重要一环。

新时代背景下，大学生肩负着历史的重任和时代的使命，理应汲取优秀传统文化之精神，以先贤为榜样，为今日中国之富强奉献青春与活力。为此，高校教育应直面全球化背景下多元文化的冲击，紧扣时代发展脉搏，规避西方现代性视域下拜金主义、消费主义文化倾向，注重挖掘并筛选出与社会主义核心价值观相协调、与时代需求相契合的爱国主义、社会关爱、道德品质等内容。同时，高校教育应对挖掘、筛选出的传统文化内容进行有扬弃的继承、吸收并转化创新，注重采取积极举措将之融入大学生的思想教育中，助力大学生增进认知主动性和践行自觉性，提高辨别是非、识别真伪、理性批判的能力，形成符合中国式现代化建设需要的价值观念和行为方式。同时助推大学生自觉防御西方意识形态和价值观的侵袭和渗透，自觉抵制暴力、奢靡、攀比、拜金等不良社会文化，为推动中华文化走向新辉煌奉献自己的一份力量。

三、结合现代生活促进传统文化话语转换

季羡林先生认为，传统文化与现代化之间的关系是矛盾统一、相反相成的。矛盾解决好会达到暂时的统一，文化发展就能进一步，国家社会生产力的发展也能进一步，经济就能繁荣。矛盾解决不好，则两败俱伤。只顾前者则流于僵化保守，只顾后者则将成为邯郸学步，旧的忘了而新的却不会。

中华优秀传统文化价值观的话语风格和表达方式，要适应现代人的特点和需要而进行必要的创新和转换，使之易于为学生所理解和接受。有学者提出中华优秀传统文化价值观现代转换的重点是要根据实际情况向反映

人际关系一般规律、体现人际交往一般特点、符合处理人际关系基本原则的价值观转换；要向彰显中华民族伟大精神的价值观念转换；要向契合社会主义市场经济的价值观念，体现自由、平等、公正、法治的价值观念，正确处理义利关系的价值观念，协调个人、他人和社会利益关系的价值观念等转换。① 如"民为邦本"向"以人为本""以人民为中心"的话语转换；"己所不欲，勿施于人"向"由此及彼""推己及人""换位思考""将心比心"的话语转换；"尚和合""仁者爱人""和而不同"向"和谐""友善""尊重差异、求同存异"价值观念的话语转换；"天下兴亡，匹夫有责"向"爱国、爱社会主义""社会责任感"的话语转换；"君子喻于义""君子义以为质"向"重义轻利""厚德载物、尊道贵德"的话语转换；"躬自厚而薄责于人""慎独修身"向"宽容理解""诚信友善"谦虚礼让"的话语转换等，对诸如此类的价值观念在表达方式上进行话语转换，才能更好地实现中华优秀传统文化价值观的现代转换，也才能使中华优秀传统文化价值观为更多的人所理解和认同、传承和内化、践行和弘扬。

因此，在高校教育中要使中华优秀传统文化跟上时代步伐，实现真正意义上的现代转化，就必须在现实境遇及文化变迁中把握传统文化的现代价值。比如"仁、义、礼、智、信"等传统理念若要实现从古代宗法价值到现代公民价值的转变，就需对其进行现代阐释与激活转化，如以"仁"涵养"友善"，以"义"充实"公正"，以"礼"补充"法治"，以"信"支撑"诚信"等。正是在对古代经典不断阐释、激发的现代转化中，中华优秀传统文化才获得其精神源泉、思想依据、价值导向的自我革新，其话语表达形式才能在现实生活中被广泛接纳。

所以，激活中华传统文化的内涵，促进其结合现代生活进行话语转换，应成为高校中华传统文化教育的重要内容。

四、结合现实生活实现传统文化的生活化

将优秀的传统文化元素融入现代生活，充盈学生的精神世界，丰富学

---

① 骆郁廷，王瑞. 论中华优秀传统文化价值观的现代转换 [J]. 江汉论坛，2015 (6)：28 – 33.

生的思想认知，可使学生认识到我国优秀传统文化的不朽价值和现代功用。传统文化不能简单地被理解为一种人为设计的、宏大叙事的社会工程，而应认识到其以微观、自发的方式扩展并渗透到现实生活中，在大学生的自我意识和行为活动中发挥"润物无声"的导引作用。特定的文化形态只有与日常生活"水乳交融"，才会富有活力并有效发挥其社会文化功能。但不置可否的是，传统文化的生活化绝不等于庸俗化，必须把握好生活化的"度"，让其充实大学生的精神生活，而不能沦为媚俗肤浅、娱乐的纯商业产品。

因此，充分汲取中华传统美德的丰富资源，将诸如"仁爱、诚信、和谐、谦敬、礼让"等优秀传统文化因子，重新扎根于日常生活，转化为大学生共同的价值追求和普遍的道德行为，在社会交往活动中内化于心、外化于行。一方面，使"敬天厚德""民胞物与""诚至中和"等价值观念成为大学生身心修养和追求内在超越的道德律令、座右铭、行动指南等；另一方面，要使"孝悌、友爱、诚信、廉耻"等具体价值观念变成人与人之间交往的行为规范，通过潜移默化、润物细无声的方式进行教育熏陶和榜样示范，发挥暗示指导、隐形示范、行为规约作用，以此帮助大学生把好人生的"总开关"，扣好人生的"第一粒扣子"。

在实践中，要想让优秀传统文化在现实中依然熠熠发光，增强其生命力和创造力，发挥其存在的价值，就必须从现代生活中汲取养分，使优秀传统文化与现代文化相融相通，在继承中发展，在发展中继承。所以，高校传统文化教育要融通古今文化价值观，揭示传统文化精华和糟粕对当代社会和大学生发展的利弊影响，发挥其优势，克服其劣势，引导大学生积淀丰厚的传统文化知识，涵养深邃的现代化眼光，激发强烈的社会责任感和历史责任感，以理性的态度和务实的精神投身于社会主义现代化建设中。

近年来，故宫博物院致力于将传统文化与日常生活相结合，将古代建筑、文物历史等文化元素、文化符号植入时尚新潮的当代工艺品中，屡创惊世之作，从 2014 年的朝珠耳机，2016 年的手机座，2017 年的故宫胶带，2018 年的故宫手表、故宫化妆品等，样样新鲜新奇，无不契合当代人的生活需要，尤其符合年轻人的消费心理和消费需求。据统计，"00 后"大学生已成为参观故宫博物院的主力人群。综艺节目《上新了，故宫》评论称故宫文化创新产品引领当代时尚潮流，带领国人在快乐中走进中华传统文化。正如单霁翔在节目中说："新与故，才能共同创造出永恒。"高校也可以借鉴故宫博物院的做法，创造出与大学生生活密切相关的文化创新作品，使传统文化真正走进学生生活。

第二节　对高校强化大学生文化认同的思考

泰戈尔说："教育的主要目的不在于解释意义，而在于去敲那心的门。"那么，在高校教育实践工作中，如何更好地引导和教育大学生继承和弘扬中华优秀传统文化，如何借助优秀传统文化中丰富的教育资源达到"立德树人"的教育目的，如何正确解答当代大学生在学习与传承传统文化过程中出现的疑惑，如何在多元文化的冲击和影响下增强大学生的文化辨别力，加强大学生对中华优秀传统文化的文化认同，等等，一系列事关高校传统文化教育实效和高校大学生人文素养提升的问题，亟待引起高校教育工作者的深思。

一、理解大学生对传统文化认同的动因

2014 年 3 月我国教育部社会科学司印发《完善中华优秀传统文化教育指导纲要》，明确指出大学生对中华优秀传统文化形成高度的认同是一项重大而系统的工程，高校需要强化文化主体意识，从多方面着手切实加强大学生对中华优秀传统文化的理解认同。从促进个体发展角度来看，影响大学生对传统文化认同的因素可分为内在动因和外在因素两部分。

所谓内在动因，是指通过一定的方式或诱因（融入式讲解、渗入式传播），通过形象感知、内在理解、迁移应用的路径，让大学生自觉产生文化认同。这种内在动因主要是由"内在动力"、"选择倾向"和"调节机制"等构成。

内在动力主要是指大学生对文化认同和文化获得需要的内在驱动力。优秀传统文化能否受到大学生的认同，取决于其满足大学生发展需要的程度。因此，高校传统文化教育要充分考虑当代大学生的发展需求、兴趣需

要等，传授的传统文化的价值追求应与大学生所追求的正当利益和行为期待保持一致。选择倾向是指大学生根据自身的生活经验、知识结构、价值取向等，对优秀传统文化进行价值判断和内容选择。高校传统文化教育需要根据学生的选择倾向，对优秀传统文化内容和形式进行适应性改造，在最大程度上与学生的生活经验和认知图式相契合。调节机制是指大学生根据自身的需要、兴趣、情感和意志等，对优秀传统文化产生的亲近与疏离、吸纳与排斥等心理趋避活动进行内在认知与协调。因此，高校要着力培育大学生学习优秀传统文化的内在动力，采取积极举措促其逐渐稳定和成熟，为大学生传统文化认同打下稳固的心理基础。

所谓外在因素，是指通过外在手段促进大学生进行中华优秀传统文化认同的因素。外在因素主要是由"教育体系"、"引导模式"和"规范机制"等构成。教育体系是指通过课堂教学、课外活动、宣传教育等途径让大学生对中华优秀传统文化进行认知认同的制度体系。引导模式是指通过学校自身的教育方式、教学途径、传承机制等，充分展示文化认同的影响力，引导大学生对传统文化产生正确的认知和积极的认同方式。规范机制是指国家通过法律、法规以及政策条例等"强制性"手段，对大学生的传统文化认同进行规定，促进大学生自觉主动进行传统文化认同。

在一个多民族国家，每一个民族对国家和文化的认同强度是有差异的，而不同民族地区和不同学科专业的大学生对优秀传统文化的认同，表明了不同群体对中华优秀传统文化的一种肯定的认识、态度、情感和信念，也反映出传统文化对不同群体的影响力、凝聚力和向心力。高校传统文化教育，应该用内在动因和外在因素相结合的方式，通过加大宣传力度，完善法律法规等手段，对大学生从文化认同内容到文化认同路径方面进行系统指导，强化大学生对中华优秀传统文化的积极认同。

二、洞悉大学生对中华优秀传统文化认同的发展态势

处于开放多元的社会发展中，受网络文化和外来文化的冲击和影响，大学生的思想认识日益凸显其独立性和差异性，对中华优秀传统文化的认同方式发生着微妙变化，主要表现为自发认同与自觉认同并存，显性认同与隐性认同共有。

自发认同是指处于潜意识层面的文化认同。自觉认同是指上升到主体意识层面的文化认同。从目前的发展状态来看，多数大学生对传统文化的认同是积极健康的，能够从自发层面转化到自觉层面，但也有部分大学生没有形成这一转化机制，这就导致当代大学生对中华优秀传统文化的认同呈现出自发与自觉共存的现象。显性认同，是指大学生在非日常生活中体现出的、能够引起人们注意，并起到积极带头作用的认同。隐性认同，是指大学生通过日常生活中的行为表现潜在表达出的对中华传统文化的认同，呈现"润物细无声"的特点。

自发认同与自觉认同并存，隐性认同和显性认同共有的发展态势，增加了对大学生文化认同教育的难度。处于新时代，当前社会的发展与变革日新月异，大学生对中华优秀传统文化的认同，也出现了具有时代特点的新内容和新方式，高校教育者必须洞悉当代大学生对中华优秀传统文化认同的发展态势，创新传统文化教育方法和教育手段，构建卓有成效的教育路径，不断强化大学生对中华优秀传统文化的认同。

三、明晰大学生对传统文化认同的内容取向

网络信息时代，汲取传统文化的智慧之源来涵育大学生的人格品质，促进大学生对中华优秀文化的认同，意味着高校必须明晰大学生对传统文化认同的内容取向。由此，高校教育工作者必须顺应时代潮流，号准时代脉搏，摒弃那些不符合时代发展的传统观念和意识，弘扬和传播促进学生身心发展的传统文化教育内容。同时要高度关注大学生对传统文化内容的选择倾向，理解其对优秀传统文化的价值判断和内容选择，对优秀传统文化内容进行适应性创新，促进学生基于对优秀传统文化的真切热爱而产生自觉认同和自发认同行为，使优秀传统文化真正发挥对大学生的精神引导和行为建构的功能。

如第三章所述，在关于大学生对传统文化的认知与认同的调研中，发现在当前我国提出"中国式现代化""人类命运共同体"等理念的新时代背景下，现代大学生在思想认知上对中华优秀传统文化有着较强的文化认同，但在传承与践行的具体的内容取向方面，显性认同和隐性认同均表现不明显。学生们更多是满足于外在环境给予的直观的内容感知，较少进行主动

自觉、深入系统的传统文化内容的探究性学习，所以多数学生能够泛泛而谈并认同优秀传统文化，但将思想认识运用到实际行为中却缺失明显。我们熟知，在智能技术快速发展的时代背景下，许多传统文化内容实现了智能化、直观性、动态性的呈现方式，并愉悦和满足了学习者的感官体验，增强了学习者的感性认识。但感性直观的认知往往会遮蔽事物内在蕴含的理性哲思和价值追求，也会消解学习者探究事物本质内涵的深层次思维，其背后潜藏的感性思维削弱了人的价值主体性，使学习者日渐形成对客观事物的浅层次认知，并使其丰富的人性变得贫瘠和浅薄。

虽然感性直观的文化呈现方式使得鲜活、丰富的现实生活变得形象化、符号化和数字化，而人的心智、人的品质、人的生命价值不应被浅显化。中华优秀传统文化蕴含丰富的"真实智慧"，肯定人具有"良知良能"的智慧本性，主张"为仁由己"并超越"物"的遮蔽，赋予人"成己""成人"的价值诉求。中华优秀传统文化中所包含的励志自强、慎独自省等精神品质，能够激励当代大学生在多元文化和价值观念的冲击下仍能保持理性、坚定的志向，帮助其修炼完满人格。在此意义上，人的价值主体意识和深层次的认知理性不可或缺，对大学生的文化认同教育应融入中华优秀传统文化中的真实智慧，引导大学生追求自身德行修养的完善，通过深层次的"反躬自省""反求诸己"提升其价值主体意识，让"理性自明、意志自主和情感自得"统一于自我认知中，以达成对中华优秀传统文化的自发认同与自觉认同。

四、构建大学生文化认同和价值共识的联动机制

在中国式现代化新形势下传承与弘扬中华优秀传统文化，应形成上下推动相结合，全社会文化认同和价值共识的联动机制。中华优秀传统文化不仅为我国应对全球化浪潮的挑战、维护国家文化安全提供了共同的价值基础，也使我们在危难之时积聚了众志成城、同仇敌忾的巨大力量，更使国人看到国家、民族的前途和希望。因此，形成大学生的文化认同和全社会的价值认同，需要政府机构和社会公众的上下联动、共同推动，以形成强有力的文化认同的内在动力和外在引导模式。

政府要切实担负起规范引领责任，从国家重大战略的高度统筹协调，

加强顶层设计和制度建设，科学制定长期推进的工作规划，构建有利于民众形成文化自觉与文化自信的长效机制，把传承与弘扬中华优秀传统文化与社会主义核心价值观的培育与践行紧密结合起来，与提升国家文化软实力紧密结合起来，做到传承工作有组织机构、有人员保障、有经费支持、有奖惩制度。社会要重点发挥学校、家庭、媒体传播平台在弘扬传统文化方面的教育引导功能，将培育与践行优秀传统文化与对青少年的道德示范引领结合起来，促进和形成全社会的文化认同和价值认同。

学校教育要明确传统文化教育目标和任务指向，深入剖析传统文化教育内容，着力创新传统文化教育方法，努力探究传统文化教育路径，促进大学生系统领悟传统文化的真谛。具体来看，高校要针对大学生的年龄特点和需求，以现代流行的方式在他们心中植入中华文明的根脉，让传统元素和中华文明密码得到他们的认可和解读，唤醒他们心中对传统文化的热爱与共鸣，使他们由"旁观者"变成"播种者"，实现传统文化的薪火相传，做到后继有人。[①] 同时，教育工作者要认识到，大学生的传统文化认同危机与传统文化学习热情并存，加强大学生传统文化教育不仅是学校自上而下的教育任务，也是对大学生文化学习愿望的顺应和文化学习兴趣的激发，所以进行切实可行的传统文化教育研究，采取卓有成效的教育举措势在必行。教育者也要思考如何实现中华优秀传统文化在大学生核心素养体系建构中的传承，以强化大学生对中华优秀传统文化的认同。

实践证明，中华优秀传统文化对我国的社会主义现代化建设具有重要的价值和意义。所以，从应对挑战入手，把握高校加强中华优秀传统文化教育所面临的态势，加强教育的针对性，构建大学生文化认同和价值共识的联动机制，形成全社会的文化认同和价值认同，进而形成充分的民族文化自尊和文化自信，这是提升国家文化软实力的重要前提和基本要件，也应成为高校加强中华优秀传统文化教育的现实起点。

---

① 胡爱敏. 软实力观照下中华优秀传统文化的价值意蕴及转化路径 [J]. 山东省社会主义学院学报，2023（4）：89.

第三节　对高校文化传承与文化创新的展望

在多元文化交融的时代，如何在文化内容选择中正确处理现代文化与传统文化、外来文化与传统文化的关系，如何传承与创新中华优秀传统文化，激发大学生的文化主体意识和文化创新精神，是重要的时代课题。2014年教育部印发的《完善中华优秀传统文化教育指导纲要》明确指出："大学阶段，以提高学生对中华优秀传统文化的自主学习和探究能力为重点，培养学生的文化创新意识，增强学生传承弘扬中华优秀传统文化的责任感和使命感。"基于此，高校教育应从传统文化的历史高度把握高校传统文化教育的文化意蕴，致力于研究文化传承与文化创新的关系，以培养大学生的文化创新意识。

一、培育文化传承与文化创新的文化自觉意识

提升文化软实力，实现中华优秀传统文化资源价值的现代转化，就必须处理好"传统与现代""守正与创新""传承与传播"的关系，以创新的手法表达和重塑传统文化，以适应大学生的审美情趣与精神需求。传统文化既具有鲜明的历史遗传性，又有吐故纳新的时代性。从文化的延续和发展角度看，文化的存在和发展都必须经历一个新陈代谢，不断创新的动态发展过程。一种文化能不能永葆其独特魅力，关键在于其是否能与时俱进地进行文化创新。只有通过创新，文化才能焕发生机、历久弥新，才能充满活力、日益丰富。所以，传承是最好的创新，创新是文化发展的内在动力。

在传统文化传承与创新的交替中，一方面，随着党和国家对传统文化的宣传、保护与复兴工作力度的逐步加大，传统文化日益被重视，国民的传统文化传承意识逐步增强，传统文化活动日益活跃。另一方面，学校教育对各项文化政策的贯彻力度不够、措施不到位，影响了传统文化在学生群体中的有效传承。所以，我们要辩证地看待文化传承与文化创新，既要做文化命脉的维系者，又要做文化发展的推动者。高校教育者需要在深入了解传统文化的基础上，明确传统文化发展的目标、任务和方向，使传统

文化成为中国式现代化建设的源泉和动力。

需要特别重视的是，传承中华优秀传统文化的前提是必须做到文化自觉。按照费孝通的解释，文化自觉是指生活在一定文化中的人对其文化有"自知之明"，即明白它的来历、形成过程、特色和发展趋向，能够加强对文化转型的自主能力，取得适应新环境、新时代文化选择的自主地位。① 如果失去文化自觉，个体便会陷入迷茫、失去自我，甚至重返愚蛮。而大学生形成文化自觉才可能将主流价值观、文化观内化为自觉意识，从而外化为对优秀文化的自觉传承和创新行为。所以，文化自觉是大学生接受主流意识形态和价值观的内驱动力，也是优秀传统文化获得新的载体得以代代相传的根本保证。正如有的学者所说，只有激发民族内部的创造力量，才能从根本上寻见民族教育革新和文化传承的源头活水。因此，大学生要增强文化传承与创新的文化自觉，针对时代需求提出丰富和发展中华优秀传统文化的新思路。

二、秉持文化传承与文化创新的时代精神

文化传承是文化创新的基础，文化创新是文化传承的根本目的。习近平指出，不忘历史才能开辟未来，善于继承才能善于创新。所以，文化创新应秉持"继承传统而又超越传统，探索现实而又面向未来"的时代精神，对我国优秀传统文化的思想内涵、表达形式等进行创造性转化和创新性发展。我们在中国式现代化时代背景下进行文化传承与文化创新，应赋予传统文化以新的时代精神和适宜的表达形式，使传统文化中具有现实指导性和普遍适用性的文化精髓，与现代文化相融相通，与现代社会发展要求有机结合，并真正成为当代核心价值理念的基石、文化软实力的主体、国家文化安全的屏障。如此，文化发展才能深深植根于传统沃土之中，又符合时代精神，实现创新发展。同时，在传统与现代的博弈中，传统文化所蕴含的价值理念在新时代才能得到更好的传承与弘扬，传统文化的生命力才能得到有力增强。

所以，在全球化时代实现传统文化的创造性转化和创新性发展，唯有

---

① 费孝通. 反思·对话·文化自觉 [J]. 北京大学学报（哲学社会科学版），1997（3）：22.

以文化传承涵养文化创新，以文化创新深化文化传承，以创造性转化推动创新性发展，才能不断构建容纳传统精华的现代中国文化。事实上，中华优秀传统文化的光芒需要穿透历史、照进现实，才能不断迸发出新的生机活力。但现实中许多优秀传统文化资源只是存留在典籍里、展陈在博物馆里，其存在价值亟须进一步转化。高校教育应采取现代叙事方式，让古书里的文字"活"起来，让博物馆里的文物"动"起来，使经典文献穿越历史时空走入现实，消弭历史与现实之间的距离。具体可通过现代科技重现历史场景，以技术手段的互动性、体验感让学习者在传承优秀传统文化中体味传世名作、探寻古人情怀，感悟传统审美情趣和人格境界，实现后人与前世名家的对话。

如《千里江山图》展览通过数字技术，让画"动"了起来，沉浸式的体验更能让观众体悟到祖国的大好河山。敦煌借用互联网平台，开设"数字敦煌"网页，并且配有相对应的讲解，让观众足不出户就能在网上欣赏敦煌石窟。央视《如果国宝会说话》《国家宝藏》《跟着唐诗去旅行》《典籍里的中国》《简牍探中华》，用以今访古的叙事方式展现传统文化气象，从现实场景中开辟出别样的文化呈现方式。

实践证明，只有创新传统文化的展现方式，才能使传统文化更加适合现代发展，增强其生命力。2023 年成都举办的第 31 届世界大学生夏季运动会开幕式上，古老的蜀锦织机缓缓编织出"锦绣之路"，以别开生面的方式创新演绎中华文化。开幕式倒计时主题"礼赞阳光"灵感来自成都本地金沙遗址出土的"太阳神鸟"金饰，而金芒舞台、太阳圆屏、太阳神鸟点火盘、火炬塔等都展示出"阳光"核心元素，彰显东方文明之美。2023 年杭州举办的第 19 届亚运会吉祥物是一组名为"江南忆"的机器人，创意出自唐朝诗人白居易的名句"江南忆，最忆是杭州"。其以崭新的科技手段，融合了历史人文、自然生态和创新因素，也让人印象深刻。它们都以"中国式浪漫"让世人惊喜地感受到中华优秀传统文化的气息和脉动，为优秀传统文化创造性转化和创新性发展树立了典范。① 这些现代技术新颖、智能，

① 胡爱敏. 软实力观照下中华优秀传统文化的价值意蕴及转化路径［J］. 山东省社会主义学院学报，2023（4）：87.

生动地展现了传统文化内容，有利于推动传统文化的传承，值得高校教育借鉴和学习。

所以，高校传统文化教育应充分利用传统文化资源和手段，在凸现中华文化精髓的同时，对传统文化进行重组、整理、融合，使传统文化衍生出新的文化要素，迸发出新的火花，激发学生对文化创造的理解和尝试，践行"苟日新，日日新，又日新"的思想理念，不断推陈出新，保持旺盛的创新力和持久的发展力。为此，教师应引领学生超越时间和空间的局限，在特定的时代背景下对传统文化进行创造性转化，使传统文化焕发出新的生命活力。

三、铸就文化传承与文化创新的文化创造精神

文明在传承中创新发展，文化传承要以传统文化教育为主渠道，文化创新要尊重民族的历史和传统文化。在传统文化学习中，学生不应成为传统文化所包含的基本精神的衍生品，而应形成自觉的批判精神和创新意识，既要潜心发掘传统文化在思想智慧上的精华，又要不断开启现代人的新型思辨；既要领略传统文化在艺术表达上的审美意蕴，又要时刻以动态的审美眼光形成新的艺术感悟，这是一个意蕴深厚、生机勃勃的智慧启迪和审美教育的过程。所以，铸就文化传承与文化创新的文化创造精神应成为高校传统文化教育的不舍追求。

结合人才培养的需要和学生专业发展的需求，高校在实践教育活动中可精心选择一些蕴含丰富知识、凝结朴实智慧的民族技艺，引导学生在遵循原有传统特色的基础上融入现代技术成分，体现传统与现代的精彩结合，提升传统技艺的审美价值和应用价值。特别是在美工制作课程的操作学习中，在尊重原有传统文化技艺的基础上，通过现代电脑绘图技术，使需要绘图的作品（如剪纸等）更清晰、更精细；通过生动逼真的电脑动漫制作技术，使需要表现平面形象或立体造型的作品（如泥塑）更逼真、更精致，从而提升传统技艺的生命力和创新力，促进传统文化在传承基础上的创新发展。

如剪纸、泥塑、面塑等在传统技艺的基础上，可增加现代技术成分；

传统的剪纸常用于宗教仪式、装饰和造型艺术等方面，进入现代生活可应用在包装设计、商标广告、室内装潢、书籍装帧、报刊题花、舞台美术、动画影视中；传统的泥塑造型一般以反映民间传说和历史故事的戏曲人物、小型玩具、吉祥图案为主，现代造型中可去除封建迷信成分，随灵感更新作品内容，增加反映现代生活新时尚的内容。

泥塑是我国的一种民间传统雕塑工艺，其制作方法是在黏土里掺入少许棉花纤维，将其捣匀后，手工捏制成各种人物的泥坯，然后经阴干、涂上底粉、彩绘后制作完成。因这一传统工艺制作工序简单但却能充分开启学生智慧，所以被引入到一些高等院校的"美术立体造型"课程中。在这一传统工艺制作过程中可充分融入现代技术成分，如取泥时可广开思路，利用现代便利的信息网络资源广泛收集信息，仔细研究可用泥质；捣制时不必拘泥于传统手段，可就地取材创新选用可捣制工具；捏制形象时可融入人们喜爱的现代动画人物、动物等卡通形象；施彩绘时可充分发挥想象，添加反映时代风情、富含现代生活风味的色彩图案，融传统工艺和现代艺术于一体。

学生虽然做出的是比较拙劣的作品，但作品中包含创新的成分，并赋予了新的活力，更彰显其弥足珍贵。这些在生活中几乎接触不到的物品，经过传承学习、创新加工，可以在新时代以崭新面貌精彩呈现出来，看似简单的物品却包含着复杂、精密的制作技艺，并凝结着劳动人民的勤劳、智慧，希冀、祝愿等丰富的内容。通过学习，学生会赞叹劳动之伟大，智慧之神奇，由此会激发弘扬传统文化的责任感和使命感，去传承先辈之智慧；也会启发心智，结合时代科技，潜心努力去创新传统技艺，使优秀传统文化在创新中发展、进步。如此，将现代技术融入传统技艺的具体创作中，赋予作品以更多动态灵性的内容，学生在动手操作中根据自己对作品的理解和对生活的体验和感悟，激发创作灵感，更新、整合作品内容，进而启迪思维、开发心智，铸就文化传承与文化创新的文化创造精神。

四、增强文化传承与文化创新的横向国际对接

传承和弘扬中华优秀传统文化并不意味着故步自封，也不意味着抛弃

国际视野。在全球化时代，文化传承与创新的最终目的是推动文化"走出去"，走向世界，让世界各民族领略我国优秀传统文化。高校教育者需要思考如何处理好传承中华优秀文化与顺应国际发展趋势及弘扬时代精神之间的关系。随着"一带一路"建设的推进，一些外来文化（非洲文化、美洲文化、阿拉伯文化）、流行文化走进了人们的生活。因此，文化的传承、发展与创造性转化不能自我封闭、孤芳自赏，而应承认世界文明的多样性，以开放包容、博采众长的心态，实事求是地吸收与借鉴外来文化，在尊重、评价、鉴别与加工其他优秀文化因子和文化成果的基础上，丰富和完善我国的传统文化，实现文化的"增值"。所以，文化传承与文化创新在纵向的自身转化的同时，也应有横向的国际对接。

从世界层面看，全球各地出现了一些深入研究中国汉字、儒学的"中国通"，越来越多的学者意识到中华优秀传统文化蕴含的价值理念、道德观念是解决现实问题的关键。近几年，诸子百家学说蕴含的思想价值，获得了普遍的文化认同。"孔子热"经久不衰，孔子学院开遍全球，儒学在美、德等国备受推崇。早在 1988 年全世界获得诺贝尔奖的科学家在巴黎聚会讨论新世纪世界的前途时就提出："21 世纪人类如果要过和平幸福的生活，就应该回首到 2500 年前中国的孔子那里寻找智慧。"2010 年 9 月在孔子诞生地尼山举行的首届"尼山世界文明论坛"上，匈牙利前总理迈杰希认为："面对多元开放的现代世界，我们应该反对极端主义，培养聆听精神，用孔子'己所不欲，勿施于人'的理念来大力推进不同文明的交流和理解。"美国夏威夷大学教授安乐哲（Roger Ames）认为，儒家思想中的核心价值已成为当今社会文化的原型，应充分利用现有资源，解决世界政治秩序及经济方面的危机，重建新的文化秩序。2020 年由英国电视台拍摄的纪录片《杜甫：中国最伟大的诗人》走红世界，影片通过讲解杜甫多舛的一生，以一种崭新的方式向世界展现了中华优秀传统文化。这些表明了世界对中华传统文化现代价值的认同和赞扬，说明在与全球普世价值的竞争与融合中，中华文化发挥出独特的国际影响力。

现代以来，我国涌现出不少外国文化与中国文化相结合并内化为中国文化的优秀范例。如在建设社会主义市场经济的过程中，我国不断与世界市场接轨，不仅以开放意识、竞争观念突破了传统文化中的封闭、保守因素，而且逐渐形成了具有中国特色的诚信文化、契约文化和法治文化。又如在马克思主义中国化进程中，马克思主义基本理论与中华优秀传统文化相结合，不断推动中华优秀传统文化创造性转化和创新性发展。再如社会主义核心价值观就是融汇中国现代及传统优秀文化的产物，是在更高水平上将传统文化与现代文化相结合的典范。

"物之不齐，物之情也。"只有以"传统的世界化"为中介，才能充分实现传统的现代化。正如习近平所指出的，文明因交流而多彩，文明因互鉴而丰富。文明交流互鉴，是推动人类文明进步和世界和平发展的重要动力。所以，高校可组织学生进行国际交流，帮助学生成为中华文化的传播使者，向世界讲好中国故事，传播好中国声音，阐释好中国特色，不断增进世界对中国的文化认同，逐渐扩展和提升中国文化的世界影响力。

总之，中华传统文化关注的是"人"，要成为什么样的人，过什么样的人生，有什么样的人生理想。如儒家文化中的"仁"以及君子人格，道家文化中的"道"以及"逍遥游"，魏晋玄学中的"玄"以及"清谈"等，对后世都有着深远的影响。这种对"人"的关注，强调人与世界的关系。高校教育的首要任务是"树人"，就是要让大学生能在彼此生成的"友爱、诚信、守法"的氛围中，具有"求真、向善、爱美"的品质，并真正能将这些优良品质内化为自身的世界观、人生观和价值观。大学生内心深处应有对国家和人类命运的关注，有对科学和真理的极致追求，更要有"博学、慎思、笃行、自强、厚德、精进"的人格品质。为此，高校应加强中华优秀传统文化教育工作，培育学生优良的个性品德修养，促进学生讲求"修身"之道，追求"至德"之美，将"立德"作为人生的最高追求。

从文化视域分析，在中国式现代化的时代背景下，高校传统文化教育的布局与推进，内在动因包含着中华优秀传统文化的智慧支撑。从传统文化独特智慧的辐射力和影响力、传统文化基因的奠基作用和生长作用的历史蕴涵，深刻把握高校传统文化教育的成功密码，可为高校传统文化教育的目标定位、价值导向和路径选择提供坚强有力的文化底蕴支撑。从文化价值内涵分析，中华优秀传统文化的发展克服并超越了社会发展过程中的价值异化和现代性束缚，能够与高校文化教育功能的发挥形成有机的统一。中华优秀传统文化的哲学智慧和道德规范，能够为高校传统文化教育工作的创新发展引航导路，把对高校传统文化教育工作的认知契合到应然的时代坐标上。在党的二十大报告提出中国式现代化的时代号角下，为促进高校教育的高质量发展，我们期待在高校传统文化教育工作中，找准其历史方位与前进方向，更好地应对时代发展变化的挑战与机遇，更有力地开辟具有中国特色的高校传统文化教育工作的新境界和新路径。

参考文献

一、著作类

[1] 王焕勋．实用教育大辞典［M］．北京：北京师范大学出版社，1995.

[2] 刘梦溪．中国文化的张力：传统解救［M］．北京：中信出版社，2019.

[3] 张岱年，方克立．中国文化概论［M］．修订版．北京：北京师范大学出版社，2004.

[4] 李景林，郑万耕．中国哲学概论［M］．北京：北京师范大学出版社，2010.

[5] 习近平．习近平谈治国理政：第二卷［M］．北京：外文出版社，2017.

[6] 李景林．教化的哲学：儒学思想的一种新诠释［M］．哈尔滨：黑龙江人民出版社，2006.

[7] 习近平．在哲学社会科学工作座谈会上的讲话［M］．北京：人民出版社，2016.

[8] 林崇德．21 世纪学生发展核心素养研究［M］．北京：北京师范大学出版社，2016.

[9] 中共中央宣传部．习近平总书记系列重要讲话读本［M］．北京：学习出版社：人民出版社，2014.

[10] 中共中央宣传部．习近平总书记系列重要讲话读本［M］．北京：学习出版社：人民出版社，2016.

[11] 中共中央文献研究室．习近平关于社会主义文化建设论述摘编［M］．

北京：中央文献出版社，2017.

[12] 中共中央党史和文献研究院. 十八大以来重要文献选编：下 [M]. 北京：中央文献出版社，2018.

[13] 习近平. 习近平谈治国理政：第一卷 [M]. 北京：外文出版社，2018.

[14] 辞海编辑委员会. 辞海 [M]. 7 版. 上海. 上海辞书出版社，2020.

[15] 陈来. 儒家文化与民族复兴 [M]. 北京：中华书局，2020.

[16] 习近平. 习近平谈治国理政：第三卷 [M]. 北京：外文出版社，2020.

[17] 习近平. 高举中国特色社会主义伟大旗帜为全面建设社会主义现代化国家而团结奋斗——在中国共产党第二十次全国代表大会上的报告 [M]. 北京：人民出版社，2022.

二、期刊类

[1] 庞朴. 文化结构与近代中国 [J]. 中国社会科学，1986 (5).

[2] 王克奇. "民胞物与" 思想的性质及其文化溯源——兼论 "仁爱" 发展的历史进程 [J]. 东岳论丛，2006 (6).

[3] 费孝通. 反思·对话·文化自觉 [J]. 北京大学学报（哲学社会科学版），1997 (3).

[4] 刘绍春. 培养什么样的人——兼论人文教育的功能 [J]. 教育理论与实践，1999 (4).

[5] 徐志远. 论科学精神与人文精神的关系 [J]. 广东社会科学，2001 (6).

[6] 宋移安. 高校文化素质教育的理论与实践 [J]. 培训与研究（湖北教育学院学报），2003 (1).

[7] 张新颜. 人文教育的含义和基本要求 [J]. 北京青年政治学院学报，2003 (4).

[8] 王杰. 传统文化中的主体价值及其现代转换 [J]. 中共中央党校学报，2006 (3).

[9] 郑旭. 科学教育与人文教育相融合探析 [J]. 辽宁教育研究，2006

（5）.

［10］阮红环，刘佳．地方高师院校课程文化的"在地性"追求［J］．黑龙
江高教研究，2023，41（4）．

［11］郝翠梅．浅谈中国传统文化的现代价值［J］．山西财经大学学报，
2010，32（S1）．

［12］贾海涛．"文化软实力"理论的演进与新突破［J］．社会科学，2011
（5）.

［13］冉昌光．大学文化建设与文化育人［J］．天府新论，2011（6）．

［14］李宗桂．试论中国优秀传统文化的内涵［J］．学术研究，2013（11）．

［15］刘志国．论中国传统文化的内涵及其特征［J］．世纪桥，2013（8）．

［16］高淮微，樊美筠．建设性后现代生态教育：问题与路向［J］．自然辩
证法研究，2015，31（5）．

［17］孙正林．论高校传统文化教育自觉［J］．国家教育行政学院学报，
2014（8）．

［18］龚群英．我国传统文化教育的现实之困与突围［J］．中国成人教育，
2015（7）．

［19］全国斌．师范院校传统文化教育的缺失与对策［J］．教育理论与实
践，2011，31（25）．

［20］夏文斌．中华传统文化视角下的教育价值论［J］．石河子大学学报
（哲学社会科学版），2015，29（3）．

［21］骆郁廷，王瑞．论中华优秀传统文化价值观的现代转换［J］．江汉论
坛，2015（6）．

［22］赵景欣，彭耀光，张文新．中华优秀传统文化传承与学生发展核心素
养研究［J］．中国教育学刊，2016（6）．

［23］魏玮．中国传统文化与大学通识教育的结合探讨［J］．才智，2017
（12）.

［24］陈先达．中国传统文化的创造性转化和发展［J］．前线，2017（2）．

［25］史永隽．传统道家养生思想及其当代价值．长江论坛［J］．2017
（3）.

［26］高见．中华优秀传统文化的现代价值探索［J］．湖北函授大学学报，

2018, 31（8）.

［27］张哲，王永明．中华优秀传统文化的育人价值［J］．人民论坛，2018
（8）.

［28］彭亚伟．近30年国内学界对传统文化的现代价值研究综述［J］．大
众文艺，2019（2）.

［29］曾茜．从习近平用典看中华优秀传统文化的现代价值与思政内涵
［J］．理论观察，2019（4）.

［30］李宗桂．关于中华优秀传统文化当代价值的两点思考［J］．文化软实
力，2019，4（2）.

［31］温儒敏．统编语文教材的7个关键变化［J］．云南教育（视界综合
版），2019（Z2）.

［32］王明娣，翟倩．中华优秀传统文化融入教学的价值、困境及路径
［J］．民族教育研究，2020，31（6）.

［33］韩亦菲．从现代新儒家看中华优秀传统文化的现代价值［J］．作家天
地，2020（2）.

［34］祖星儿．先秦道家思想的主要内容及其当代价值探析［J］．山西青
年，2020（13）.

［35］习近平．建设中国特色中国风格中国气派的考古学　更好认识源远流
长博大精深的中华文明［J］．理论导报，2020（12）.

［36］王娟．加强青少年中华优秀传统文化教育的路径探析［J］．决策探索
（中），2021（11）.

［37］徐晶晶．中华优秀传统文化的时代观照［J］．中学政治教学参考，
2021（15）.

［38］赵红云．文化自信视阈下地方高校美术专业特色课程群的构建与实践
［J］．四川戏剧，2021（4）.

［39］周建新，王梁宇．中华优秀传统文化现代转型与中华文化主体意识建
构［J］．河南大学学报（社会科学版），2022，62（11）.

［40］朱家镠．新时代中华优秀传统文化的传承与发展研究［J］．汉字文
化，2022（20）.

［41］李现红．重新审视中华传统文化及其现代适应［J］．贵州社会主义学

院学报，2022（4）.

[42] 钟思雨，吴楠．中华优秀传统文化涵养美好生活需要的价值原则
[J]．宁夏大学学报（人文社会科学版），2022，44（5）.

[43] 热依拉·玉素甫．中华优秀传统文化的内在价值及其现实进路［J］.
理论观察，2022（10）.

[44] 彭良霞．文化自信视域下优秀传统文化的当代价值及传播策略［J］.
普洱学院学报，2022，38（5）.

[45] 汤金．中华优秀传统文化的价值意蕴与弘扬路径探析［J］．今古文
创，2022（44）.

[46] 胡蓉．浅议中华优秀传统文化的弘扬与发展［J］．办公室业务，2022
（21）.

[47] 韦柳霞．中华优秀传统文化现代性转换的本质、价值与路径［J］．中
学政治教学参考，2022（23）.

[48] 戴海波．新时期小学中华优秀传统文化教育的有效策略［J］．科幻画
报，2022（6）.

[49] 赵艳．高校传承中华优秀传统文化的现代价值及路径探析［J］．汉字
文化，2022（15）.

[50] 高长青．本土文化的认同教育：校本课程实施的重要任务［J］．教育
理论与实践，2022，42（2）.

[51] 张造群，李宗桂．试论中华优秀传统文化的当代价值［J］．中原文化
研究，2023，11（2）.

[52] 徐文秀．领导干部应多一些家国情怀［J］．今日浙江，2012（3）.

[53] 司新丽，何昊汶．大学中华优秀传统文化教育：意义、问题与路径
［J］．中国人民大学教育学刊，2023（1）.

[54] 胡爱敏．软实力观照下中华优秀传统文化的价值意蕴及转化路径
［J］．山东省社会主义学院学报，2023（4）.

三、学位论文类

[1] 李清华．渝东南本土文化校本课程发展的现状及策略研究［D］．重庆：
西南大学，2013.

[2] 邬秀珍．道家治国思想及其当代价值研究［D］．湘潭：湘潭大

学，2016.

［3］王慧．中华优秀传统文化对人的发展的当代价值［D］．济南：山东师范大学，2017.

［4］杨国哲．先秦道家生态思想及其当代价值［D］．武汉：武汉科技大学，2019.

［5］李新潮．中华传统文化"创造性转化、创新性发展"思想研究［D］．兰州：兰州大学，2021.

［6］袁紫荆．本土优秀文化融入大学生思想政治教育研究［D］．南京：南京航空航天大学，2022.

四、报纸类

［1］习近平．在纪念孔子诞辰2565周年国际学术研讨会暨国际儒学联合会第五届会员大会开幕会上的讲话［N］．人民日报，2014 – 9 – 25（2）．

［2］习近平．高举中国特色社会主义伟大旗帜　为全面建设社会主义现代化国家而团结奋斗——在中国共产党第二十次全国代表大会上的报告（2022年10月16日）［N］．人民日报，2022 – 10 – 26（2）．

后　记

随着本书的完成，我内心喷涌而出终于完稿落笔的兴奋与释然。回想几年来为完成这一著作我历经千难、呕心沥血，多少个昼夜我奋笔疾书，只有孤灯相伴；多少个日子我苦思冥想、消得憔悴……心中百感交集、思绪万千。但在写作过程中我通过对知识理论的深度学习，对问题原因的深层剖析，对策略方法的深入探究，有力地促进了我知识视野的拓宽、思维认知的成长、写作能力的增强。落笔成书之际，我的内心充满了对著书立作、笔耕不辍，专心学问、倾情学术生活的不舍与怀念，也充满了自己对中华优秀传统文化传承的教育之思和浅薄之见终有成果的满足与欣慰。

本书在中国式现代化背景下，对中华优秀传统文化进行了内涵界定、内容解析、价值辨析；基于高校教育视角，剖析了中华优秀传统教育存在的问题及原因，论证了中华优秀传统文化融入高校教育的教育路径。一方面，旨在推进中华优秀传统文化的传承与弘扬，促进其在与现代教育的融合中不断焕发出新的发展活力；另一方面，旨在推进高校培养蕴含浓厚传统文化底蕴的现代化建设人才，实现高校"立德树人"的教育旨归。

本书仅靠我一己之力难以顺利完成，整个著书过程中，从起笔构思、查阅资料、调查研究、修改完善、编辑出版等，包含了太多人的支持和付出。在此，我对所有支持和帮助我的人表达最诚挚的谢意：感谢家人对我一心著书、无暇顾家的理解和支持，感谢内蒙古师范大学教育学院领导给予我著书立项的鼎力支持和积极鼓励，感谢项目组成员在研究设计、课程实施方面的精心付出和不懈努力，感谢接受调研的师生们对调研内容的真实反馈和宝贵意见，感谢湖南师范大学出版社对本书出版给予认真指导和辛勤校正的所有编辑，他们的付出和帮助是推动我完成本书的重要力量。

　　本书的写作虽然已经结束，但我对中华优秀传统文化的传承与教育的探索不会停止。在撰写这本书的过程中，我深刻体会到中华优秀传统文化的博大精深，深刻认识到高校传统文化教育的重要性，深切意识到传统文化素养对学生发展的积极意义。学海无涯，探究无限。中华优秀传统文化的传承与弘扬，需要学校教育的精心规划与引导，需要每位师生的参与和贡献。期待更多高校能够将中华优秀传统文化融入课程教育体系中，培养出更多具有文化自信和创新精神的青年学子。期望更多学子了解和热爱、传承与弘扬、践行与发展中华优秀传统文化。期待中华优秀传统文化在现代社会中焕发出新的活力、绽放出更加璀璨的光芒。最后，希望这本书能够为高校传统文化教育提供一些新的思路和借鉴，为中华优秀传统的传承与发展贡献自己的一份绵薄之力。

翟晓云

2024 年 3 月 20 日